Padmasambhava

Gerd-Wolfgang Essen
Tsering Tashi Thingo

Padmasambhava

Leben und Wundertaten
des großen tantrischen Meisters aus Kaschmir
im Spiegel der tibetischen Bildkunst

DuMont Buchverlag Köln

Umschlagvorderseite: Ausschnitt aus Abb. 10 – Padmasambhava mit seinen acht Erscheinungsformen

Umschlagrückseite: Auszug aus den katechistischen Gebeten der Nyingma-Überlieferung

»Ich bete Dich an, ›Lehrer aus Udyāna‹, der Du versprochen hast, Tibet zu schützen, der Du die Erscheinung aller Buddhas bist und der Du schneller als alle Buddhas zu helfen vermagst. Ich erhöhe Dich, ich rufe Dich mit aller Kraft aus der Tiefe meines Herzens. Bitte blicke herab aus Deinem Paradies. In dunklen Zeiten, wenn schützende Götter vertrieben und Dämonen an ihren Platz getreten sind, hilf den schützenden Göttern und Berggöttern ihre angestammten Reiche zurückzugewinnen, o Padmasambhava. Wenn teuflische Menschen und Geister gedeihen, verhilf den Göttern zum Sieg über das Böse, o Padmasambhava. Wenn Schutzgötter ihren Eid und Schwur zu brechen drohen, binde sie wieder fest an Eid und Schwur, o Padmasambhava. Wenn unbändige Gespenster ihr Unwesen treiben, bändige sie alle und binde sie an Eid und Schwur, [die Menschheit] zu schützen, o Padmasambhava. Wenn die Seelen der Menschen von Teufeln befallen sind, befreie sie von den Teufeln und vertreibe diese, o Padmasambhava. Wenn irregeleitete Menschen die Religion zu vernichten drohen, lege ihnen mit aller Macht und Kraft das Handwerk, o Padmasambhava. Wenn Tibet durch Fremde seine Eigenständigkeit zu verlieren droht, bändige die Geister mit aller Kraft, o Padmasambhava. Wenn Krieger und Waffen die Welt aus allen Richtungen bedrohen, hilf, daß sie sich ohne kriegerische Auseinandersetzungen zurückziehen, daß der Frieden wiederhergestellt wird, o Padmasambhava. Wenn Sitten bewahrende Mamos und Götter die Unzulänglichkeit der Menschheit mit unheilbaren neuen Krankheiten bestrafen, heile mit Deiner Inspiration, mit neuer Medizin und Deiner Liebe, o Padmasambhava. Wenn dem Vieh der Nomaden, der Ernte der Bauern Schaden droht, beschütze und mehre sie [ihre Habe], o Padmasambhava. Wenn die Erde ihre Tiere und Pflanzen zu verlieren droht und Menschen ihr Glück, stelle es wieder her und mehre es, o Padmasambhava. Mögen alle Lebewesen in Glück und Frieden gedeihen, mehre Tugend und tugendhafte Menschen, o Padmasambhava. Hilf uns Unwissenden, im Saṃsāra Verirrten, führe uns nach unserem Tod ins Paradies Sukhāvatī, o Padmasambhava. Verhilf uns praktizierenden Buddhisten, deren Weg durch falsche Meditation fehlgeleitet wurde, dazu, unserem Sein und dem Absoluten zu begegnen, o Padmasambhava. Im Diesseits, im Jenseits und im Bardo, bitte verlasse uns niemals, beschütze uns in allen Schwierigkeiten und zu allen Zeiten, o Padmasambhava. Es sei Glück!«

Frontispiz: Guru Tsengye – Padmasambhava mit seinen acht Erscheinungsformen

Diese künstlerisch bemerkenswerte Bronzegruppe zeigt Padmasambhava als Guru Rinpoche, umgeben von seinen acht Erscheinungsformen sowie seinen beiden Schülerinnen Mandāravā und Yeshe Tsogyal. Letztere reicht ihrem Lehrer einen Vogel; möglicherweise handelt es sich um einen Geier als Sinnbild für den Höhenflug des Geistes. Auf der linken Seite erscheinen (von oben nach unten): Padma Gyalpo, Pemasambha, Tzokye Dorje in Vereinigung mit seiner Yoginī und Dorje Dolö auf einem Tiger tanzend; auf der rechten Seite (von oben nach unten): Loden Chogse, Nyima Öser, Śākya Senge und Senge Dadog. Alle Figuren sind durch ein Stūpa-bekröntes Lotosrankenwerk miteinander verbunden.

Die Kultbronze des 16. Jh. stammt aus Ladakh.

CIP-Titelaufnahme der Deutschen Bibliothek

Essen, Gerd-Wolfgang:
Padmasambhava: Leben und Wundertaten des großen
tantrischen Meisters aus Kaschmir im Spiegel der tibetischen
Bildkunst/Gerd-Wolfgang Essen; Tsering Tashi Thingo. –
Köln: DuMont, 1991
ISBN 3-7701-2734-X
NE: Thingo, Tsering Tashi:

Satz: Fotosatz Harten, Köln
Druck: Rasch, Bramsche
Buchbinderische Verarbeitung: Bramscher Buchbinderei Betriebe

Printed in Germany ISBN 3-7701-2734-X

Inhalt

Vorwort des Sammlers 7

Padmasambhava – ›Der Lotosgeborene‹ 8

Padmasambhava als Guru Rinpoche – *Bronze* 10

Guru Tsengye – Padmasambhava mit seinen acht Erscheinungsformen 11

Tzokye Dorje – ›Der aus dem See geborene Vajra‹ – *Thangka I* 15
Zangdog Palri – Das Südwestliche Paradies des Padmasambhava – *Thangka II* 25
Loden Chogse – ›Der Weisheitsverkünder‹ und ›Trost-Guru‹ – *Thangka III* 29
Pemasambha – ›Der Lotosgeborene‹ – *Thangka IV* 57
Padma Gyalpo – ›Der Lotoskönig‹ – *Thangka V* 81
Guru Nyima Öser – ›Der Sonnenstrahl-Guru‹ – *Thangka VI* 95
Guru Senge Dadog – ›Der Guru mit der Löwenstimme‹ – *Thangka VII* 103
Guru Dorje Dolö – ›Der Dämonenbezwinger‹ und ›Trost-Guru‹ – *Thangka VIII* 106
Guru Dorje Dolö – ›Der Dämonenbezwinger‹ und ›Trost-Guru‹ – *Bronze* 110
Zur Herkunft der Bildfolge 112
Guru Tsengye – Padmasambhava mit seinen acht Erscheinungsformen – *Thangka* 113

Die Schülerschaft Padmasambhavas 116

Padmasambhava mit seinen Schülern und Schülerinnen – *Thangka* 116

Padmasambhava als Friedensstifter 122

Guru Dudul Dragpo Tsal – ›Der wilde, Māra vernichtende Guru‹ – *Thangka* 122

Das Paradies des Padmasambhava 125

Zangdog Palri – Das Südwestliche Paradies des Padmasambhava – *Thangka des 17. Jh.* 125
Zangdog Palri – Das Südwestliche Paradies des Padmasambhava – *Thangka des 18. Jh.* 128
Zangdog Palri – Das Südwestliche Paradies des Padmasambhava – *Thangka des 19. Jh.* 133

Padmasambhava in Bhutan und Ladakh 136

Das Kloster Tagtzang in Bhutan 136
Das Tsechu-Fest in Paro 138
Das Cham-Spiel in Trakthog 139

Padmasambhava als Buddha unseres Zeitalters 141

Karte des tibetischen Kulturraums 142

Anhang

Verzeichnis der verwendeten Fachbegriffe 143
Tabelle zur Transkription des Tibetischen 148
Literaturverzeichnis 149
Verzeichnis der Abbildungen 151
Register der wichtigsten Ortsbezeichnungen 153
Register der Personen, Dämonen und Gottheiten 154

Transkription und Phonetik

Wenn wir im vorliegenden Werk in Klammern die tibetische Bezeichnung wiedergeben, so steht zuerst die phonetische Umschrift, gefolgt von der Transkription; in Klammern angeführte Begriffe und Namen in Sanskrit erscheinen kursiv.

Zur Transkription

Die heute noch gebräuchliche tibetische Schriftsprache gibt einen von der Sprachentwicklung längst überholten Lautstand aus dem 7. und 8. Jh. wieder. Diese Schriftsprache geht auf den Minister Thönmi Sambhoṭa (thon-mi-sam-bho-ṭa) zurück und hat bis heute ihre Gültigkeit behalten. Die Transliteration folgt den von ihm festgelegten Regeln. Wir haben der Umschrift die heute gültige internationale wissenschaftliche Transkription zugrunde gelegt (Tabelle s. S. 148)

Zur Phonetik

Eine international einheitliche phonetische Wiedergabe der schwierigen tibetischen Konsonantenverbindungen und ihrer Verschleifungen gibt es nicht. Dem Versuch, genormte Ausspracheregeln zu erstellen, stehen einerseits die vielen tibetischen Dialekte, andererseits auch die Muttersprache des Wissenschaftlers oder Schriftstellers im Wege. So muß denn jeder, der tibetische Worte aussprechbar für seinen Leser wiedergeben will, eine Art eigenes System entwickeln.

Wir haben die Wiedergabe der tibetischen Namen und Begriffe phonetisch dem deutschsprachigen Leser angepaßt, wenngleich es sich immer nur um eine Annäherung an die deutschen Lese- und Sprechgewohnheiten handeln kann. Der Tibeter neigt zur Verschleifung und Zusammenziehung mehrteiliger Worte und Begriffe; wir haben versucht, diese Neigung zu berücksichtigen. Der der tibetischen Sprache Kundige wird sich ohnehin an der Transkription orientieren.

Die Sanskrit-Worte dagegen sind leichter und unserer Sprache gemäßer auszusprechen. Sie erscheinen hier in der international üblichen Transkription (nach Bühler).

Die Ziffern im Text

Sämtliche Gesamtansichten sind mit arabischen Ziffern (1–19) numeriert; die Thangkas der achtteiligen Serie darüber hinaus mit römischen (I–VIII).

Die im Text in Klammern erscheinenden römischen Ziffern – etwa (5), (114) – beziehen sich auf die Ziffern in der Schwarzweiß-Wiedergabe sowie auf die am Ende der Bildbeschreibung folgende Liste der Inschriften und/oder Szenen.

Im Kontext der achtteiligen Thangka-Serie auftretende Angaben wie (I/1) bezeichnen die jeweiligen Detailaufnahmen (Ausschnitte).

Zu den Inschriften- und/oder Szenenlisten

Wenn nicht abweichend angegeben:
linke Spalte – phonetische Umschrift und/oder Bedeutung; rechte Spalte – tibetische Transkription (falls die Inschrift Fehler aufweist, folgt die korrekte tibetische Schreibweise in Klammern kursiv).

Vorwort des Sammlers

Der Aufmerksamkeit und Kenntnis meines tibetischen Freundes und Mitautors habe ich es zu verdanken, daß ich 1984 im europäischen Kunsthandel eine achtteilige Thangka-Serie erwerben konnte, die den acht Erscheinungsformen Padmasambhavas gewidmet ist. Diese künstlerisch hervorragende Bildfolge, ausgezeichnet durch ihre zahlreichen Inschriften, steht im Mittelpunkt des vorliegenden Buches. Bei ihrer Bearbeitung stellte sich bald heraus, daß das Thema »Padmasambhava« vom Bildmaterial und Textumfang her eine eigenständige Publikation erforderte.

Im Rahmen des damals in Vorbereitung befindlichen, inzwischen erschienenen zweibändigen Ausstellungskataloges »Die Götter des Himalaya«, München 1989, war sie nicht zu leisten. Die zusammengehörigen Bildwerke sind zwar im Bestandskatalog der Sammlung (Bd. II) angeführt, ihre textliche und ikonographische Erschließung erfolgt jedoch im folgenden. Aus Vergleichsgründen wurden auch einige der im Katalog bereits vorgestellten Stücke noch einmal herangezogen. Um dem Leser dieses Buches die Möglichkeit zu geben, einzelne Bilder gesondert zu betrachten, ihren Aufbau und Inhalt zu erschließen, konnten bei ihrer Beschreibung gewisse Wiederholungen nicht vermieden werden.

Für seine wertvolle Hilfe möchte ich in erster Linie meinem langjährigen Mitarbeiter Tsering Tashi Thingo, Dege Zongsar Ngari Tulku, danken. Er gehört zu den wenigen, die noch vor der Zerstörung der tibetischen Kultur ihre grundlegende geistliche Ausbildung in Tibet erhalten haben und zugleich seit vielen Jahren mit der westlichen Kultur vertraut sind. Ohne sein Quellenstudium, seine Interpretationshilfe und kritische Prüfung der Texte wäre das vorliegende Buch nicht zustande gekommen.

Zu danken habe ich ebenso meiner Frau Renate für die Durchsicht der Manuskripte, die Umschrift der tibetischen Inschriften und ihren unermüdlichen Einsatz beim Schreiben der umfangreichen Texte. Auch Herrn Professor Hans Meyer-Veden, Hamburg, der die Sammlung photographisch dokumentiert hat, sei an dieser Stelle für seine mit großem Einfühlungsvermögen erstellten Aufnahmen Dank gesagt. Dank gilt schließlich auch dem DuMont Buchverlag, der das verlegerische Risiko auf sich nahm, eine so ungewöhnliche Biographie, die zu den verborgenen ›Schätzen‹ Tibets gehört, in sein Programm aufzunehmen.

Möge diese Arbeit, dem Wirken einer Persönlichkeit gewidmet, der Tibet so viel verdankt, den Leser zugleich an das schwere Schicksal des tibetischen Volkes in jüngster Zeit erinnern!

Hamburg, im Januar 1991 — Gerd-Wolfgang Essen

Padmasambhava
›Der Lotosgeborene‹

Der buddhistische Gelehrte und Tantriker Padmasambhava lebte im 8. Jh. n. Chr.; er stammte aus Uḍyāna im nordwestlichen Kaschmir einer Region, in der sich seit dem Zug Alexanders d. G. nach Baktrien und Nordindien (4. Jh. v. Chr.) religiöse Strömungen aus dem Westen und dem Osten überlagerten. Insbesondere spätantike gnostische Elemente scheinen Eingang in den Buddhismus jener Zeit gefunden und zur Entwicklung einer esoterischen Überlieferung beigetragen zu haben. Erst das Vordringen des Islam im 7. und 8. Jh. bereitete dem zuvor meist friedlichen Nebeneinander unterschiedlicher religiöser Gruppen buddhistischen, zoroastrischen, christlich-nestorianischen und manichäischen Ursprungs ein – oft gewaltsames – Ende.

Auskunft über Padmasambhavas Leben gibt vor allem die von seiner Schülerin Yeshe Tsogyal im 8. Jh. verfaßte ›Hagiographie‹ »Pemakathang« (padma-bka'-thaṅ) – als einer der verborgenen ›Schätze‹ (terma/gter-ma) der lamaistischen Überlieferung. Das »Pemakathang« wurde im 14. Jh. durch den ›Schatzentdecker‹ (tertön/gter-ston) Orgyan Lingpa (o-rgyan-gliṅ-pa; 1323–60) im Yarlung-Tal aufgefunden. Die ›Heiligengeschichte‹ erzählt u. a. von Geburt und Auffindung Padmasambhavas in einem Lotossee, von seiner Annahme an Sohnes Statt durch den König Indrabhūti und von seinem unsteten Wanderleben, das ihn zu den verschiedensten Lehrern und Meditationsstätten führte.

Das »Siebenkapitel-Gebet« (»Le'udünma«/le'u-bdun-ma), die zweite wichtige biographische Quelle, soll nach der Errichtung des Klosters Samye um das Jahr 810 entstanden sein. Es beschreibt die zahlreichen Wundertaten des Meisters, erzählt, wie er die ihm in den Weg tretenden Dämonen bannte und die Menschen zur Lehre Buddhas bekehrte; ferner enthält das Werk Anweisungen an seine Schüler. Auf den beiden genannten Quellen, »Pemakathang« und »Le'udünma«, beruhen die Darstellungen der Thangkas I–VI.

Übrigens weist die Schilderung von Leben und Wirken Padmasambhavas auffallend viele Parallelen zum Lebensweg des Buddha Śākyamuni auf (s. auch S. 34) – offenbar sollten solche Analogien (als spätere Stilisierungen) die Vorstellung von Padmasambhava als zweitem Buddha auch biographisch stützen.

Der legendenhafte Stil des »Pemakathang« hat einige Forscher wie F. A. Bischoff veranlaßt, die historische Existenz Padmasambhavas in Zweifel zu ziehen. Andere Quellen dagegen sprechen eindeutig für seine Historizität: So heißt es in einem der ältesten Dokumente, die den Namen Padmasambhava erwähnen, im Manuskript »Pelliot Tibétain 44« (aus den Dunhuang-Höhlen stammend; datiert zwischen 800 und 1035)[1], Padmasambhava habe die »Sammlung der 100 000 Phurbu[-Texte]« (phur-bu'i-bum-sde) von Nālandā nach Nepal gebracht. Ferner berichten die »Blauen Annalen« (deb-ther-sṅon-po) des Gelehrten und Übersetzers Shongnu Pal (gshoṅ-nu-dpal; 1392–1481), daß der tibetische König Trisong Detsen (khri-sroṅ-lde'u-btsan; 742–798) auf Veranlassung des in Tibet weilenden indischen Gelehrten Śāntarakṣita den berühmten Tantriker Padmasambhava nach Tibet eingeladen habe, um dort die Unheil stiftenden Dämonen zu bannen.

Gemäß tibetischer Überlieferung folgte Padmasambhava dieser Einladung und versammelte bald zahlreiche Schüler um sich, zu denen auch der König selbst und dessen Gemahlin Yeshe Tsogyal gehörten. Yeshe Tsogyal schloß sich später Padmasambhava als Begleiterin an. Im Tsangpo-Tal gründete der tantrische Meister das erste tibetische Kloster, Samye (bsams-yas), geweiht im Jahre 810. Sein erster Abt war Śāntarakṣita.

Padmasambhavas erfolgreiche Mission der buddhistischen Lehre zog weitere bedeutende indische Gelehrte nach Tibet; hauptsächlich wirkten sie als Übersetzer buddhistischer Schriften. Der Meister selbst soll hier zahlreiche ›Schatz‹-Schriften verfaßt haben; zu diesen in Tibet hochangesehenen Dokumenten zählt auch das »Tibetische Totenbuch« (»Bardo Thödol«/bar-do-thos-grol). Wie lange Padmasambhava selbst in Tibet weilte, ist nicht eindeutig belegt.

Den gemeinsamen Bemühungen von Trisong Detsen, Śāntarakṣita und Padmasambhava ist es zu ver-

[1] Ch. Klaus, Der aus dem Lotos Entstandene, S. 2

danken, daß der Buddhismus in Tibet Wurzeln schlagen konnte. Im besonderen gilt Padmasambhava als der Begründer der Nyingma-Schule. Diese später als ›Alte Schule‹ bezeichnete Richtung des tibetischen Buddhismus bezieht sich vor allem auf die esoterischen Lehren der Tantras, die als Offenbarungen des Ādibuddha Samantabhadra verstanden werden, dazu auf die Überlieferung der Termas, der wiederentdeckten ›Schatz-Schriften‹.

Die hohe Verehrung, die dem tantrischen Meister aus Kaschmir zuteil wurde, und seine zahlreichen Wundertaten führten dazu, daß schon früh Legenden seine historische Gestalt umrankten. Dies spiegelt sich auch in der zu jener Zeit neu entstehenden Bildkunst Tibets wider, die seiner Person überirdischen Glanz verleiht und sie zu einem zentralen Bildthema werden läßt.

Bei einer Beschäftigung mit dem reichen Bildmaterial, in dem Padmasambhava Gestalt gewinnt, standen zunächst ikonographische Fragen im Vordergrund: die Identifizierung der verschiedenen Personen und Gottheiten, ihr jeweiliges Rollenspiel, die Abgrenzung der Szenenfolge und die Gesamtkonzeption des Bildes. Im engen Zusammenhang damit waren die künstlerische Gestaltung, die Bedeutung der Farbsymbolik, die Umsetzung liturgischer Texte in bildhafte Lehrtafeln, die malerische Inszenierung zu einem Bildgeschehen und seine Verdichtung zu bestimmten, wiederkehrenden Bildmustern zu würdigen. Jenseits davon ging es darum, den meditativen Prozeß des Bildaufbaus nachzuvollziehen, und zwar unter Berücksichtigung zentraler Bildaussagen – als da sind: die vielfältige Rolle Padmasambhavas als Dharma-Vermittler und die mit seiner Gestalt verschmolzene Lehre Buddhas.

Die Auswertung der Inschriften erfolgte in einem mehrteiligen Arbeitsgang; zunächst mußten sie entziffert und kartographisch erfaßt, sodann anhand der literarischen Quellen überprüft und erneut der Bildfolge zugeordnet werden, bevor endlich die ikonographische Bearbeitung erfolgen konnte.

Mit der Gestalt Padmasambhavas verbinden sich zahlreiche bislang ungelöste Fragen – denen hier freilich nicht nachgegangen werden kann. Die historische und religionswissenschaftliche Forschung steht noch weitgehend auf unsicherem Boden. Vorrangig Absicht der Verfasser war es, das gegebene künstlerisch überaus bedeutsame Bildmaterial mit Hilfe der originalen Quellen zu erschließen und so einen Einblick in die vielschichtige Aussage der religiös geprägten tibetischen Kunst zu gewähren.

Padmasambhava als Guru Rinpoche

Auf dieser aus dem 17. Jh. stammenden Kultbronze (Abb. 1) ist Padmasambhava auf traditionelle Weise als der große Lehrer aus Uḍyāna dargestellt oder, wie sein Ehrentitel lautet, als Guru Rinpoche (gu-ru-rin-po-che), als ›kostbarer, juwelengleicher Lehrer‹. Der Lotosthron verweist zugleich auf seine wunderbare, ›selbstentstandene‹ Geburt auf dem Dhanakośa-See in Kaschmir, seine Sitzhaltung der Meditation *(vajrāsana)* darauf, daß Padmasambhava seine tantrische Meisterschaft in jahrelangen Meditationsübungen erlangt hat.

Die Kleidung wie auch die verschiedenen Attribute des Guru übermitteln eine bestimmte symbolische Bedeutung und sind ikonographisch genau festgelegt: Er trägt einen brokatgesäumten Königsmantel, ein Geschenk des Königs von Zahor, und einen Lotoshut (päsha/pad-shwa), der mit einem gekreuzten Diamantzepter (dorje; *vajra*) sowie den tantrischen Symbolen der Polarität – Sonne und Mond – geschmückt ist. Eine Adlerfeder, die den Höhenflug seines Geistes kennzeichnet, erhebt sich über der Vajra-Spitze des Hutes (sie ist hier abgebrochen). Es heißt von diesem Lotoshut, daß derjenige, der ihn visionär erschaut, von schlechten Wiedergeburten befreit sei. Mit seiner erhobenen Rechten umfaßt Guru Rinpoche ein goldenes fünfstrahliges Diamantzepter, dessen eine Spitze seinem Herzen zugekehrt ist. In seiner Linken hält er die mit dem Nektar der Todlosigkeit *(amṛta)* gefüllte Schädelschale *(kapāla);* sie gilt auch als Symbol der Unterschiedslosigkeit von großem Glück *(mahāsukha)* und Leerheit *(śūnyatā)*. An seinen Körper lehnt er als Symbol der Erleuchtung den Khaṭvāṅga. Dieser dreizackbekrönte Stab ist Würdezeichen des Tantrikers und zugleich heimlicher Hinweis auf die tantrische Partnerin. Zur vielfältigen Symbolik des Khaṭvāṅga gehören drei Häupter – der abgeschlagene Kopf eines Verstorbenen, ein bereits in Verwesung übergegangenes Haupt und ein blanker Totenschädel – als esoterischer Hinweis auf Padmasambhavas Herrschaft über die drei Zeiten und auf seine dreifache Manifestation innerhalb der drei Seinsebenen.

Guru Rinpoche lächelt gütig, doch deutet die Falte auf seiner Stirn Zorn an. Dieser Doppelaspekt des Antlitzes kennzeichnet die Methode des Tantrikers, alle Menschen und alle Lebewesen der sechs Bereiche in der ihnen jeweils angemessenen, daher unterschiedlichen Weise zum Dharma zu bekehren. Padmasambhava wird hier nicht nur als großer Eingeweihter gezeigt, sondern auch als ein Mann der Tat, der sein Erleuchtungswissen *(bodhicitta)* und seine übernatürlichen Fähigkeiten *(siddhi)* zum Wohle aller Lebewesen einsetzt.

Guru Tsengye
Padmasambhava mit seinen acht Erscheinungsformen

Eine wichtige Rolle in der tibetischen Malerei, seltener in der Plastik, spielen die ›Acht Erscheinungsformen‹ Padmasambhavas, die sich auf seine verschiedenen Aktivitäten und Lebensstationen beziehen. Wir stellen diese zunächst einzeln anhand einer achtteiligen Thangka-Serie vor und ordnen sie zugleich ein in ihren literarischen Kontext.

Zur Komposition der Bildfolge

Der Maler beschränkt sich nicht, wie meist üblich, auf die Darstellung der acht Erscheinungsformen Padmasambhavas – Gestalten, die allen Tibetern durch die jährlich in den Hauptklöstern stattfindenden Mysterienspiele wohlbekannt sind, er entwirft vielmehr acht Thangkas, die zusammengefaßt ein Lehrbuch tantrischer Philosophie und Lebensanschauung bilden. Die Komposition folgt dabei einem Schema: Die Hauptgestalt, Padmasambhava, befindet sich jeweils im Zentrum eines frei erfundenen landschaftlichen Panoramas; um ihn herum gruppiert sich eine Vielzahl kleinerer Figuren und Szenen, wodurch eine tiefgestaffelte imaginäre Bühne entsteht – ein idealer Raum für die Erzählung fortlaufender Ereignisse wie auch für die Versinnbildlichung zeitenthobener geistiger Zusammenhänge und hierarchischer Strukturen. Der Inhalt dieser religiösen Bilder ist vorgegeben. Da sich unsere Thangka-Serie eng an die literarische Vorlage hält, ablesbar an den etwa 450 Inschriften, kann man von einem literarisch authentischen Bildkommentar sprechen. Der besondere dokumentarische Wert der Bilder liegt vor allem darin, daß bisher keine vergleichbar vollständige Darstellung des Themas bekannt ist. Als Textvorlagen dienten dem Künstler älteste schriftliche Zeugnisse des tibetischen Buddhismus: »Le'udünma« und »Pemakathang« (s. S. 8).

In der Einleitung zu dem in Versform geschriebenen »Siebenkapitel-Gebet«, das sich auch als Lehrgedicht bezeichnen ließe, heißt es, König Trisong Detsen und vier andere Schüler Padmasambhavas hätten sich mit der Bitte an den Meister gewandt, ihnen vor seiner Abreise aus Tibet in gestraffter Form eine Belehrung zu erteilen, die auch zum Wohle des ganzen Volkes sei. Ihre Bitte wurde erfüllt: Padmasambhava vertraute jedem seiner Schüler ein bestimmtes Kapitel des von ihm verfaßten Gebetes an. Die Originalfassung der Texte soll in einem Tempel versteckt worden sein.

Das Verbergen von heiligen Schriften (terma/gter-ma), für die Frühzeit des Buddhismus in Indien bezeugt, hat vor allem bei den Nyingmapa Tradition – nicht nur im Sinne einer Vorsorge- oder Vorsichtsmaßnahme. Vielmehr liegt die Vorstellung zugrunde, daß solche esoterischen Texte Geheimgut bleiben müssen, um erneut enthüllt zu werden, wenn die Zeit dafür reif ist. So bleiben sie äußerlich unangetastet und sollen Gültigkeit und Autorität über lange Zeiträume behalten. Die Termas werden in zwei Klassen eingeteilt – aufgefundene Schriften, oft in verschlüsselter Sprache verfaßt, und direkte Offenbarungen an einen Tertön (gter-ston), der sie selbst niederschreibt oder einem Schüler diktiert.

Auch das »Siebenkapitel-Gebet« beruft sich auf die Autorität der Termas. Sie wird noch dadurch verstärkt, daß der engste Kreis von Vertrauten Padmasambhavas sein literarisches Vorbild in den fünf ersten Schülern des Buddha Śākyamuni hat. – Solche Übertragungen von bestimmten Grundmustern aus dem Leben Buddhas auf das Leben Padmasambhavas finden sich recht häufig, entsprechen aber nicht unbedingt historischen Fakten. Die Legende will ja in erster Linie Sinngehalte und Wesensverwandtschaften aufzeigen.

Der engste Kreis, die Kerngemeinde um Padmasambhava, bestand aus König Trisong Detsen (khri-sroṅ-lde'u-btsan; 742–798), dessen früherer Gemahlin Yeshe Tsogyal (ye-śes-mtzo-rgyal), dem Mönch Namkhai Nyingpo (nam-mkha'i-sñiṅ-po), dem Tantriker Dorje Dudjom (rdo-rje-bdud-'joms) sowie dem Prinzen Lhase Muti Tsänpo (lha-sras-mu-khri-btsaṅ-po), dem späteren König von Tibet. Diese fünf Auserwählten waren die Empfänger der einzelnen Abschnitte des »Siebenkapitel-Gebets«, das sich folgendermaßen gliedert: Sein erstes Kapitel, ein eher allgemein gehaltener einleitender Lehrtext, ist allen fünf

Schülern gemeinsam gewidmet. Im zweiten und dritten Kapitel wendet sich Padmasambhava an den König und die Königin, im vierten und fünften an die beiden Schüler, im sechsten an den jungen Prinzen und im siebten Kapitel, das offenbar später datiert ist, noch einmal an letzteren, als dieser bereits König war.

Der Inhalt der sieben Kapitel, mit Ausnahme des ersten, findet seine genaue bildliche Entsprechung in den Thangkas I–VI der Serie (s. S. 12). Die letzten beiden Thangkas (VII, VIII) haben ihre literarische Vorlage in späterer tantrischer Überlieferung. Da das »Siebenkapitel-Gebet« grundlegender Lehrtext und zugleich ständig benutzte Vorlage ist, sind seine einzelnen Kapitel und Gebete – ähnlich wie das Breviergebet im Katholizismus – den verschiedenen Tages- und Nachtwachen zugeordnet, an denen die Mönche sich zum Gebet versammeln. Auf diesem Hintergrund sind die hier vorgestellten Thangkas nicht als Historienbilder zu betrachten, sondern als Stufen eines Meditationsweges, als Perlenkette eines immerwährenden Gebetes an den großen Meister Padmasambhava, der im Zentrum eines jeden Bildes thront. Zwar wechselt von Bild zu Bild seine äußere Erscheinung entsprechend den fortlaufenden Stationen seines Wirkens; für den Betenden bzw. Rezitierenden aber sind es in erster Linie die acht verschiedenen Namen Padmasambhavas, mit denen er den Meister anruft und sich dessen wunderbare Taten vor Augen führt. So sind diese Thangkas einerseits biographische Berichte, andererseits Meditationshilfen, die es dem Betrachter und Beter ermöglichen sollen, sich ganz persönlich mit seinem ›Wurzel-Lama‹ – wie Padmasambhava auch genannt wird – zu verbinden.

Im tibetischen Buddhismus ist die enge persönliche Bindung zwischen Lehrer und Schüler von besonderer Bedeutung. Sie begründet ein ›psychotherapeutisches‹ Verhältnis zwischen beiden und ist Voraussetzung für die Übermittlung der meist esoterischen tantrischen Lehren und Übungen. So erscheint Padmasambhava auf den Meditationsbildern nicht nur als historischer Begründer der Mönchsgemeinde *(saṅgha)* in Tibet; als Wurzel-Lama ist er zugleich höchste Lehrautorität und nimmt Stellung und Rang eines zweiten Buddha ein. Darüber hinaus wird ihm eine Apotheose, eine Vergöttlichung, zuteil, die ihn mit dem Dharma selbst gleichsetzt. So wird das liturgische »Siebenkapitel-Gebet« auch »Lama-Trikāya-Gebet« genannt. Trikāya steht hier für Padmasambhava und als Chiffre für die in seinen ›drei Körpern‹ sich manifestierende Befreiung vom Kreislauf der Wiedergeburten *(saṃsāra)*.

Der Bezug der Thangka-Serie zum »Siebenkapitel-Gebet«

Thangka		I	II	III	IV	V	VI	VII	VIII
	Name	Tzokye Dorje (mtzo-skyes-rdo-rje)	Trikāya-Gestalt	Loden Chogse (blo-ldan-mchog-sred)	Pemasambha (padma-sam-bha)	Padma Gyalpo (padma-rgyal-po)	Nyima Öser (ñi-ma-'od-zer-)	Senge Dadog (seṅ-ge-sgra-sgrogs)	Dorje Dolö (rdo-rje-gro-lod)
	Erscheinungsweise	Ādibuddha Yab-Yum	Trikāya-Lama	Weisheitsverkünder	Paṇḍita	Lotoskönig	Siddha und Yogi	Yidam	Dämonenbezwinger
	Ort	Udyāna	Südwestliches Paradies Zangdog Palri (zaṅs-mdog-dpal-ri)	Indien	Zahor	Tibet	Tibet	Nepal	Bhutan
Kapitel	I	II	III	IV	V	VI	VII		
Empfänger	alle fünf Schüler	Trisong Detsen (khri-sroṅ-lde'u-btsan) und Yeshe Tsogyal (ye-śes-mtzo-rgyal)	Trisong Detsen und Yeshe Tsogyal	Namkhai Nyingpo (nam-mka'i-sñiṅ-po) und Dorje Dudjom (sna-nam-rdo-rje-bdud-'joms	Namkhai Nyingpo und Dorje Dudjom	Lhase Muti Tsänpo (lha-sras-mu-khri-btsaṅ-po)	Lhase Muti Tsänpo		
Rang des Empfängers		König und Königin	König und Königin	Mönch und Tantriker	Mönch und Tantriker	Prinz	König		
Gebetszeit	allgemein	Mitternacht (Matutin)	vor Sonnenaufgang	Tagesanbruch (Laudes)	Vormittag (Prim)	Sonnenuntergang (Vesper)	später Abend (Complet)		

Diese spezifisch tibetische Vorstellung bildet ein Grundschema innerhalb des Bildaufbaues der einzelnen Thangkas: Weder wird nur die Vita eines Heiligen dargestellt, noch dienen sie allein der frommen Erbauung, vielmehr sollen sie zur Befreiung *(mokṣa)* verhelfen, dem höchsten Gut, das jeder Buddhist anstrebt. Eben diese instrumentale Funktion des Bildes im tibetischen Vajrayāna-Buddhismus – als meditatives Hilfsmittel und als Stufenweg zur Befreiung – unterscheidet die buddhistische von jeder anderen religiösen Bildkunst.

Im ersten Kapitel des »Siebenkapitel-Gebets« erteilt Padmasambhava seinen fünf Schülern, begleitet von allgemeinen Ermahnungen, ganz konkrete Anweisungen, wie sie Schwierigkeiten innerer und äußerer Art bewältigen können, um Befreiung zu erlangen.

Es heißt dort: »Im Tantrik-Zeitalter Mensch geworden zu sein und damit die Möglichkeit zu haben, die tantrischen Lehren zu empfangen, ist eine seltene Gelegenheit, deswegen sollte man die Zeit nützen. Um das geheime Tantra zu praktizieren, sind vier Grundvoraussetzungen zu erfüllen, andernfalls verwelken die Gelöbnisse und verursachen unendliche Wiedergeburten im Saṃsāra und den Sturz in große Schmerzen und Verdammnis.«

Die vier Grundvoraussetzungen, von denen Padmasambhava spricht, sind bestimmte Fähigkeiten und Tugenden, die Mönch wie Laie entwickeln und beachten müssen:

1 »Wenn Körper, Geist und Rede eines Menschen durch äußere Einflüsse außer Kontrolle geraten sind, so braucht er die Fähigkeit spontaner Zwangsentfesselung der Verwicklungen, in die er geraten ist.«

2 »Wenn jemand aus Schwachheit und eigenen Fehlern den fünf Grundübeln oder Giften – Unwissenheit, Haß, Stolz, Leidenschaft und Habgier – verfallen ist, so braucht er das Wissen um die Möglichkeit der Selbstentgiftung.«

3 »Wenn jemand in gesellschaftliche Verstrikkungen geraten ist, so braucht er die Einsicht, daß Hoffnungen und Ängste keine Befreiung bewirken, sondern geistige Weghindernisse sind.«

4 »Wenn jemand seine Gelöbnisse unbefleckt bewahren möchte, so braucht er ständige Achtsamkeit wie ein Bogenschütze, der seinen Bogen gespannt und das Ziel ins Auge gefaßt hat, gelassen abwartend und jederzeit bereit, den Pfeil loszulassen.«

Mit der gleichen Eindringlichkeit, mit der uns das »Siebenkapitel-Gebet« mit Worten in die tantrischen Lehren einführt, will auch die Thangka-Serie dem Meditierenden Anweisungen geben, wie er die Fähigkeiten zur Selbstverwirklichung in sich entwickeln kann. Dabei richtet sich der Blick des Betrachters weniger auf das Randgeschehen als vielmehr auf die zentrale Figur des jeweiligen Bildes; denn als Lehrer des Vajrayāna verkörpert Padmasambhava selbst all diese Tugenden und Kräfte, die es zu erwerben gilt, wenn man ernsthaft den tantrischen Pfad beschreiten will.

Freilich werden gleich im ersten Thangka auch die Gefahren geschildert, die mit tantrischen Praktiken verbunden sind: Wer die Lehren des Meisters nicht richtig befolgt, kommt schnell vom rechten Wege ab. So wird uns Padmasambhava in dieser Thangka-Serie nicht nur als das große Vorbild und als derjenige geschildert, der wie Buddha das Ziel der völligen Befreiung vom Saṃsāra erlangt hat; er ist auch der kraftvolle Bodhisattva und Helfer derer, die sich vertrauensvoll im Gebet an ihn wenden. Für die auf dem Tantra-Pfad Wandelnden ist Padmasambhava zudem der große Meister der Verwandlung. So sind die acht Namen, mit denen der Schüler seinen Meister anruft, zugleich schmückende Ehrennamen und Chiffren für die übernatürlichen Fähigkeiten *(siddhi)*, die Padmasambhava kraft seiner Erleuchtung erlangt hat. Diese acht Namen sind liturgisches Leitmotiv des immerwährenden Gebets an den Meister und bilden das Grundmuster für die Abfolge der ersten sechs Bilder unserer Thangka-Serie. – Möglicherweise gehörte ursprünglich noch ein weiteres Thangka dazu, welches Padmasambhava im schlichten Mönchsgewand, als Buddha Śākya Senge, als ›Löwe aus dem Śākya-Geschlecht‹, im Zentrum zeigte.

Padmasambhava als zentrale Gestalt der Thangkas I–VIII

I Padmasambhava als Urbuddha in Vereinigung mit seiner mystischen Partnerin – Tzokye Dorje (mtzo-skyes-rdo-rje), ›Der aus dem See geborene Vajra‹

II Padmasambhava in dreifacher Gestalt als Trikāya-Lama in seinem jenseitigen Paradies Zangdog Palri (zaṅs-mdog-dpal-ri)

III Padmasambhava als Verkünder des Dharma – Loden Chogse (blo-ldan-mchog-sred), ›Der Weisheitsverkünder‹

IV Padmasambhava als Paṇḍita, buddhistischer Mönch und Gelehrter – Pemasambha (padma-sambha), ›Der Lotosgeborene‹

V Padmasambhava als lotosgeborener König – Padma Gyalpo (padma-rgyal-po), ›Der Lotoskönig‹

VI Padmasambhava als Siddha und Yogi sowie als Beschützer der Leidenden im Bardo – Guru Nyima Öser (gu-ru-ñi-ma-'od-zer), ›Der Sonnenstrahl-Guru‹

VII Padmasambhava als machtvoller Yidam und tantrische Initiationsgottheit – Senge Dadog (seṅ-ge-sgra-sgrogs), ›Der Guru mit der Löwenstimme‹

VIII Padmasambhava auf einer Tigerin reitend als Dämonenbezwinger und Herrscher über die acht Klassen der Götter und Geister – Dorje Dolö (rdo-rje-gro-lod), ›Der Trost-Guru‹

Wie an der Abfolge der Gestalten bereits zu erkennen, spannt sich hier ein weiter szenischer Bogen vom irdischen Wirken Padmasambhavas über den himmlischen Bereich bis hinab in die Unterwelt. In dieses Geschehen sind die Götter und Geister miteinbezogen; das Pantheon der Nyingma-Tradition ist vollständig präsent. Eingeflochten sind immer wieder Momente aus der Lebensgeschichte Padmasambhavas; dabei werden geographische Stationen vorgestellt, die Padmasambhava missionierend bereist hat: von Kaschmir über ganz Indien, Pakistan, Nepal bis nach Tibet und Bhutan. Dieser biographische Teil ist historisch leider noch weitgehend unerforscht. Er ist verwoben mit übernatürlichen und überzeitlichen Ereignissen; reale und mythische Geographie vermischen sich, und es entfaltet sich ein Welttheater mit Padmasambhava als Hauptdarsteller und Regisseur.

Tzokye Dorje
›Der aus dem See geborene Vajra‹

Thangka I

Die drei Weltzeitalter

Das erste Thangka der achtteiligen Serie zeigt Padmasambhava in einer visionären Schau als Tzokye Dorje (mtzo-skyes-rdo-rje), als ›Aus dem See geborener Vajra‹. Dieser Name spielt nicht nur auf das Wunder seiner Geburt aus dem Lotossee an, sondern identifiziert Padmasambhava und seine Lehre darüber hinaus mit dem Hauptkultgerät des Vajrayāna-Buddhismus, dem Dorje bzw. Vajra, dem Symbol für die unzerstörbare Natur des Dharma. Padmasambhava ist hier als Jüngling in mystischer Vereinigung mit seiner Yoginī Mandāravā dargestellt, die in ihrer makellos strahlenden Schönheit ebenfalls wie neugeboren aus dem Lotossee erscheint. Das eng umschlungene Paar entspricht dem über ihm thronenden himmlischen Paar des Vajrasattva mit seiner Partnerin (28), als wäre es dessen Widerspiegelung im irdischen Bereich. So wird Padmasambhava in dieser Erscheinungsform auch dem transzendenten Vajrasattva gleichgesetzt.

Das alterslos-jugendliche Paar bildet den Mittelpunkt einer parallel verlaufenden Bilderzählung, die im unteren – irdischen – Bereich des Thangka als dramatische Szenerie vor Augen tritt, während in den oberen – himmlischen – Gefilden verschiedene Gruppen von Gottheiten erscheinen. In den Bildszenen sind gewaltige Zeiträume zusammengezogen. Zunächst wird der Blick des Betrachters in die mythische Vorzeit gelenkt, in die Epoche des ersten Weltzeitalters *(kalpa)*. Sie steht unter der Herrschaft Samantabhadras (27). Am Ende dieses ersten Kalpa vollzieht sich ein Ereignis von weitreichender Bedeutung: Die fortschreitende Inkarnation des Bösen manifestiert sich schließlich in der Gestalt des Rutṛa. Dieses Urgeschehen bildet gleichsam den ›ersten Akt‹ der Bilderzählung.

Der ›zweite Akt‹ umspannt den Zeitraum des zweiten Kalpa, das unter der Herrschaft von Buddha Śākyamuni (41) steht. Es wird berichtet von Geburt und Erleuchtung Buddhas. Stand das Ende des ersten Weltzeitalters im Zeichen von Angst und Schrecken, so ist das zweite geprägt von Frieden und von der gewaltlosen Ausbreitung der Lehre.

Der ›dritte und letzte Akt‹ der Bildfolge schildert den Beginn des dritten Kalpa, über das die drei großen Bodhisattvas Mañjuśrī (43), Avalokiteśvara (44) und Vajrapāṇi (45) herrschen. In diesem Zeitraum tritt Padmasambhava (49) hervor, wird die Lehre in zahlreichen Ländern Asiens verbreitet.

So liegt der gesamten Szenerie ein bestimmtes heilsgeschichtliches Schema zugrunde, wobei der Gestalt Padmasambhavas als Tzokye Dorje insofern eine Schlüsselrolle zufällt, als er insgeheim allen drei Zeitaltern vorsteht.

Tzokye Dorje in Yab-Yum

(Ziffern 27–40)

Ausgangspunkt der Bildbetrachtung ist die zentralplazierte Gestalt Padmasambhavas – der Meditierende soll sich vor allem auf diesen geistigen Mittelpunkt konzentrieren. Demgegenüber sind die Szenen mit erzählerischem Inhalt von untergeordneter Bedeutung; sie liefern die Rahmenhandlung und Bildkulisse.

Für die meditative Betrachtung ist es wichtig, daß die verschiedenen Aspekte einer Gestalt als Einheit geschaut werden können. Dem entspricht die Darstellung und Symbolik Tzokye Dorjes auf das vollkommenste. Wir sehen ihn auf einem Sonnen-Mondlotos thronen, wobei sich das Weiß der Mondscheibe noch einmal in seiner Weisheitspartnerin und in den Lotosblüten, die das Paar umgeben, spiegelt. Reinheit, Licht und Weisheit werden hier identisch. Tzokye Dorjes Körperfarbe ist ein tiefes Blau – die Farbe des Himmels. So verschmilzt er mit dem Ādibuddha Samantabhadra (27), dem Vater aller Buddhas, der im Dharmakāya, dem Ursprung und der Heimat aller Erscheinungsformen, thront, unberührt von den drei Zeiten: dem Werden, dem Bestehen und dem Vergehen. Auf diesen ewigen, unzerstörbaren Charakter des Dharma weist das Diamantzepter (dorje; *vajra*) hin, das Tzokye Dorje in seiner erhobenen Rechten trägt. Mit seiner Linken umfaßt er seine Weisheitspartnerin *(prajñā)*,

2 (I) Tzoꞁyɛ Dorje – ›Der aus dem See geborene Vajra‹

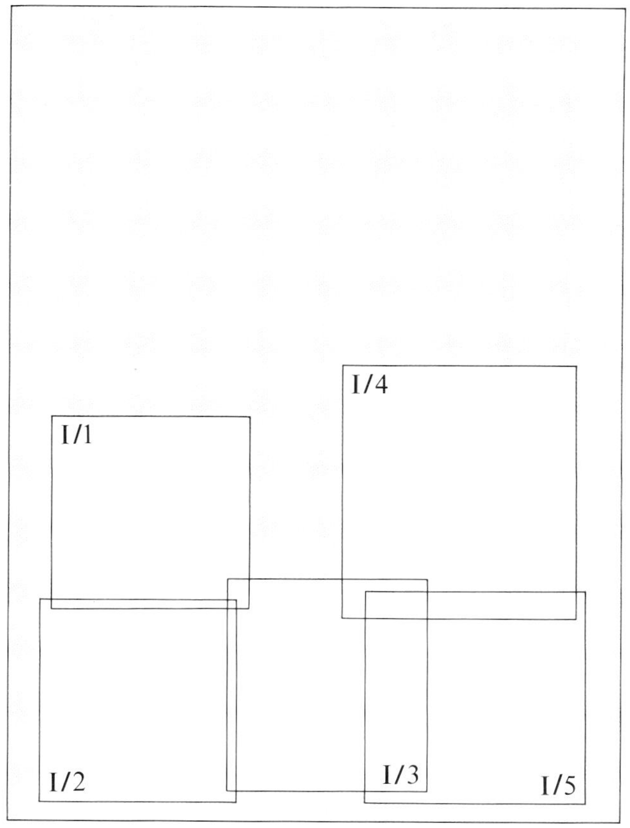

zugleich hält er die Glocke *(ghaṇṭā)*. In den beiden Kultgeräten, Vajra und Ghaṇṭā, wird für den Eingeweihten neben der Polarität des Männlichen und Weiblichen die Zusammengehörigkeit von Weg und Weisheit, *(prajñā* und *upāya;* sherab/śes-rab und thab/thab) sichtbar. Ihre Vereinigung, die sich symbolisch in der Vater-Mutter-Geste (yab-yum) des Paares vollzieht, ist Sinnbild für die Erleuchtung. Dies ist keine ekstatische, sexuelle Vereinigung, wie etwa bei der Darstellung der Yidam-Gestalten in Yab-Yum, sondern ein inniges, geistiges Sichdurchdringen. Der Blick Tzokye Dorjes ruht in den Augen seiner Partnerin, ihre Lippen berühren seinen Mund, während sie ihm mit der gefüllten Schädelschale *(kapāla)* den Nektar der Unsterblichkeit *(amṛta)* darreicht. Eine vierfarbig leuchtende Aureole umgibt Tzokye Dorje. Sie weist zum einen auf den visionären Charakter der Bildmitte hin, zum anderen ist sie Ausdruck und Ausstrahlung der in ihm verkörperten meditativen Weisheit jener Tathāgatas (29–32), die über ihm im Zentrum der vier farbigen Lichtkreise thronen. Der rötlich-gelbe Kopfnimbus hingegen gibt seine jugendliche Geisteskraft und seine besondere Beziehung zu Mañjuśrī (43) zu erkennen, der mit seiner rechten, ›männlichen‹ Hand das Schwert der Erkenntnis schwingt und in seiner linken, ›weiblichen‹ Hand eine Lotosblüte mit dem Buch der ›vollkommenen Weisheit‹ *(prajñāparamitā)* hält.

Die nach oben weisende Mittelachse des Bildes, aus einem sich verzweigenden Lotosstiel gebildet, führt den Meditierenden stufenweise aus der irdisch-sinnlichen Anschauung hinauf in den visionären Bereich der transzendenten Gottheiten und schließlich ins unsichtbare Absolute. Wir verfolgen gewissermaßen die Entfaltung der Lotosblüten auf den unterschiedlichen Seinsebenen und stellen dabei fest, daß sie alle demselben Stamme zugehören. So unterstreichen sie die Gestalt Padmasambhavas in ihrer Trikāya-Form, d.h. in ihrer dreifach gestaffelten Erscheinung: Die aus dem dunklen See emporsteigende, weit geöffnete farbige Lotosblüte, auf der Padmasambhava als Tzokye Dorje thront, repräsentiert den weltlichen Bereich – Padmasambhava tritt uns hier in seiner irdischen Verkörperung *(nirmāṇakāya)* als Sinnbild ewiger Jugend und unbefleckter Reinheit entgegen. Darüber erscheint er als weißer Vajrasattva in Yab-Yum (28), also in seiner nur dem Erleuchteten sichtbaren Sambhogakāya-Gestalt. Dabei ist er umgeben von vier ihn umschwebenden farbigen Lichtkreisen, in denen die übrigen vier Tathāgatas, ebenfalls innig vereint mit ihren Weisheitspartnerinnen und umringt von je vier Bodhisattvas, in ihren Paradieswelten thronen: dem Östlichen Paradies (Ngonga; *Abhinanda;* 29), dem Südlichen Paradies (Paldenzä; 30), dem Westlichen Paradies (Devachen; *Sukhāvatī;* 31) und dem Nördlichen Paradies (Lärab; 32) – den vier strahlenden Gefilden himmlischer Wiedergeburt, in denen der Mensch die Früchte seiner guten Taten erntet, bevor er die endgültige Befreiung erlangt. Zuoberst schließlich sehen wir Padmasambhava als blauen Ādibuddha Samantabhadra (27) nackt und ohne jeden Schmuck in seiner Dharmakāya-Gestalt. Fast unsichtbar, verschwindet er gleichsam im unendlichen Himmelsraum. Ebenso wie Samantabhadra zur All-Einheit zurückkehrt, soll auch der Meditierende schließlich die Leerheit aller Erscheinungen erkennen. Hier endet auch der aufsteigende Lotos.

Verfolgen wir die drei Seinsebenen in ihrer horizontalen Ausdehnung, so stehen die verschiedenen Verkörperungen Padmasambhavas jeweils im Zentrum eines Kreises ihnen zugeordneter Gottheiten. Samantabhadra thront im Zentrum von acht Yidam-Gestalten, die als zornvolle und friedvolle Emanationen aus ihm hervorgehen. Es handelt sich um sechs Herukas in Yab-Yum (33–38) sowie – links – um Amitāyus (39) und – rechts – um Vajravārāhī (40). Diese acht Initiationsgottheiten repräsentieren jene esoterische Weisheitsüberlieferung, die im »Acht-Gebot« (»Kadje«/ bka'-brgyad) zusammengefaßt ist. Sie zeigt den zur Befreiung führenden tantrischen Pfad auf, wobei Amitāyus (39) Symbolfigur für die Vater-Tantras und Vajravārāhī (40) Symbolfigur für alle Mutter-Tantras ist, d.h. für die von weiblichen Gottheiten regierten Tantras. Auf der mittleren Ebene wird Padmasambhava in Gestalt von Vajrasattva (28) als zentraler

Tathāgata vorgestellt, umgeben von den vier anderen Tathāgatas. Gemeinsam bilden sie ein sphärisches, die kosmische Ordnung repräsentierendes Maṇḍala. Wir sehen dem Osten zugeordnet den blauen Akṣobhya (29), dem Süden zugeordnet den gelben Ratnasambhava (30), dem Westen zugeordnet den roten Amitābha (31) und dem Norden zugeordnet den grünen Amoghasiddhi (32). In jeder dieser überirdischen, transzendenten Buddha-Gestalten manifestiert sich ein bestimmter Aspekt der vollkommenen Weisheit, die Buddha Śākyamuni in seinem irdischen Dasein verwirklicht hat und welche in den fünf Tathāgatas gleichsam fortlebt. Diese vollkommene Weisheit *(prajñāparamitā)* ist zugleich Ausdruck für die Überwindung und Verwandlung der fünf Grundübel, die den Menschen ans irdische Dasein fesseln: Unwissenheit, Begierde, Haß, Hochmut und Geiz.

Durch die Gestalt Padmasambhavas als Tzokye Dorje im Zentrum wird die vielfältige Weisheit nun erneut über den gesamten Erdkreis ausgestrahlt. Dem meditierenden Betrachter wird so vor Augen geführt, daß die tantrische Überlieferung und die Lehre Buddhas in der Person Padmasambhavas zusammengeflossen sind zu einer einzigen, für alle Zeiten gültigen Weisheit.

Entstehungsgeschichte des Bösen

(Ziffern 1–5; Ausschnitte I/1, I/2)

Nachdem der meditierende Betrachter in mehrfacher Hinwendung sich die zentrale Gestalt des Tzokye Dorje und deren spirituelle Herkunft vor Augen geführt hat, tritt nun der Vordergrund in sein Blickfeld. Er taucht in das zeitliche Geschehen ein, das sich im irdischen Bereich abspielt. Die Bilderzählung beginnt im linken, oberen Bereich der Gebirgslandschaft und zeigt – ein mythisches Thema, das in allen Religionen eine wichtige Rolle spielt – die Entstehungsgeschichte des Bösen. Das Ende des ersten Weltzeitalters (s. S. 15), eine Zeit des Niedergangs, ist geprägt durch das Auftreten eines Irrlehrers namens Thubka Shönnu (3) aus dem Lande Yongdu, eines gelehrten Mönchs, der ebenso wie später Buddha Śākyamuni über die fünf Gruppen *(skandha)* predigt, die das Dasein des Menschen konstituieren: Körper *(rūpa)*, Gefühl *(vedanā)*, Wahrnehmung *(saṃjñā)*, Bewußtsein *(vijñāna)* und Geist *(saṃskāra)*. Für alle Wesen, ausgenommen die Heiligen, sind dies ›Gruppen des Anhaftens‹ *(upādāna-skandha)*, weil sie Objekte erzeugen, die an sich unbeständig sind.

Thubka Shönnu freilich zieht aus dieser Einsicht in die Unbeständigkeit der Skandhas gänzlich falsche Schlüsse; er lehrt, wie man ohne Mühe, ohne Überwindung der eigenen Schwächen und ohne jede moralische Beschränkung in diesem Leben Befreiung erlangt. So verwundert es nicht, daß dieser Lehrer großen Zulauf findet. Auch Kunti (1), der wohlhabende Sohn eines Bauern, und sein Diener Pramadeva (2) hören von Thubka Shönnu. Sie begeben sich in einen kleinen Tempel, um seinen Predigten zu lauschen (3), werden Schüler des Irrlehrers und legen das Mönchsgelübde ab (I/1). Bei dieser Gelegenheit erhalten sie neue Namen: Kunti heißt nun Tharpa Nagpo (›Schwarze Befreiung‹; 4) und Pramadeva fortan Denphag (5). Danach bitten sie ihren Meister, ihnen den Weg zur Befreiung vom Leiden zu zeigen. Thubka Shönnu lehrt: »Alle Dinge sind unbeeinflußbar. Wer sie in ihrer Natur untersucht, wird feststellen, daß sie unbegreiflich sind wie die Wolken am Himmel. Dies ist die höchste Einsicht eines Yogi« (»Pemakathang«). Tharpa Nagpo folgert daraus, daß das sittliche Handeln keiner Norm unterworfen sei. In der literarischen Vorlage der Bilderzählung, in Kapitel V des »Pemakathang«, führen Tharpa Nagpo und Denphag eine ausführliche philosophische Diskussion über diesen grundlegenden Lehrsatz, sind dabei völlig verschiedener Auffassung. – Nachdem Tharpa Nagpo seinen Diener fortgeschickt hat, verübt er, wie man im Bilde sieht, zahlreiche verbrecherische Taten, die um so verwerflicher sind, als er das Mönchsgelübde abgelegt hat. Er geht mit Hund und Falken auf die Jagd und erlegt mit Pfeil und Bogen die Tiere des Waldes. An verschiedenen heiligen Orten tötet er die Männer, um sie zu verspeisen. Im Kloster versammelt er Freudenmädchen um sich und gibt sich seinen Leidenschaften hin. Ferner lehrt er die anderen Mönche, Gleiches zu tun. Zur allgemeinen Belustigung veranstaltet er Tierkämpfe im Klosterhof, in denen sich die wilden Tiere gegenseitig zerfleischen. Laut Text vermag er zwölf Jahre lang diese Irrlehren zu verbreiten.

Nach seinem Tode wird Tharpa Nagpo um seiner bösen Taten willen unzählige Male in den niederen Bereichen des Lebensrades *(bhavacakra)* wiedergeboren: im Reich der Tiere, im Reich der ewig hungrigen Geister *(preta)* und in der Hölle (I/2). Er erlebt nicht nur das leidvolle Dasein der Tiere, die dem Menschen dienen müssen, sondern wird nun selbst von wilden Tieren zu Lande und zu Wasser gejagt und getötet. So durchläuft er immer neue tierische Wiedergeburten. Wir sehen ihn an einer Leichenstätte in verschiedener Gestalt: als Schakal, als Tiger, als Geier, als Biene, als kriechendes Insekt und als leichenfressenden Wurm.

Tharpa Nagpos verhängnisvolles dunkles Karma ist damit jedoch noch lange nicht abgebüßt. Er muß in der Welt der Pretas leben, welche wie Gespenster in einer Wüste hausen. Ihr Hunger und Durst sind riesig, weil sie von Habgier und Geiz verzehrt werden, doch durch ihren engen Schlund kaum Nahrung aufnehmen können. Zudem verwandelt sich jegliche Speise in ihrem Mund zu Feuer, brennt wie glühendes Eisen

I/1

I/2

in ihrem Magen oder bläht ihren Hals zu einem gewaltigen erstickenden Ballon auf. Darüber hinaus wird Tharpa Nagpo in der Welt der Pretas von Halluzinationen geplagt: Felsen verwandeln sich in schreckliche Ungeheuer, die ihn zu fressen drohen.

Tharpa Nagpo muß noch eine Stufe tiefer hinabsteigen, in die Welt der ewigen Qualen, die ihn in der heißen und in der kalten Hölle erwarten. Diese Höllenszenen sind im untersten linken Bereich des Thangka dargestellt. Blutend und geschunden steht Tharpa Nagpo auf einer Leiter; sie führt zu einem Ort, wo er als Gefangener in einem feurigen Käfig leben muß. Dann wieder sehen wir ihn nackt an Felsen gekettet, während aus einer dunklen Wolke Hagel niederstürzt, so daß er zu Eis erstarrt. Mit anderen zusammen wird er später in einem riesigen Topf gekocht, nur die Köpfe ragen daraus hervor, während ein schwarzer Höllendiener das Feuer mit einem Blasebalg anfacht und in dem Topf rührt. Einige Körperteile werden besonderer Behandlung unterzogen: So wird Tharpa Nagpos Kopf durchbohrt und abgesägt. Seine große, heraushängende Zunge wird von einem Ochsengespann blutig durchpflügt. Sein Leib wird von einem gewaltigen Steinblock zermalmt. Auch Angstqualen muß er durchleiden. Aufgespießt hängt er einmal zwischen Messern, ein andermal zwischen Felsspitzen. Dann wieder versucht er vergeblich, aus einem Flammenkreis zu entfliehen. Schließlich wird er von einem Höllendiener fortgeschleift und in einen See geworfen, in den beständig kochendes Wasser hineinfließt. Dieser Unterweltsee gleicht einem Kraterbecken, aus dem es kein Entrinnen gibt, wohin Tharpa Nagpo sich auch wendet. Nachtschwarze Wolken hängen über dem See, aus denen glühender Regen und Eishagel niederfallen und den Rücken des Schwimmenden blutig schlagen.

Siegeszug des Bösen

(Ziffern 6–14; Ausschnitte I/3, I/4)

Nachdem Tharpa Nagpo die drei niederen Bereiche des Bhavacakra, das Reich der Tiere, der Pretas und der Hölle, durchlaufen hat, wird er schließlich als Monstrum auf Erden wiedergeboren, und zwar in einem Land namens Laṅkapurna (6). In den Szenen des mittleren unteren Bildfeldes (I/3) werden uns seine Geburt, seine Gefangenschaft, sein Ausbruch aus ihr und sein folgendes verheerendes Wüten geschildert.

Das Freudenmädchen Kuntudju (7), das in einer Nacht mit drei verschiedenen Geistern geschlafen hat, mit einem Teufel, einem Dämon und einem Gott, wird schwanger und gebiert einen Sohn mit drei Köpfen (mit je drei Augen), mit sechs Armen, vier Beinen und

I/3

I/4

Adlerflügeln. Dargestellt ist das Haus, in dem sie niederkommt und das Monstrum gebiert, sowie drei umliegende Gebäude, in denen offenbar ihre geisterhaften Liebhaber wohnen. Gleich nach der Niederkunft wird das ganze Land, wie es im Text heißt, von Unglücksfällen heimgesucht; neun Monate später stirbt Kuntudju.

Sie wird, um weiteres Unheil zu verhüten, gemeinsam mit ihrem Kind in einem Steinhaus eingemauert. Wir sehen die Leichenstätte Naldji (8) mit einem weißen Stūpa, ringsum von dichtem Wald umgeben und dadurch von den Wohnstätten abgeschirmt. Wie durch ein Wunder bleibt das Kind-Ungeheuer am Leben, indem es sich von seiner toten Mutter nährt. 42 Tage lang saugt es Flüssigkeit und Blut, nimmt Innereien, Fleisch, Mark und Knochen der Mutter zu sich und gewinnt dabei so an Kraft, daß es schließlich das Steinhaus zerbricht.

Der Ausbruch und die schreckliche Tat bleiben nicht verborgen, und so erhält das neu erstandene Zwitterwesen den Namen Matrarutra (9), ›Mutterfresser‹. Immer noch gierend nach Menschenfleisch, fällt Matrarutra wie ein wildes Tier über die an jenen Ort gebrachten Leichen her und schlürft ihr Blut. Auch den Tieren stellt er nach, tötet sie und schmückt sich mit ihren Häuten und Fellen. So wird er immer mächtiger und gefährlicher. Wir sehen Matrarutra inmitten halbverzehrter Kadaver mit gespreizten Flügeln, eine Schädelgirlande umgehängt tanzend wie eine Gottheit, während er mit seinen vier Füßen eine Leiche zertritt. Sein gewaltiges Gebrüll läßt, wie es heißt, alle Lebewesen erzittern. Matrarutra bleibt nicht allein. Er wird von Geistern beiderlei Geschlechts verehrt, die fortan sein Gefolge bilden.

In der folgenden Szene (I/4) erblicken wir ihn, nachdem er übernatürliche Kräfte erlangt hat, von Flammen umloht, mit seinem rasenden Gefolge aufbrechen, neuen Taten entgegen. Es gelingt Matrarutra, in kürzester Zeit 24 Länder zu erobern, er wird immer selbstherrlicher und übermütiger (»Pemakathang«, Kapitel V). Mit seinem wilden Geisterheer zieht er nun zur Rotfeldinsel Koka (10) – ein uralter Name für einen Ort in Bengalen, wo zahlreiche Tantriker gelebt haben. Den König von Laṅka (Ceylon; 11) bekriegt er und besiegt dessen Heer. Der König soll ein Schüler des Buddha der Vorzeit, Dīpaṅkara, gewesen sein – Hinweis darauf, daß die Erzählung vom Wirken des Bösen in dieser Welt in der mythischen Vorzeit des ersten Kalpa spielt.

Ganz offensichtlich ist die Kraft des Bösen, die sich in Matrarutra und seinem Gefolge verkörpert, übermenschlicher Art; anders wäre der unaufhaltsame Siegeszug, von dem hier und im folgenden berichtet wird, nicht verständlich. Noch immer ist der Machthunger Matrarutras nicht gestillt. Auch die Asuras (12), die kriegerischen Halbgötter, in deren Reich er eindringt, können ihm nicht widerstehen. Nach einem offenbar furchtbaren Gemetzel ist das ›Schädelhaus am Leichenberg‹ (13) mit Siegesbannern in Form von Getöteten geschmückt.

Selbst vor der Welt der Götter, die glücklich im Tuṣita-Himmel (14) wohnen, macht Matrarutra nicht halt. Da sie sterblich sind, gelingt es ihm, sie ebenfalls zu besiegen. (Diese Götterdämmerung wird, ebenso wie der vorangegangene Kampf mit den Asuras, nicht im einzelnen geschildert, sondern nur im »Pemakathang« erwähnt.) Die Darstellung des auf der Rotfeldinsel (10) vorwärtsstürmenden Matrarutṛa und seines Gefolges steht symbolisch für die – stets siegreich endenden – Angriffe auf den König von Laṅka (11) und auf die Reiche der Asuras und der Götter.

Eine kleine Episode im Zusammenhang mit der Eroberung der Götterwelt ist jedoch bildlich festgehalten. Im »Pemakathang« heißt es, daß der Prinz Dampa Togkarpo, nachdem es auch ihm nicht gelungen ist, Matrarutṛa zu besiegen, den Beschluß faßt, in Gestalt eines weißen Elefanten auf die Erde hinabzusteigen, der Mutter Buddha Śākyamunis im Traum zu erscheinen und in sie einzugehen. Wir sehen den Prinzen links im himmlischen Palast (14) sitzen und sehen ihn dann als Elefant auf einer Wolke zur Erde niederfahren – gewissermaßen eine Vorankündigung des irdischen Heils: zwar steht Matrarutṛa auf der Höhe seiner Macht, doch seine Zeit läuft ab.

Die Vernichtung des Bösen

(Ziffern 15–17, 33–38, 40, 44, 45)

Im Götterrat der Tathāgatas (28–32) wird der Beschluß gefaßt, Matrarutṛa durch einen machtvollen Gegner zu vernichten. Wie dies geschehen kann, läßt die Inschrift (15) nur erahnen. Das »Pemakathang« berichtet dazu folgendes: Avalokiteśvara (44) und seine Gefährtin Tārā werden beauftragt, in Gestalt von Hayagrīva (37) und Vajravārāhī (40) Rutṛa, wie er hier genannt wird, zur Unterwerfung zu zwingen. Sie sollen sich vereinigen und so gemeinsam in Rutṛa und seine Partnerin eindringen.

Auf dem Thangka wiedergegeben sind Hayagrīva und Vajravārāhī in Yab-Yum (16) im schon erwähnten Schädelpalast (13). Hayagrīva, der Pferdeköpfige, wiehert dreimal und Vajravārāhī, die Schweinsköpfige, grunzt fünfmal, um Rutṛa zu provozieren. Dieser aber fordert sie zum Übertritt auf seine Seite auf. Hayagrīva aber steigt in Rutṛas Körper und Vajravārāhī in den seiner Partnerin. Dadurch dehnen sich deren Körper so, daß ihre beiden Köpfe vom Rumpf abspringen. Matrarutṛa ist, wie man sieht, rücklings zu Boden gefallen. Er stürzt tief in das unterirdische Reich der Nāgas hinab. Durch den gewaltigen Sturz entsteht ein Loch in der Erde, aus dem sogleich ein wunscherfüllender Baum wächst, emporragend bis in das Reich der Asuras und der Götter.

Noch ein letztes Mal versucht Rutṛa sich zu erheben, doch vergeblich. Padmasambhava – in Gestalt des Vajrakumāra-Kīla (17) – und sein tierköpfiges Gefolge, das hinter den Mauern des Palastes versammelt ist, vernichten ihn endgültig. Sein Körper wird in acht Stücke zerteilt, die an verschiedenen Orten zur Erde herabfallen. An diesen acht Stätten sollten zu späterer Zeit die acht Tantras entstehen. Rutṛas Schmuck und seine Flügel werden als Trophäen fortgetragen (»Pemakathang«, Kapitel VI). Sie gehören fortan zu den machtvollen Zeichen der zornvollen Herukas, die oben im Bilde (33–38) erscheinen. Durch diese entstehungsgeschichtliche Deutung werden die ursprünglich selbständigen Heruka-Gottheiten in den Kreis der Yidam-Gestalten, der tantrischen Initiationsgottheiten, einbezogen.

Ferner berichtet die Überlieferung, daß Rutṛa durch Vajrapāṇi (45) eingeweiht worden sei und die Gestalt eines Mahākāla angenommen habe. Die Furcht, Rutṛa könne heimlich wiederkehren, ist so gebannt. Als Mahākāla erscheint er blau und flügellos, ein halbes Vajra auf seinem Haupt ist Zeichen dafür, daß er das Gelübde abgelegt hat, künftig als Beschützer der Religion zu dienen.

Nimmt man die Erzählungen von Rutṛas zahllosen Wiedergeburten und seiner Einweihung ernst, wird erkennbar, daß im tibetischen Buddhismus die unorthodoxe Vorstellung einer über den Tod hinaus fortbestehenden ›Seele‹ (namshe/rnam-śes)[1], vorhanden ist, obwohl der frühe Hīnayāna-Buddhismus eine solche Seele ablehnt und auch die meisten westlichen Interpreten eine Seelenvorstellung in dieser Form für unvereinbar mit der ursprünglichen Lehre Buddhas halten.

Buddha Śākyamuni als Herrscher des zweiten Weltzeitalters

(Ziffern 18, 41, 42)

Die Schilderung der Ereignisse in den beiden folgenden Weltzeitaltern erfolgt in wesentlich knapperer Form. Sie bildet das Thema der Szenen im rechten unteren Bildbereich. Schauplatz des Geschehens sind Maghada (18) im Herzen Indiens und die angrenzenden Länder.

Die erste Szene spielt im Lumbini-Hain, der Geburtsstätte Buddha Śākyamunis: Seine Mutter Māyā ruht, eine Dienerin an ihrer Seite, in einem Palast – Darstellung jener Nacht, in welcher Māyā der weiße Elefant im Traum erschien und sie schwanger wurde.

[1] Die etymologisch zutreffende Bezeichnung für Namshe ist ›Seele‹

Die zweite Szene zeigt Bodhgayā, wo Buddha, nachdem er seinen Geist von allen Hemmnissen befreit hatte, Erleuchtung erlangt. In drei Visionen schaut er in drei aufeinander folgenden Nächten: seine früheren Existenzen, den leidvollen Zustand der gegenwärtigen Welt und erkennt schließlich die Ursache allen Leidens. Der Maler beschränkt sich freilich auf die Darstellung Buddhas, wie er, umgeben von seinen beiden ersten Jüngern, in einem Palast meditiert. Mit seiner Rechten berührt er die Erde, um sie als Zeugin seiner Erleuchtung anzurufen *(bhūmisparśa-mudrā)*. In identischer Haltung thront er – als Herrscher dieses zweiten Weltzeitalters – oben im Himmel (41). Auf gleicher Ebene mit ihm thront auf der anderen Seite der Zentralfigur Garab Dorje (42), ebenfalls in einem himmlischen Palast. Wie Buddha ist auch er als schlichter Mönch dargestellt, nur durch die Erleuchtungserhöhung *(uṣṇīsa)* ausgezeichnet, seine Rechte zur Lehrdarlegungsgeste *(dharmacakramu-drā)* erhoben. Er wird in der Inschrift als Tulku (sprul-sku), als Wiedergeborener, bezeichnet, hier als Hinweis auf das Nirmāṇakāya. Garab Dorje war ein bedeutender buddhistischer Gelehrter und zugleich, wie wir aus der Lebensgeschichte Padmasambhavas wissen (s. S. 39 f.), ein Lehrer des tantrischen Meisters (49), der hier direkt unter ihm abgebildet ist.

Padmasambhava als Herrscher des dritten Weltzeitalters

(Ziffern 19–26; Ausschnitt I/5)

Mit Padmasambhavas geschichtlichem Wirken treten wir in das dritte Kalpa ein, von dem die Bildfolge rechts unten berichtet. Als wichtigste Länder seiner Missionstätigkeit werden Tukhara (19), Ceylon (20), Khotan (21), Zahor (22), Kaschmir (23), Uḍyāna (24), Nepal (25) und Bengalen (26) genannt. (Diese Regionen spielen auch auf den folgenden sieben Thangkas eine Rolle, ohne daß sich indessen eine historische Abfolge ergäbe.) Die acht Wirkungsplätze sind jeweils markiert durch einen weißen Stūpa innerhalb eines Friedhofs mit wilden Tieren sowie ein umfriedetes Haus mit einem Lehrer und dessen Schüler. Diese Bildelemente repräsentieren zum einen den einsamen Ort der Meditation, zum anderen den Ort der Lehrtätigkeit Padmasambhavas. Auf den acht Friedhöfen finden wir die acht Glieder Rutras: das Herz (18), die drei rechten Arme (19), den dreifachen Kopf (20), die drei linken Arme (21), die Eingeweide (22), die beiden linken Beine (23), den Phallus (24), die beiden rechten Beine (25), den Rumpf und die Flügel (26) – sämtlich von Flammen umloht, aber unversehrt, Trophäen und Zeichen des Sieges über das Böse.

I/5

Solche Leichenplätze wurden vor allem von den indischen Yogis aufgesucht, die dort verweilten, um über die Vergänglichkeit des Daseins zu meditieren. (Das Verweilen an Grabstätten und Friedhöfen spielte, wie wir wissen, auch im frühchristlichen Mönchtum als Askeseübung eine wichtige Rolle.)[1] Die acht Leichenplätze im besonderen zeichnet aus, daß Padmasambhava hier seine Einweihungen in die acht verschiedenen Tantras erhalten hat.

Die Rolle des Bösen in dieser Welt erscheint religionsgeschichtlich betrachtet als ein typisch gnostisches Element. Padmasambhava ging nicht allein von der Erfahrung des allgegenwärtigen Leidens und Sterbens aus, sondern ebenso von der Einsicht, daß die Welt durch das Böse bedroht und diese Bedrohung nur durch meditative Praktiken, wie sie in den Tantras aufgezeigt werden, zu überwinden ist. Darin unterscheidet sich, auch wenn die Verbundenheit der Traditionslinien immer wieder betont wird, die Lehre Padmasambhavas von der Lehre Buddhas. Die Differenz ist hauptsächlich darin begründet, daß Vergänglichkeit eine allgemein menschliche Erfahrung, das Böse indes stets eine persönliche Begegnung ist, eine Versuchung, die besondere Abwehrmethoden erfordert. Konkret zeigt uns die zentrale Gestalt Tzokye Dorjes eine Möglichkeit solcher Abwehr: Der meditative Prozeß der Vereinigung von Methode (thabs)

[1] R. Neu, Die Mythologie von buddhistischem und christlichem Brauchtum

und Weisheit (śes-rab), symbolisch dargestellt als Yab-Yum, führt zur Lösung von allen karmischen Verstrickungen und zur Umwandlung des Bösen.

Die drei großen Bodhisattvas

(Ziffern 43–49)

Mit den Berichten über das zweite Weltzeitalter und den Beginn des dritten ist der erzählerische Teil der Bildfolge abgeschlossen, und der Betrachter wendet sich nochmals den drei großen Bodhisattvas Mañjuśrī (43), Avalokiteśvara (44) und Vajrapāṇi (45) zu, welche dicht über dem irdischen Bereich in den Wolken schweben, so als wollten sie jederzeit helfend in das weltliche Geschehen eingreifen (s. S. 15).

Die häufig dargestellte Trias, die allgemein mit den Tugenden Weisheit, Mitleid und Tatkraft gleichgesetzt wird, steht hier in einer Reihe mit Padmasambhava (49). Darin kommt zum Ausdruck, daß jene insgeheim mit dem tantrischen Meister identisch sind.

Die drei Bodhisattvas verbreiten die Lehre Padmasambhavas im irdischen, über- und unterirdischen Bereich: Mañjuśrī bringt sie ins chinesische Reich – der Kaiser von China gilt als seine irdische Verkörperung – und in die Götterwelt, hier repräsentiert durch den Götterkönig Indra (46); Avalokiteśvara macht sie in Tibet – wo der jeweilige Dalai Lama als seine Inkarnation betrachtet wird – und bei den Nāgas bekannt, deren König Lugyal Djogpo (47), geschmückt mit einer Schlangenkrone, unter ihm thront; Vajrapāṇi schließlich verkündet die tantrische Lehre in der Menschenwelt, deren Repräsentant, der indo-nepalesische König Dza (48), in einem Palast abgebildet ist, auf den vom Himmel herab zahlreiche Bücher fallen. Mit dieser etwas summarisch dargestellten Ausbreitung der Lehre – die folgenden Thangkas werden sie ausführlicher schildern – schließt die Bildfolge.

Abschließend zieht noch einmal im Zentrum des Bildes Padmasambhava als Tzokye Dorje, als machtvoller Garant für die Unverbrüchlichkeit der tantrischen Überlieferung, den Blick des Betrachters auf sich.

Padmasambhava und Rutṛa

Man wird die Geschichte Rutṛas, die auf diesem ersten Thangka eine so wichtige Rolle spielt, nicht einfach als phantastische Erzählung abtun. Vielmehr birgt sie einen tiefen, überzeitlichen Sinn, der nur in der religiösen Bildersprache des Mythos zum Vorschein kommen kann. Padmasambhava und Rutṛa werden in dieser dramatischen Geschichte als mächtige Herrscher charakterisiert, die sich als Widersacher gegenüberstehen: Rutṛa, der die Herrschaft über alle Länder der Erde an sich gerissen hat, und Padmasambhava als himmlischer Herrscher über die drei Weltzeitalter und zugleich wirkmächtig in allen Buddhas und Bodhisattvas, die ihm zur Seite stehen.

Auch lassen sich die beiden Widersacher als Beispiele für das allgemeine Schicksal des Menschen betrachten. Steht Rutṛa für den mühsamen Weg, der durch unendliche Wiedergeburten in den drei Zeitaltern führt, so Tzokye Dorje für den schnellen tantrischen Weg zur Befreiung. Freilich ist Rutṛa nicht nur ein vom rechten Pfad Abgeirrter, sondern er begeht das Böse um des Bösen willen, aus Lust an der Übertretung. Das verleiht seiner Gestalt eine mythische Dimension. Padmasambhava erscheint hier nicht in erster Linie als Vorbild sittlichen Handelns, sondern in entrückter Weise als heimlicher Lenker des Geschicks, das in Gestalt Rutṛas über die Welt hereingebrochen ist. Auf Beschluß der Götter führt er schließlich die Wende herbei. Das Bild soll den Betrachter ermutigen, indem es zeigt, daß diese Götter oder Yidam-Gestalten jedem Menschen, entsprechend seinen Fähigkeiten, zur Verfügung stehen. Sie sind keine Rachegeister. Sie stehen demjenigen bei, der in meditativer Versenkung den karmischen Knoten für sich selbst und andere zu lösen sucht.

Überblickt man zum Schluß noch einmal das weite Panorama dieses Thangka, so ist man erstaunt, wie es dem Künstler gelungen ist, die Vielfalt der Figuren und Szenen, der symbolischen, literarischen und historischen Elemente zu einer eindrucksvollen malerischen Inszenierung zusammenzufassen und so lebendig und authentisch auszustatten, daß man den Eindruck gewinnt, Padmasambhava sei selbst der Erzähler dieser Weltchronik.

Inschriften

1	Kunti	kun-dkris
2	Pramadeva	pra-ma-de-ba
3	Thubka Shönnu	thub-dka'-gshon-nu
4	Tharpa Nagpo	thar-pa-nag-po
5	Denphag	dan-phag
6	Laṅkapurna	srin *(srin)*-yu-laṅ-ka-purna
7	Freudenmädchen Kuntudju	mad *(smad)*-tzoṅ-ma-ku *(kun)*-du-rguy
8	Naldji-Friedhof	nal-byi-shes-bya'i-dur-khrod
9	Matrarutṛa	ma-tra-ru-tra
10	Rotfeldinsel Koka	ko-ka-thaṅ-dmar-gliṅ
11	Besitzer von Laṅka	laṅka'i-bdag-po
12	Ort des Asura Mahākaru	lha-min-ma-ha *(hā)*-ka-ru'i-gnas
13	Schädelhaus am Leichenberg	bam-ri-thod-mkhar
14	Tuṣita	dga'-ldan-lha-gnas
15	Vernichtung Rutṛas durch vereinigte [Götter-]Gedanken	sbyor-sgrol-dgoṅs-pas-ru-tra-brtul ba-sogs
16	Taphag	rta-phag
17	Dorje Shönnu *(Vajrakumāra)*	rdo-rje-shon *(gshon)*-nu
18	Magata-Land (Magadha)	maga-ta'i-yul
19	Thogar-Land (Tukhara)	tho-gar-yul
20	Siṅgala-Land (Ceylon)	siṅ-gala-yi-yul
21	Li-Land (Khotan)	li-yul
22	Zahor-Land (Zahor)	za-hor-yul
23	Khache-Land (Kaschmir)	kha-che'i-yul
24	Orgyan-Land (Oḍyana, auch Uḍyāna)	o-rgyan-yul
25	Bal-Land (Nepal)	bal-yul
26	Bhagala-Land (Bengalen)	bha-ga-la'i-yul
27	Kuntu Zangpo *(Samantabhadra)*	kun-tu-bzaṅ-po
28	Dorsem *(Vajrasattva)*	rdor-sems
29	Ngonga (Östliches Paradies *Abhinanda*)	śar-mṅon-dga'
30	Paldenzä (Südliches Paradies)	lho-dpal-ldan-mdzes
31	Devachen (Westliches Paradies *Sukhāvatī)*	nub-bde-ba-'can
32	Lärab (Nördliches Paradies)	byaṅ-las-rab
33	Kunzang Heruka	kun-bzaṅ-he-ru-kā
34	Ngöndzog Gyalpo	mṅon-rdzogs-rgyal-po
35	Vajra Heruka	badzra-he-ru-kā
36	Jampal Shinjeshe *(Mañjuśrī-Yamāntaka)*	jam-dpal-gśin-rje-gśed
37	Padma Heruka	padma-he-ru-ka
38	Dorje Shönnu *(Vajrakumāra)*	rdo-rje-gshon-nu
39	Tsepagme *(Amitāyus)*	tze-dpag-med
40	Dorje Phagmo *(Vajravārāhī)*	rdo-rje-phag-mo
41	Tulku Śakthub	sprul-sku-śa *(śāk)*-thub
42	Tulku Garab	sprul-sku-dga'-rab
43	Ku Djampel	sku-'byam-dpal
44	Sung Chenzig	suṅ-spyan-gzig *(gsuṅ-spyan-gzigs)*
45	Chagna Dorje *(Vajrapāṇi)*	phyag-na-rdo-rje
46	Lhawang Gyadjin *(Śatakratu, Indra)*	lha-dbaṅ-brgyal *(brgya)*-byin
47	Lugyal Djogpo *(Nāgarāja Takśaka)*	klu-brgyal *(rgyal)*-'gyog-po
48	Gyalpo Dza	rgyal-po-dza
49	Pema Djungne *(Padmasambhava)*	padma-'byuṅ-gnas

Rückseitige Inschrift

Guru Padjung [Padmasambhava] in Yab-Yum umgeben mit Darstellungen nach dem Gebet »bstan-pa-rmad-byuṅ ...«

gu-ru-pad-'byuṅ-yab-yum-la-bstan-pa-smad *(rmad)*-byuṅ-gi-bskor-ba

Zangdog Palri
Das Südwestliche Paradies des Padmasambhava

Thangka II

Das zweite Thangka der Serie führt uns in die himmlischen Gefilde des jenseitigen Paradieses, Zangdog Palri (zaṅs-mdog-dpal-ri). Hier regiert Padmasambhava in seiner zeitlosen Gestalt als Trikāya-Lama, wie ihn das liturgische Gebet nennt. Diese dreifache Gestalt Padmasambhavas, die der tibetischen Anschauung von den drei Körpern *(trikāya)* entspricht, finden wir in den drei Stockwerken des himmlischen Palastes dargestellt: unten Padmasambhava in seiner irdischen Erscheinung als Guru Rinpoche (1) im Nirmāṇakāya, darüber in Gestalt der fünf Tathāgatas (2) in Yab-Yum im Sambhogakāya und ganz oben als Buddha Amitābha (3) im Dharmakāya. (Die Trikāya-Darstellungen Padmasambhavas können durchaus unterschiedlich sein, wie ein Vergleich mit den anderen Zangdog Palri-Darstellungen zeigt; Abb. 13, 14, 15.) Es geht hier um die ideelle Einheit der drei Seinsweisen oder -stufen, die sowohl Padmasambhava als auch die anderen Gestalten des Pantheons, welche den Buddha-Rang erreicht haben, in sich verkörpern.

Die Darstellung des himmlischen Palastes entspricht in ihrem architektonischen Grundmuster exakt den Textvorlagen; gleiches gilt für die Gottheiten, die den verschiedenen Bereichen des Palastes zugeordnet sind. Eine Abweichung von anderen Darstellungen bilden der mächtige achteckige und vierfarbige Ringwall, der den Palastbezirk gegen den irdischen Bereich abgrenzt, sowie das dichte Wolkenband, das den Gipfel umhüllt und ihn damit für irdische Augen unsichtbar macht. So wird der visionäre Charakter der hier in Erscheinung tretenden Götterwelt betont. Dieser jenseitige Bereich wird noch einmal angedeutet durch den in den Wolken schwebenden Götterpalast (4), inschriftlich als Zangpä Jigten (tzaṅs-pa'i-'jig-rten) bezeichnet.

Im weiten Panorama des Bildes heben sich drei verschiedene Geschehensebenen ab: Die Hintergrundszenerie ist in eine Gebirgslandschaft eingebettet; die Ereignisse innerhalb des Palastes spielen im Mittelfeld; den Vordergrund schließlich nehmen Beschwörungs- und Opferzeremonien ein.

Entsprechend diesen drei szenischen Bildzonen wird die Gestalt Padmasambhavas auf dreifache Weise in das Bildgeschehen einbezogen: als Dämonen bannender Tantriker im irdischen Bereich; als jenseitiger Trikāya-Lama und als visionär geschaute Gottheit.

Das Reich der Rākṣasas

Innerhalb des landschaftlichen Hintergrunds erkennen wir, kreisförmig um das Zentrum angeordnet, mehrere sich in Abwandlung wiederholende Szenen, die teilweise durch Inschriften erläutert werden. Es handelt sich hier gewissermaßen um eine bebilderte Landkarte, die uns das Reich der Rākṣasas (srin-po) vor Augen führt. Das Land dieser wilden, dunkelhäutigen Menschen, auch als Kannibalen gefürchtet, besteht aus zahlreichen Inseln am Rande der bekannten Welt. Dahinter beginnt der Ur-Ozean, aus dem sich der gewaltige, strahlende Paradiesberg erhebt, die Stätte der glücklich Wiedergeborenen. Das Reich der Rākṣasas, hier als eine gebirgige, sturm- und wolkenreiche Landschaft geschildert, wird von verschiedenen Königen regiert, hinter denen sich jeweils Padmasambhava verbirgt. Sie herrschen über Länder, in denen einst blutige Riten, Menschen- und Tieropfer stattfanden, wie sie den Buddhisten allgemein als Greuel gelten. Das ferne Reich der Rākṣasas war die letzte Wirkungsstätte Padmasambhavas, bevor der Meister die irdische Welt verließ, um fortan in seinem himmlischen Palast zu residieren.

Wir sehen die acht Rigzins (rig-'dzin), die Wissenshalter, die Padmasambhava Einweihungen erteilen, an acht verschiedenen Orten jeweils an einem Friedhof weilen (5–12), ähnlich wie dies auch in den Thangkas I und III der Serie geschildert wird. Charakteristisch für die Darstellung der acht Leichenstätten sind wiederum ein weißer Stūpa mit golden strahlender Spitze als Symbol der Erleuchtung, ferner ein Berg, leichenfressende Tiere und ein Baum mit der Schlange, der Wächterin der Unterwelt. Weitere charakteristische Bildelemente wie Windwolken, Feuer und Geister fehlen indes.

Ferner ist der Mythos von Rutra, dem Bösen, eingeflochten: Die riesigen zerstückelten Glieder Rutras,

3 (II) Zangdog Palri – Das Südwestliche Paradies des Padmasambhava

dessen Wüten hier, vor den Toren des Paradieses, endlich sein Ende gefunden hat, liegen verstreut auf den Leichenackern: das dreigesichtige Haupt (7), das Herz (5), die Gedärme (9), der Phallus (11), die drei rechten (6) und drei linken (8) Arme sowie die linken (10) und die rechten (12) Beine.

Der himmlische Palast

(Ziffern 13–20)

Zweiter Schauplatz des Geschehens ist der bildbeherrschende himmlische Palast Padmasambhavas, als Ort all derer, die eine glückliche Wiedergeburt erlangt haben. Zwei kleine menschliche Gestalten entsteigen, von allen Befleckungen reingewaschen und nun würdig einzutreten, dem Teich vor dem Palast (13); opfernde Göttinnen empfangen sie (14). Danach werden sie in die große Gemeinde der Schüler Padmasambhavas, in die himmlische Gemeinschaft des Saṅgha, aufgenommen. Diese hat sich im Vorhof des Palastes versammelt, um Padmasambhava zu huldigen (15).

Der Meister ist hier umgeben von den acht Herukas (16), die jeweils in den kleinen Residenzen rings um den dreistöckigen Hauptpalast wohnen.

Aus allen Himmelsrichtungen eilen auf Wolken schwebende Devas und Devīs (17) herbei, außerdem die musizierenden Gings (18) und die zehn Ḍākinīs (19): Sie erscheinen innerhalb der Berg und Palast umgebenden Regenbögen. Ihnen schließen sich die Götter der Unterwelt an, die aus dem See emportauchenden Nāgas (klu; 20), welche wunscherfüllende Perlen als Opfergaben darreichen.

Die rituelle Einladung der Gottheiten

(Ziffern 21, 22; Ausschnitt II/1)

Dritter Schauplatz des Geschehens ist das ringsum mit Gebetsfahnen geschmückte Bergkloster (21) im Vordergrund des Bildes. Wir sind nach Tibet versetzt, wo Padmasambhava einst seinen irdischen Abschied nahm. Ein frommer Pilger zieht zum Kloster, in dessen Innenhof eine bedeutsame Zeremonie stattfindet (s. Thangka VI, Ziffer 2); Opfergaben stehen auf den Altären, Thangkas sind entrollt, Mönche und Yogis musizieren, während Lamas Gebete sprechen – all dies ein ritueller Willkommensgruß für die Gottheiten des Zangdog Palri. Die liturgischen Gebete erflehen von Padmasambhava, er möge mitsamt seinem Ge-

II/1

folge den himmlischen Palast verlassen, an dieser kultischen Feier teilhaben und die dargebrachten Opfer annehmen.

Der Meister erfüllt diese Bitte, indem er auf einer Wolke herabschwebt (22). Wir erkennen ihn in zweifacher Repräsentation: einmal schreitend unter einem Ehrenschirm, einmal tanzend als Guru Dorje Dolö, als ›Trost-Guru‹. Seine irdische Ankunft wird von himmlischen Bannerträgern und Musikanten begleitet.

Verbildlicht wird hier ein regelmäßiges Ritual in den tibetischen Klöstern. Zum einen dient es dazu, Opfergaben in würdiger, zeremonieller Form zu überreichen, zum anderen besitzt es meditativen Charakter: Ein mehrstufiger Visualisierungsprozeß soll den Meditierenden befähigen, in das jenseitige Paradies Einlaß zu finden, indem er sich innerlich so eng mit Padmasambhava verbindet, daß er gleichsam mit ihm in dessen himmlischen Palast einkehrt.

Auf diese Weise verschmelzen die drei Schauplätze des Bildes – die Leichenplätze, der Klosterhof und der mehrstöckige himmlische Palast – für den Meditierenden letztlich zu einer Einheit.

Inschriften und Szenen

Die Ziffern beziehen sich hier auf Szenen; dort wo sie zugleich Inschriften kennzeichnen, erscheint die tibetische Transkription in der rechten Spalte.
Die Buchstaben W, O, N, S auf dem Thangka-Rand bezeichnen die Himmelsrichtungen

1	Padmasambhava als Guru Rinpoche	
2	Padmasambhava in Gestalt der Fünf Tathāgatas	
3	Padmasambhava als Buddha Amitābha	
4	Brahmāloka (Zangpä Jigten)	tzaṅs-pa'i-'jig-rten
5	Leichenstätte Lhündup Tseg	
	Stūpa Dedje Tseg	
	Rigzin Hūṃkara	
	Herz Rutṛas	
6	Leichenstätte Kula Dzog	
	Stūpa Djarung Khaśo	
	Rigzin Bimalamitra	
	Rechte Arme Rutṛas	
7	Leichenstätte Silwa Tsal	
	Stūpa Ribotala	
	Rigzin Mañjuśrīmitra	
	Haupt Rutṛas	
8	Leichenstätte Sangchen Rölpa	
	Stūpa Kapata	
	Rigzin Dhanasaṃskṛita	
	Linke Arme Rutṛas	
9	Leichenstätte Pema Tseg	dur-khrod-padma-brtsegs
	Stūpa Rangdjung Wodchen	
	Rigzin Nāgārjuna	
	Gedärme Rutṛas	ru-tra'i-naṅ-khrol
10	Leichenstätte Hechen Dal	
	Stūpa Kanika	
	Rigzin Rombu Guhyacandra	
11	Leichenstätte Laṅka Tseg	
	Stūpa Dedje Shönnudub	
	Rigzin Prabhāha(s)ti	
	Phallus Rutṛas	
12	Leichenstätte Jigten Tseg	
	Stūpa Kewuśa	
	Rigzin Śāntigarbha	
	Rechte Beine Rutṛas	
13	Wiedergeborene	
14	Opferdarbringende Göttinnen	
15	Schüler Padmasambhavas	
16	Acht Herukas	
17	Devas und Devīs	
18	Gings	
19	Ḍākinīs	
20	Nāgas	
21	Bergkloster	
22	Ankunft Padmasambhavas auf einer Wolke	
23	Oberwestliche Insel mit dem Schädelhaus	nub-stod-thod-mkhar-tan-gyi-gliṅ
24	Glücklicher westlicher Park	nub-na-ñam-su-dga'-ba'i-skyid-tzal
25	Niederwestliche Insel mit dem kochenden Blutsee	nub-smad-khrag-mtzo-khol-ma'i-gliṅ
26	Dharma-Belehrung von einem König namens Tumpo Mebal (›Zornige Feuerzunge‹)	rgyal-po-gtum-po-me-'bal-bya-bas-chos-stom-pa
27	Mit übernatürlichen Fähigkeiten vergnügen sich … mit Blumen und Lebewesen …	… – rdzu-'phrul-čan-me-tog-daṅ-srogs-chag-la-loṅs-spyod-pa

Rückseitige Inschrift

Darstellung des Paradieses Zangdog Palri nach dem Gebet »ñi-ma-lho-nub-ma …«	ñi-ma-lho-nub-ma-zaṅ*(zaṅs)*-mdog-dpal-ri'i-shiṅ-bkod

Loden Chogse ›Der Weisheitsverkünder‹

Thangka III

Zeigen die Thangkas I und II den mythischen Bezugsrahmen, welcher die Gestalt Padmasambhavas im Lichte eines überzeitlichen Buddhas und Bodhisattvas erscheinen läßt, so wird hier in diesem dritten Thangka der erste Teil seiner Lebensgeschichte ausgebreitet, so wie sie das »Pemakhatang« (padma-bka'-thaṅ) und das vierte Kapitel des »Siebenkapitel-Gebets« (le'u-bdun-ma) beschreiben. Die insgesamt 188 Inschriften auf dem Thangka beziehen sich auf die genannten literarischen Vorlagen.

Die in einer Vielzahl kleiner Szenen geschilderte Biographie Padmasambhavas gliedert sich in drei Abschnitte: Geburt, Auffindung, Inthronisation und Verbannung (1–49); jeweils fünfjähriger Aufenthalt an den acht berühmten Leichenplätzen Indiens, verbunden mit fünf großen Initiationen (50–116); Missionsreisen und Wirken als Lehrer, bis er schließlich Indien verläßt (117–188). (Der zweite Teil der Biographie wird in Thangka V geschildert.)

Die Kulisse des Bildes besteht aus einer mehrfach gestaffelten, weiträumigen Gebirgslandschaft, in deren Zentrum Padmasambhava als ›Weisheitsverkünder‹ (Loden Chogse; blo-ldan-mchog-sred), thront. Er ist die Hauptperson der fortlaufenden Erzählung und beherrscht auch räumlich die Szenerie, indem er als Mittelachse den großen weißen Stūpa von Uḍyāna (18) im oberen Teil des Thangka und den Palast in Bodhgayā (173), die Stätte von Buddhas Erleuchtung, im unteren Teil verbindet. Durch diese zentrale Stellung wird sowohl die geographische Spannweite seines Wirkens als auch dessen religiöse Bedeutung zum Ausdruck gebracht.

Loden Chogse hat in lockerer Sitzhaltung *(līlāsana)* auf einem blauen Thron Platz genommen, dessen Lehne mit einem weißen Glücksschal (kha-btags) behängt ist. Der ›Weisheitsverkünder‹ ist reich gekleidet: Über einer weißen Bluse trägt er ein lockeres, braunes Gewand aus Seidenbrokat, darüber einen goldgefütterten, dunkelblauen Mantel mit Flügelärmeln, einen roten Überhang und einen grünen Schal. Ein königlicher weißer Turban mit Juwelenkrone und schwere goldene Ohrringe schmücken sein Haupt. In seiner Rechten schwingt er eine Handtrommel *(ḍamaru)*, deren Prasseln die Menschen wecken und den Dharma verbreiten soll. Abweichend von der üblichen Ikonographie hält Loden Chogse hier in seiner Linken nicht einen Spiegel als Symbol der Leerheit *(śūnyatā)*, sondern eine bis zum Rand mit Reis gefüllte goldene Schale als Zeichen seines überquellenden Mitleids mit allen Lebewesen. Der orangefarbige Nimbus weist auf die besondere Beziehung Padmasambhavas zu Mañjuśrī hin, der die Weisheit aller Jinas repräsentiert. Auch in der Farbsymbolik der Kleidung, der fünffachen Juwelenkrone und in den Ritualgeräten wird die universale Ausrichtung seines Geistes sichtbar.

Padmasambhavas Geburt, Inthronisation und Verbannung

(Ziffern 1–49)

Die Schilderung der Lebensgeschichte Padmasambhavas beginnt im oberen Bereich des Bildes. Dieser erste Abschnitt der Biographie konzentriert sich auf den mehrstöckigen königlichen Palast Indrabhūtis. (Einige Szenen erhalten im Verlauf der Handlung mehrfach Bedeutung, wobei die Inschriften ihre Abfolge erschließen.) Der Palast sowie die übrigen Schauplätze sind in eine mythische Geographie einbezogen, die von der Vorstellung einer konzentrisch geordneten Welt ausgeht. Zentrum des Landes ist der große, von einem Maṇḍala-förmigen, eisernen Wall umgebene weiße Stūpa (18), ›Halle der Herukas‹ genannt – ein mehrstufiges Bauwerk, das von einer goldenen Spitze bekrönt und nach allen Himmelsrichtungen mit insgesamt 108 Toren versehen ist. In seinem kuppelförmigen Mittelbau *(aṇḍa)* werden Reliquien Buddhas und zahlreiche geheime tantrische Schriften verwahrt. Aus diesem Grund ist der Stūpa von einem Nimbus umgeben und wird von in den Wolken schwebenden himmlischen Wesen verehrt. Er gilt als höchstes Heiligtum des Landes Uḍyāna. Unterhalb des Stūpas, auf einem Hügel gelegen, sehen

4 (III) Loden Chogse – ›Der Weisheitsverkünder‹ (1–113)

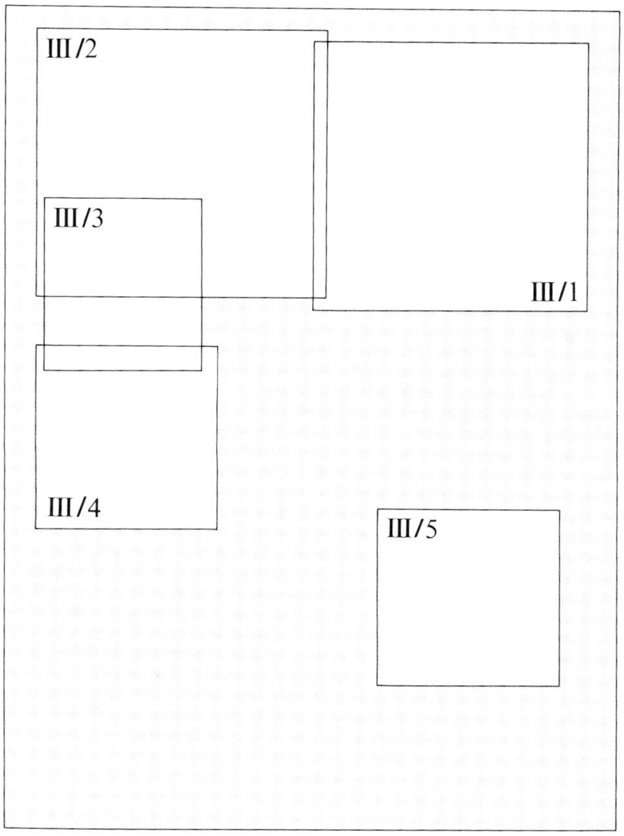

wir den weiträumigen Königspalast. Die aus Lapislazuli erbaute, in der Farbe des Himmels leuchtende Anlage liegt im Zentrum der Hauptprovinz Dhanakośa und bildet das Herzstück des Landes. Von hier aus wird der Blick des Betrachters in die Ferne zu den acht großen und zahlreichen kleineren Inseln im Umkreis des Reiches gelenkt. Jeder Insel und jeder Region ist einer der acht Devas als Richtungsbeschützer zugeordnet. So sehen wir oben bei der im Westen gelegenen Insel Siṅgala (3) den Wassergott Varuṇa auf einem Wasserdrachen *(makara)* reiten (12) und rechts am Bildrand bei der nordwestlichen Insel Lunglha (8) den grünen Windgott Vāyus (16) auf einem Hirsch dahersprengen. Auf der darunter gelegenen nördlichen Insel Kamala (4) erscheint der gelbe Reichtumsgott Kubera (13) hoch zu Roß, und bei der nordöstlichen Insel Geg (9), auf einem Ochsen reitend, Wangden, der Herrscher über die Yakṣas. Links im Bilde, der östlichen Insel Djambumale (1) zugeordnet, erkennt man den weißen Götterkönig Indra, der auf einem königlichen Elefanten sitzt (10), und hinter ihm, bei der südöstlichen Insel Prajñana (5), den roten Feuergott Agni (14) auf einer Ziege. Darüber, bei der südlichen Insel Parbata (2), erscheint der dunkelblaue Totengott Yama auf einem wilden Stier und oben links im südwestlichen Bergland Ngayab (7) reitet der schwarze tierköpfige Rākṣasa (15), der Herrscher über die Friedhofsgeister (sinpo/srin-po), auf einem Rolang (ro-laṅs), dem Körper eines von einem Geist besessenen Toten. Jedes dieser fernen Länder wird von einem hier nicht genannten König regiert: dargestellt ist jeweils ein Palast mit einem Herrscherpaar darin. Nur die südliche und die westliche Insel bilden eine Ausnahme. Hier thronen die drei Bodhisattvas Mañjuśrī (2), Avalokiteśvara und Vajrapāṇi (3), die Herrscher des gegenwärtigen Weltzeitalters (s. S. 15, 23). Jenen Palästen, in denen irdische Könige residieren, ist stets ein Lhakhang als Tempelbereich einer zornvollen Initiationsgottheit angeschlossen. Darin kommt – mit den Worten der Inschrift (6) – zum Ausdruck, daß überall auf den Inseln »und allgemein in Uḍyāna der Dharma übernommen worden ist«. So handelt es sich bei den acht Richtungsbeschützern (10–17) um altindische, in das buddhistische Pantheon integrierte Gottheiten. Als Beschützer des Dharma *(dharmapāla)* zählen sie zum Gefolge Padmasambhavas. Absicht des Malers war offenbar, das Land Uḍyāna, dem Padmasambhava entstammt, als Großreich in den Mittelpunkt seiner hier geschilderten Biographie zu rücken.

Die wundersame Auffindung Padmasambhavas Tzokye Dorje

(Ziffern 19–37; Ausschnitt III/1)

Im Palast Indrabhūtis ist der junge Prinz gleich nach dem Geburtsfest gestorben. Wir sehen die trauernde Königin mit dem toten Kind in einem der Gemächer. Das Königshaus ist in Trauer und Sorge, denn es herrscht eine Hungersnot im Land. Der blinde König Indrabhūti sucht Rat bei einem weisen Brahmanen, der ihm empfiehlt, all seine Besitztümer an die Armen zu verschenken. Der König verspricht dies (19) und ruft die Bevölkerung zusammen – Bittsteller und Bettler versammeln sich vor dem Palast. Doch infolge von Unwettern und Mißernten breiten sich Armut und Not immer weiter im Lande aus. Daraufhin beruft der König seinen Ministerrat ein, der ihm jedoch nur widersprüchliche Empfehlungen erteilt. Die katastrophale Lage in seinem Reich, seine Blindheit und der Umstand, daß die Königin kinderlos bleibt, bedrücken den Herrscher schwer. Als ihm selbst die zahlreichen Wahrsager, Astrologen und Priester nicht mehr helfen können, beschließt er, eine Schiffahrt auf dem Dhanakośa-See zu unternehmen, von dem ihm berichtet worden ist.

Den Sinn dieser Vorgeschichte und der geschilderten Ereignisse enthüllt das »Pemakathang«, das von einem Götterrat berichtet. Wir sehen ganz oben in der Mitte des Bildes, in Wolken gehüllt, den Buddha Amitābha, umgeben von den Buddhas der drei Zeiten (40). Im »Pemakathang« heißt es, Amitābha habe aus Erbarmen mit dem König Indrabhūti den Beschluß gefaßt, sich als Padmasambhava zu inkarnieren und in

III/1

einem makellos klaren See zur Welt zu kommen, um alle Menschen das Gesetz des Dharma zu lehren, dem König einen Nachfolger zu geben, die wilden, sich bekämpfenden Dämonen in Indien und Tibet zu bannen (was keinem ›normal‹ Geborenen möglich ist) und den künftigen König von Tibet, Trisong Detsen, zur Erleuchtung zu führen – genau jenes Programm, das Padmasambhava verwirklicht hat. Zwei schwebende Devas feiern diesen Heilsbeschluß der Götter.

Es werden nun sämtliche Vorbereitungen für die Seereise des Königs getroffen. Er vertraut sich einem erfahrenen alten Kaufmann an (20), der ihm als Navigator dienen soll, ihn jedoch vor den unzähligen Gefahren eines solchen Unterfangens warnt. Der König läßt nicht von seinem Plan ab, ist vielmehr willens, für diesen seinen letzten Wunsch zu sterben. So erklärt sich der Kaufmann bereit, alles Nötige zu besorgen. Wundersame Dinge werden im Vorhof des Palastes zusammengetragen, neben der üblichen Schiffsausrüstung (24) auch Tauben als Kundschafter, ein Hahn (25) als Zeitmesser, eine junge Milchkuh (22) samt Heu als Proviant und eine Muschel (23) als tödlicher Köder für den Fall, daß ein gefährlicher Wasserdrache auftauchen sollte. Wir sehen den weiten Dhanakośa-See vor uns und den König mitsamt seinem Gefolge auf einem großen Segelboot.

Sie kommen zügig voran und gelangen nach einiger Zeit zu einer Insel, die sagenhafte Schätze birgt (26). Dort gehen sie vor Anker, füllen das Schiff bis an den Rand mit den Kostbarkeiten und steigen in ein kleineres Segelboot um, mit dem sie die Fahrt fortsetzen. Erneut tauchen gebirgige Inseln vor ihnen auf. Plötzlich bemerkt der blinde König, daß eine Spur seines Sehvermögens wiederkehrt, und fragt nun jedesmal den Schiffsführer: »Was ist das für ein Berg?« Er erhält die Antworten: »der Silberberg« (27), »der Lapislazuliberg« (28) und »der Goldberg« (29). An den beiden ersten fahren sie vorüber. Bei einem Landgang auf der Goldberginsel hören sie Gerüchte vom Eiland der Nāgas (30), das sie daraufhin ansteuern. Sie finden dort die Nāga-Prinzessin Dzedenma (mdzes-ldan-ma; 31) in einem von Schlangen bewachten Palast. Aus ihrer Hand empfängt Indrabhūti einen wunscherfüllenden Edelstein, Norbu. Während er ihn ehrerbietig entgegennimmt, wird sein linkes Auge wieder sehend. Danach kehren sie zur Schatzinsel (26) zurück, laden so viele Edelsteine ein, wie die Schiffe tragen können, und begeben sich auf die Rückreise.

Plötzlich tauchen Zeichen am Himmel auf: ein fünffarbiger Regenbogen und Lichtkreise über einer bestimmten Stelle des Wassers. Der König sendet seinen Minister Trignansin (32) als Kundschafter aus. Um die gleiche Zeit hat er einen eigenartigen Traum von einem neunstrahligen goldenen Vajra und einer Sonne, die in seinem Herzen erscheinen. Der Minister berichtet nach seiner Rückkehr, daß er auf einer schwimmenden Insel (33) einen schönen achtjährigen Knaben, von einem Lichtkreis umgeben und auf einem Lotos sitzend, angetroffen habe. Der König eilt dorthin, ihn ebenfalls kennenzulernen und befragt in seiner großen Verwunderung den Knaben eingehend nach dessen Herkunft. Er erhält die orakelhafte Antwort: »Mein Vater ist die Erkenntnis der Weisheit. Meine Mutter ist die ewige Glückseligkeit. Das Land, woher ich stamme, ist die Welt der Leerheit, Dharmadhātu, und meine Kaste kennt keinen Unterschied zwischen der Formlosigkeit und der Klarheit.« Daraufhin fragt der König ihn, welche Speise er zu sich nehme, und bekommt zur Antwort: »Ich verzehre die Gedanken des Zweifels.« Wieder der König: »Was machst du denn hier?« – »Ich übe mich darin, die Grundübel der Menschen zu vernichten«, entgegnet der Knabe. Da vergießt der König Tränen der Freude, und auch sein rechtes Auge wird wieder sehend.

Im Bilde selbst wird nur der Aspekt des Staunens festgehalten, der in der gemeinsamen Huldigung des Knaben durch den König, seinen Minister, die unterirdischen Nāgas und die himmlischen Devas zum Ausdruck kommt. Nach dem Traum des Königs nennen sie ihn Tzokye Dorje (›Der aus dem See geborene Vajra‹; 34). Der König ist sehr glücklich und beabsichtigt, ihn an Sohnes Statt anzunehmen. So segeln sie gemeinsam heim (35).

Die hier so ausführlich geschilderte Seereise mit ihren teils märchenhaften Zügen gipfelt einerseits in der Auffindung Padmasambhavas, andererseits ist sie als ein Initiationsweg des Königs zu verstehen, der nicht nur sein Augenlicht wiedererlangt, sondern auch auf seine neue große Aufgabe als Herrscher vorbereitet wird.

An Land angekommen, werden Tzokye Dorje und der König mit Ehrfurcht und Freude empfangen und unter Musikgeleit zum Palast gebracht (36). Wir sehen Tzokye Dorje auf dem Dach des Palastes thronen, während der König stolz das mitgebrachte Wunschjuwel vorzeigt. Die nächste Szene spielt erneut im Palast Indrabhūtis: Der König setzt den wunscherfüllenden Edelstein in Gebetsgeste auf sein Haupt (37); dabei spricht er drei Wünsche aus, die seinem Sohn und dem ganzen Land Glück bringen sollen. Daraufhin fallen kostbare Juwelen und heilige Bücher vom Himmel herab. Die Bücher mit den Lehren Buddhas sind das Zeichen für eine Wende in der Geschichte des Landes, für die beginnende Ausbreitung des Dharma. (Es ist nicht möglich, auf alle Einzelszenen innerhalb des Palastes einzugehen, da sie sich teils überschneiden, teils zu unterschiedlichen Zeiten stattfinden.)

Inthronisation, Heirat und Verbannung Padmasambhavas

(Ziffern 38–49; Ausschnitt III/2)

Die nächste Szene zeigt die Inthronisation des jungen Prinzen (38) im Zentrum des Palastes. Drei schwebende Ehrenschirme über Padmasambhava deuten die Segnungen durch die Tathāgatas an (40); als Zeichen seiner neuen Prinzenwürde trägt er jetzt einen Turban (39).

Eines Tages, so heißt es im »Pemakathang«, geht Padmasambhava in den Wald, um zu meditieren (Szene links oberhalb des Palastes). Dabei erblickt er vier Ṛṣis, heilige Brahmanen, die am Himmel schweben. Als ihr Schatten auf den meditierenden Padmasambhava fällt, erkennen sie ihn als großen Heiligen, kommen herab und verehren ihn. (Eine Parallele hierzu findet sich in der Geschichte von den fünf fliegenden Ṛṣis, die dem jungen Buddha Śākyamuni begegnen.)[1] Gleichzeitig tritt aus dem Dunkel der Bäume eine Waldgöttin hervor und offenbart dem schweigend Dasitzenden ehrfurchtsvoll, daß er zu Höherem geboren sei als zu einem weltlichen Herrscher.

Im Palast fällt auf, daß Padmasambhava des öfteren die Einsamkeit sucht. Da man glaubt, er sei unzufrieden, möchte man eine geeignete Heiratskandidatin für ihn finden. Minister Trignansin (41) wird eingeschaltet. Aus einer Schar von Anwärterinnen wählt er ein junges Mädchen namens Odchangma (42) aus, die Tochter des Königs von Siṅgala (Ceylon; 3). Doch diese Prinzessin ist bereits versprochen und steht kurz vor ihrer Hochzeit. Ein Brief, den Indrabhūti durch

III/2

seinen Minister dem Vater der Auserwählten, dem König Candragomaśi, überreichen läßt, kann daran nichts ändern. So wird Odchangma auf einem windschnellen Pferd entführt (43). Vier himmlische Tänzer (ging/giṅ) tragen das Pferd an den Hufen lautlos durch die Lüfte.

Wie es heißt lebt das prinzliche Paar fünf Jahre lang glücklich miteinander. Auch an Abwechslungen mangelt es nicht: So sehen wir den Prinzen bei sportlichen Wettkämpfen seine Geschicklichkeit erproben (44) – beim Bogenschießen auf einem Feld durchbohrt sein Pfeil sieben Holzpflöcke. (Dies ist eine weitere Anspielung auf das Leben Buddha Śākyamunis als junger Fürstensohn.) Eines Nachts aber hat Padmasambhava eine Vision, in der ihm Vajrasattva (45) erscheint und ihn überredet, das Königreich Dhanakośa zu verlassen; in derselben Nacht sieht Indrabhūti in einem ahnungsvollen, bösen Traum Sonne und Mond gleichzeitig in seinem Reich untergehen. Padmasambhava ist fortan verwirrt und führt wunderliche Reden. Eines Morgens zelebriert er gar auf dem Dach des Palastes ein tantrisches Ritual (46), wobei er mit den Kultgeräten – Khaṭvāṅga, Vajra und Ghaṇṭā – nackt umhertanzt. Ohne daß er es bemerkt, sind viele Schaulustige herbeigeströmt, darunter auch solche Personen, die ihm feindlich gesinnt sind. Während seines ekstatischen Tanzes fallen Padmasambhava Khaṭvāṅga und Vajra aus der Hand, stürzen herab und töten Frau und Sohn eines einflußreichen Ministers, die sich unter den Zuschauern befanden (47). In der

[1] Mahāvastu-Text, zitiert nach: Klimkeit, Der Buddha, 1.62

folgenden Gerichtsverhandlung wird die Todesstrafe über Padmasambhava verhängt, aber durch das Eingreifen Indrabhūtis in eine Verbannung umgewandelt (48). Wir sehen ihn oben links am Bildrand davonreiten (49) und in den Wolken entschwinden. Vier Ḍākinīs halten die Hufe seines Pferdes, und die sieben königlichen Kostbarkeiten *(saptaratna)* begleiten ihn, ein böses Omen für das Herrscherhaus. Eine kleine Schar von Getreuen schaut ihm wehklagend und bestürzt nach, einige werfen sich anbetend nieder, die Prinzessin fällt in Ohnmacht.

Damit ist der erste Abschnitt der Biographie Padmasambhavas abgeschlossen.

Padmasambhavas Aufenthalte an den acht Leichenplätzen Indiens und die fünf großen Initiationen

(Ziffern 50–116)

Der Schauplatz des Geschehens verlagert sich nun von Kaschmir nach Indien, aus dem oberen Bereich des Thangka in die weite Landschaft, die rings um die Zentralfigur sichtbar wird. Nachdem Padmasambhava in seiner Jugend den Glanz am Königshof erlebt und glückliche Zeiten der Liebe genossen hat, beginnt für ihn nun ein Leben der Askese und Meditation. Mit Recht weisen die Kommentare zu den vorliegenden Texten immer wieder auf die deutlichen, durchgängigen Parallelen zu Buddha Śākyamuni hin – eine Legitimation, Padmasambhava als zweiten Buddha zu verehren (s. S. 8). – Die Lebensgeschichten der Heiligen unterliegen Gesetzmäßigkeiten, die von außen nicht durchschaubar sind und dem Biographen daher Rätsel aufgeben; man hat den Eindruck, daß manche Begebenheit weniger wundersam, manch andere dagegen bedeutungsvoller ist, als sie beschrieben wird. Das gilt besonders für den wichtigen zweiten Abschnitt im Leben Padmasambhavas, eine Zeit des inneren Ringens, das sich weitgehend in der Einsamkeit vollzieht und der Verwirklichung meditativer Praktiken dient. Padmasambhava soll jeweils fünf Jahre an den acht großen Leichenplätzen verbracht haben.

Die Leichenplätze und ihre Bedeutung für den Erkenntnissuchenden

Die Schilderung der Leichenplätze (durtrö/durkhrod; *śmaśana)* folgt auch bildlich einem bestimmten Schema. Daraus wird ersichtlich, daß es sich nicht um eine topographische, sondern um eine idealtypische Beschreibung mit wiederkehrenden Versatzstücken handelt, die meist symbolische Bedeutung haben. Im Mittelpunkt der Friedhofsszene steht jeweils ein weißer Stūpa, vor dem oft Padmasambhava in Meditation versunken sitzt. Wendet er dabei dem Stūpa den Rücken zu, bedeutet es, daß er in der Meditation weit fortgeschritten ist. Durch das Vorhandensein der vier Elemente in Gestalt von Bergen, Gewässern, Windwolken und Feuerplätzen wird der Leichenplatz für den Meditierenden zu einem Gleichnis des Kosmos. Auch in der Symbolik des Stūpa selbst kehren die vier Elemente[1] wieder. Einen weiteren wichtigen Bestandteil der Szenerie bildet der große geschmückte Sandelholzbaum. Er repräsentiert einerseits den undurchdringlichen Urwald, andererseits gelten diese oft uralten Bäume als Wohnsitze der Erdgeister, die für die Fruchtbarkeit der Tiere und Felder Sorge tragen. (Auch heute noch werden manche Bäume von Zeit zu Zeit rituell geschmückt, indem man Gebetsfahnen, Stoffstreifen und Wolle in ihre Zweige hängt, um die Geister freundlich zu stimmen.) An den kultisch verzierten Bäumen windet sich meist – als beschützender Erdgeist – eine große Schlange empor. (Der Zusammenhang von Baum und Schlange, der bereits in der alten indischen Mythologie zu finden ist, mag real darin begründet sein, daß Sandelholzbäume mit ihrem Geruch die Schlangen anlocken.) Die anderen Tiere – Geier, Schakale, Tiger – und die Leichen, die ihnen zur Nahrung dienen, gehören zweifellos zu den realen Erscheinungen an solchen Orten, doch die Art und Weise der Inszenierung läßt das Schreckliche und Bedrohliche des Geschehens besonders deutlich hervortreten. Es gehört ja gerade zum Lernprozeß der Yogis und Einsiedler, an solchen Stätten Gleichmut und Unerschütterlichkeit zu bewahren.

Die Friedhöfe sind nach alttibetischer Anschauung Anziehungspunkte für Geister aller Art, mit denen sich der hier Verweilende auseinandersetzen muß. Als besonders gefährlich gelten die Dürsin (dur-srin), die Vampire der Leichenstätten. Die Fähigkeit, sie zu bannen, kann man nur an Ort und Stelle erwerben – deshalb sind Friedhöfe in Indien zugleich Schulungsplätze, die auch Padmasambhava aufsucht, um dort durch langjährige Meditationsübungen in die Geheimnisse der Tantras einzudringen. Als Zeichen des Gelingens erhält er jeweils eine Einweihung durch eine bestimmte Gottheit. So verbinden sich mit den Namen der acht Stūpas zugleich acht Stationen eines Initiationsweges. Wir finden sie auf allen tantrischen Maṇḍalas im äußeren Kreis abgebildet. (Der Weg Buddha Śākyamunis ist ebenfalls symbolisch mit acht Stūpas verknüpft, die zur meditativen Betrachtung seines Lebensweges auffordern.)

[1] Erde/Basis, Wasser/Kuppel, Luft/Schirm, Feuer/Spitze

Fünf Jahre auf dem Friedhof Silwa Tsal

(Ziffern 50–56; Ausschnitt III/3)

Der Aufenthalt Padmasambhavas in Indien beginnt in der Abgeschiedenheit einer Berghöhle, wo er über das Vajradhātu-Maṇḍala meditiert (»Pemakathang«, Kapitel XXII). Es erscheint als fünffarbig leuchtender Lotoskreis über der Höhle. Von dort begibt er sich in einer weiter südlich gelegenen, waldreichen Gegend zu einem Friedhof namens ›Kühler Hain‹ (Silwa Tsal/bsil-ba-tzal; 50). Hier begegnet ihm die Gottheit Rāmeśvara (Gadjeśvara/dga'-byed-śvara) mit ihrem dämonischen Gefolge (52). Rāmeśvara reitet auf einem Schneelöwen und schwingt Zepter und Dreizack. Die Mamos begleiten ihn, friedlose weibliche Dämonen, die sich bedrohlich um den Meditierenden versammeln. Wir erblicken acht verschiedene Wesen: Eines reitet auf einem Büffel und brüllt wie ein Drache, ein anderes reitet auf einem Tiger und hält eine Schädelschale; ein stehender Geist trägt seinen Kopf, ein anderer sein Herz in der Hand; aus den Lüften fliegt auf einem Garuḍa ein Dämon herbei, der Gedärme frißt. Zwei Geister zeigen ihre Geschlechtsorgane, und aus dem Wald kommt ein weiterer Geist hervor, der auf einem wilden Elefanten reitet. Der Ansturm dieser Wesen erinnert an die Versuchung des Buddha Śākyamuni durch Māra und dessen Töchter. Padmasambhava bändigt die wilden Dämonen; sie fallen vor ihm nieder (53). Sodann schichtet er Leichen vor dem Stūpa Lhasang auf, um sie als Sitzplatz zu verwenden. Er hüllt sich in Totentücher und nährt sich von den Gaben, die den Verstorbenen mitgegeben wurden. Fünf Jahre lang verweilt Padmasambhava dort und belehrt die Lebewesen, die ihm begegnen. Man verleiht ihm den Namen Śāntarakṣita (54), ›Guru-Wächter des Friedens‹.

Eines Tages stirbt die Königin des Landes und wird auf dem Friedhof beigesetzt. Padmasambhava bemerkt, daß sie schwanger ist und holt aus dem Bauch der Toten ein noch lebendes Mädchen hervor. Er möchte es gerne bei sich behalten. König Ati erfährt davon und schickt seinen Sohn, den Prinzen Dharmaśri, zusammen mit Jägern aus, Padmasambhava zu töten. Dieser erschießt den Prinzen mit einem Pfeil, der ihm ins Auge dringt – und flieht entsetzt. Seither nennt man Padmasambhava an diesem Ort Śorwa Shönnu, ›Der entkommene Jüngling‹ (55). Als Buße errichtet er zum Gedenken des verstorbenen Prinzen einen Stūpa (56). Hierfür wählt er einen Platz aus, an dem er zuvor mit Hilfe der Ḍākinīs tantrische Yoga-Praktiken zur Unterwerfung dämonischer Mächte vollzogen hat. Wir sehen eine nackte Ḍākinī neben dem Stūpa knien – vielleicht die junge Prinzessin, die Schwester des Getöteten, die Padmasambhava einst errettet hat.

III/3

Padmasambhava erwirbt verschiedene Fähigkeiten und legt das Mönchsgelübde ab

(Ziffern 57–66; Ausschnitt III/4)

Auf seiner Wanderung nach Salden[1] begegnet Padmasambhava einem Einsiedler namens Situb (srid-sgrub; *Arjuna;* 57). Arjuna, Zeitgenosse Buddha Śākyamunis, war ein bekannter Mathematiker, der sogar den Buddha selbst unterrichtet haben soll. Padmasambhava fragt den Einsiedler: »Was kannst du?« Die Antwort lautet: »Ich bin ein Meister in Mathematik und Astrologie.« Daraufhin beschließt Padmasambhava, sich von ihm unterweisen zu lassen. Auf dem Thangka dargestellt sind der alte Lehrer und sein Schüler, die auf einer Tafel schreiben. Nach Abschluß der Ausbildung zieht Padmasambhava weiter; in Pemachen[2] (58) erhält er von dem Arzt Tzodje Shönnu (mtzo-byed-gshon-nu; *Kumārajīvaka)* Unterweisungen in Medizin und Heilkräuterkunde. Kumārajīvaka, der berühmte Arzt, welcher den König Bimbisāra von Māgadha von einer schweren Krankheit heilte, war ebenfalls ein Schüler Buddhas. Hier ist er mit seinem Lehrling Padmasambhava abgebildet, beide mit medizinischen Büchern in der Hand. Zwi-

[1] Salden – ›Das Glänzende‹: Kaçi (Kaśi) oder Benares; s. E. Schlagintweit, Die Lebensbeschreibung von Padmasambhava S. 46

[2] Pemachen: Patna oder Puṣpapura, auch die Blumenstadt genannt, ibid.

III/4

schen ihnen steht ein tragbarer Behälter für die Ausrüstung eines Heilkundigen.

Im Lande Ragala trifft Padmasambhava einen berühmten Ācārya namens Kunji Shenyen (kun-gyi-gśes-gñen; *Sakalamitra;* 59). Bei ihm lernt er vier Sprachen und sechs Schriftarten. Danach zieht er weiter zu Meister Viśvakarma (60), einem vielseitigen Künstler. (›Schöpfer aller Dinge‹, Viśvakarmā ist in der indischen Mythologie der Beiname des Schöpfergottes Brahmā.) Bei ihm erwirbt Padmasambhava zahlreiche kunsthandwerkliche Fähigkeiten wie Holz-, Stein- und Metallbearbeitung, aber auch Weben, Schneidern und Malen. Wir sehen Padmasambhava inmitten verschiedener Werkzeuge unter Aufsicht seines Meisters beim Bemalen einer Buddha-Figur.

Um zusätzlich die Kunst des Töpferns zu erlernen, sucht er eine arme Frau auf, die ihn darin unterrichtet (61): Die Weißgekleidete hockt in einer Hütte, vor sich eine Töpferscheibe, während Padmasambhava draußen eine Figur im offenen Feuer brennt.

Padmasambhava zieht weiter und trifft zwei Mönche, Śākyamaitri und Śākya Shenyen (62). Er fragt sie nach ihrem Ziel und ersucht sie, mit ihnen gehen zu dürfen. So machen sie sich gemeinsam auf den Weg zu dem berühmten buddhistischen Gelehrten Prabhāha(s)ti (63). Padmasambhava übergibt ihm Geschenke und bittet ihn, die Mönchsgelübde ablegen zu dürfen. Da Prabhāhati Laie ist, kann er dem nicht entsprechen; statt dessen unterrichtet er ihn in tantrischen Praktiken. Das Thangka zeigt Prabhāhati, wie er in einer geräumigen Felshöhle namens ›Roter Felshain‹ (bya-skyib-tzal) sitzt und Padmasambhava Belehrungen erteilt. Padmasambhava erhält von ihm alle Initiationen in den Yoga-Tantra. Anläßlich der Zeremonie erscheinen ihm visionär die Gottheiten dieses Tantra. Der zornvolle Vajrapāṇi und vier verschiedene Ḍākinīs schweben über der Felsenhöhle.

Prabhāhati schickt Padmasambhava nach Aṣura Trakphug, wo Ānanda und Kaśyapa, die beiden Jünger Buddha Śākyamunis, in einer Höhle leben (64). Padmasambhava legt vor Ānanda das Mönchsgelübde ab, von einer Erdgöttin erhält er ein Mönchsgewand. Bei dieser Zeremonie segnet ihn der Buddha aus dem Himmel herab; Padmasambhava erhält den Mönchsnamen Śākya Senge (65). Anschließend möchte Kaśyapa, wie es bei Mönchen üblich ist, Padmasambhava die Haare abschneiden, doch das Messer ist zu stumpf. Während er es schärft, erscheinen mit lautem Geschrei Ḍākinīs, entwenden ihm das Gerät und fliegen davon. Ein Stūpa (66) in der Nähe der Höhle soll dieses Messer enthalten. (Auch das Messer, mit dem einst Buddhas Haupt geschoren wurde, ist in einem Stūpa aufbewahrt.) All diese Ereignisse sind vor dem Hintergrund einer Felsenhöhle in knappen, bewegten Szenen dargestellt.

Der Aufenthalt Padmasambhavas bei Ānanda, Kaśyapa und anderen Zeitgenossen Buddhas (»Pemakathang«, Kapitel XXIII–XXVI) – historisch betrachtet unmöglich, da ein Zeitraum von 1000 Jahren übersprungen wird – hebt die Bedeutung dieser biographischen Station hervor: Padmasambhava werden Lebensgeschichte und Lehre Buddhas vermittelt, wobei die Authentizität durch die beiden Jünger und die übrigen Lehrer verbürgt ist. Ferner belegt die genaue inschriftliche Angabe des Zeitpunktes, an dem Padmasambhava das Mönchsgelübde ablegt, nämlich »im Jahre des Holzpferdes am achten Tag des Affenmonats« (64), daß Padmasambhava in die ursprüngliche von Buddha selbst ausgehende Traditionslinie eingeordnet wird. Die Datierung entspricht, zurückgerechnet von der im Jahre 810 stattfindenden Begegnung Padmasambhavas mit dem König Trisong Detsen in Samye, dem zweiten tibetischen Monat des Jahres 754 unserer Zeitrechnung. Dieser Tag der Mönchsweihe Padmasambhavas wird gemäß dem tibetischen Festkalender jeweils am zehnten Tag des zweiten tibetischen Monats gefeiert (s. S. 140).

Fünf Jahre auf dem Friedhof Kula Dzog

(Ziffern 67–69; Ausschnitt III/4)

Auf diese Wanderjahre Padmasambhavas folgt erneut ein fünfjähriger Aufenthalt an einer Leichenstätte

(»Pemakathang«, Kapitel XXIX). Kula Dzog (›Vollkommenheit des Körpers‹; 67) liegt laut Inschrift in Baidha in Südindien. Auf diesem Friedhof befindet sich der Stūpa Ribotala (ri-bo-ta-la; 68). Wir sehen Padmasambhava als Yogi davor sitzen, seinen tantrischen Stab *(khaṭvāṅga)* und eine Fangschlinge *(pāśa)* in Händen. Ihm gegenüber ragt ein großer, schlangenbewohnter Baum empor, der ›Quell der Zauberkraft‹ genannt wird. In seinem Schutz haust ein finsterer Magier, der ein junges Mädchen in einen schwarzen Hund, einen Stein in eine menschenähnliche Puppe und Lebewesen in Knochen verwandelt hat. Hund und Puppe schauen wie gebannt auf den Magier mit der erhobenen Hand. Am Ufer des nahen Sees flakkern Feuer. In den dunklen Rauchwolken werden Hungergeister *(preta)* sichtbar, und aus den Bergen kommen hungrige Tiger herbei. Hier lebt ferner ein Dämon von unheimlicher Gestalt, Wangchuk Mahāphāla (69), ein Mischwesen mit dem Körper eines Yaks, dem Kopf eines Löwen und dem Unterleib einer Schlange; es hält ein Banner und einen Dreizackstab *(triśūla)* mit einer aufgespießten Leiche in Händen. Offenbar vermögen all diese Wesen Padmasambhava nicht bei den religiösen Unterweisungen zu stören, die er den verehrend vor ihm knienden Ḍākinīs erteilt. Auf dem Friedhof Kula Dzog erhält Padmasambhava den Namen Nyima Öser (ñi-ma-'od-zer), ›Sonnenstrahl-Guru‹. Als solcher steht er im Mittelpunkt des Thangka VI.

Initiation

(Ziffer 70; Ausschnitt III/5)

Unabhängig von den Darstellungen der acht Leichenplätze, die jeweils einen Szenenkomplex bilden, finden wir an verschiedenen Stellen des Thangka Einzelszenen, die durch einen kreisförmigen Strahlenkranz vom Hintergrund abgehoben sind (z. B. 70, 80, 85, 100, 105). Es handelt sich hier, wie aus den Inschriften hervorgeht, um Visionen bzw. Auditionen, die Padmasambhava zuteil werden und ihn in himmlische Gefilde versetzen. Der Maler hat durch diese Abgrenzung versucht, einerseits dem Textzusammenhang der literarischen Vorlage zu folgen, andererseits den überzeitlichen Charakter der Begebenheiten hervorzuheben. Rechts unten neben dem Thronsitz des Loden Chogse findet sich eine Szene (70), wo Padmasambhava durch den Ādibuddha Samantabhadra (kun-tu-bzaṅ-po) die Einweihung in die Lehre des Dzogchen (›Die große Vollendung‹) erhält, den höchsten Grad des neunstufigen tantrischen Einweihungsweges der Nyingma-Tradition. Der blaue Samantabhadra thront, umgeben von einer regenbogenfarbigen Aura, auf einem Sonnen-Lotosthron. Er repräsentiert den Bereich des Dharmakāya. Miteinbezogen in diesen Bereich der transzendenten Wirklichkeit, anbetend am Rande des Thrones, schaut Padmasambhava auf Samantabhadra, der geschmückt und gekrönt mit der Krone der fünf Tathāgatas erscheint. Während Padmasambhava dessen Worten lauscht und alle seine Gedanken darauf richtet, wird ihm die vollständige Einweihung in die Lehre des Dzogchen, der ›großen Vollendung‹, zuteil.

Fünf Jahre auf dem Friedhof Hechen Dal

(Ziffern 71–74; Ausschnitt III/5)

Diesmal hält sich Padmasambhava an einer Leichenstätte in Khache auf (»Pemakathang«, Kapitel XXX). Ihr Name, Hechen Dal (he-chen-brdal; 71), bedeutet ›Schallendes Gelächter‹. Am Fuße des dortigen Stūpa Kanaka (ka-na-ka; auch: ka-ni-ka; 72) sitzt Padmasambhava, seine Kleidung weist ihn als Gelehrten aus. Seine Rechte zeigt die Geste der Gunstgewährung *(varada-mudrā)* Den nördlichen Teil des Friedhofs nimmt ein See ein, dessen Ufer hohe geschmückte Bäume säumen, in denen sich Affen tummeln. Im Süden reitet der Feuergott Agni zwischen lodernden Flammen auf einem Ziegenbock (s. auch Agni als Richtungsbeschützer der südöstlichen Insel; 14), und in den dunklen, über den Platz dahinziehenden Wolken erscheinen zwei nackte Ḍākinīs, die auf Knochentrompeten blasen. Die hohen Berge, die in westlicher Richtung sichtbar werden, bewahren in ihrem Inneren

III/5

Schätze. Zu den Gottheiten, die Padmasambhava an dieser Stätte aufsuchen, gehört die blaufarbige Ḍākinī Migringma (mig-riṅ-ma), eigentlich ›Die Langäugige‹, nach indotibetischer Auffassung ›Die Vogeläugige‹, d. h. ›Fernsehende‹ (73). Sie hat den Kopf eines Greifvogels, und in ihren Federschopf sind ein Vajra und ein goldener Spiegel eingebunden. Hier enthäutet sie eine Leiche. Dazu erscheint, auf einem bläulichen Maultier einherreitend, die furchterregende, zornvolle Düsol Lhamo (74), die Herrin über Leben und Tod.

Während seines fünfjährigen Aufenthaltes an diesem Ort widmet sich Padmasambhava meditativen Übungen, belehrt die Ḍākinīs und bekehrt, wie es heißt, alle hörenden und denkenden Lebewesen mit der Liebe eines Vaters und einer Mutter. So erhält er den Namen ›Loden Chogse‹, ›Der das Beste für die Verständigen begehrt, der Weisheitsverkünder‹. Als solch gütiger Vermittler, den Dharma ausbreitender Lehrer bildet Padmasambhava das Zentrum dieses Thangka.

Die Geschichte von Mitog

(Ziffern 75–79; Ausschnitt III/5)

Eingeblendet in diese Friedhofsszene ist die Geschichte des jungen Kuhhirten Mitog (mi-ltogs), ›Satter Mann‹[1], in Bengalen. Hierbei geht es insbesondere um die Entlarvung und Entmachtung der Bön-Priester, die sich dem Vordringen des Buddhismus lange widersetzt haben.

Die Vorgeschichte: Ein trunkener Bönpo verliert seinen weitklingenden magischen Gong; der Mönch kriecht suchend zwischen den Bäumen des Waldes umher. Der Kuhhirt Mitog verliert seine Kuh. Auf der Suche nach ihr findet er den Gong, den er mit nach Hause nimmt; der Bönpo wiederum findet die Kuh Mitogs und treibt sie in seinen Stall. Daraufhin bezichtigen sich beide des Diebstahls (75). Da sie sich nicht einigen können, wenden sie sich an den Landesfürsten, der ihren Streit schlichten soll, doch auch ihm gelingt es nicht. Auf dem Heimweg tötet Mitog den Bönpo und nimmt dessen Frau zu sich ins Haus. Als deren Bruder davon erfährt, gerät er so in Zorn, daß er Mitog zu einem Bündel verschnürt und ihn erneut zum Landesfürsten bringt. Der aber befiehlt, daß Mitog und die Leiche des Bönpo auf eine Kuh gebunden und zum Friedhof getrieben werden. Wir sehen das beladene Tier zum Friedhof ziehen (77). Padmasambhava fragt den vor ihm knienden Mitog nach dem Hergang (76). Mitog gibt die Leiche des Bönpo als die seines Vaters aus und beschuldigt den Bönpo des Mordes. Padmasambhava durchschaut die Lüge, doch aus Mitleid läßt er ihn ziehen und schenkt ihm den Gong zum Schutz vor den wilden Tieren.

Auf dem Heimweg durchquert Mitog den Wald. Habgierig pflückt er die Früchte von den Bäumen. Dabei fällt er ins Wasser. Doch die Affen des Waldes bilden eine lange Kette und ziehen ihn wieder heraus (78). Er jedoch macht sich erneut an den Bäumen zu schaffen, so daß alle Affen herabstürzen und im See ertrinken. Wieder belügt Mitog Padmasambhava und erzählt, daß der Sturm die Bäume geschüttelt habe. Padmasambhava durchschaut Mitog auch diesmal und bringt ihn – unter der Bedingung, nie mehr zurückzukommen – heim zu seiner Familie. Die letzte Szene (79) zeigt nun, wie er trotz des Verbotes den Ort, sogar gemeinsam mit seiner Familie, nochmals aufsucht und wie dort alle von den wilden Tieren zerrissen werden. Der Gong, der als magisches Instrument im Kult der Bön-Priester eine wichtige Rolle spielt, geht endgültig verloren. Im »Pemakathang« steht hierzu: »Als Padmasambhava wie die Sonne erschienen ist, verlassen die Bönpos die Leichenstätte, wo sie täglich Riten vollzogen haben.« Sie räumen also Padmasambhava freiwillig das Feld ihres Wirkens. Worauf sich der Name der Leichenstätte, ›Schallendes Gelächter‹, bezieht, bleibt übrigens offen.

Im »Pemakathang« heißt es abschließend, Padmasambhava habe durch sein eigenes Beispiel den Menschen die Geisterfurcht genommen und die Ḍākinīs dazu gebracht, auf Menschenopfer zugunsten anderer Opfergaben zu verzichten.

Eine visionäre Szene und Initiation

(Ziffer 80; Ausschnitt III/5)

In einem mehrfachen farbigen Lichtkreis sehen wir als visionäre Erscheinung den weißen Dharmakāya-Buddha Vajrasattva auf einem Lotos thronen, klein daneben Padmasambhava, ihm in Anbetung zugewandt (80). Padmasambhava erfährt hier laut der Überlieferung die Einweihung in das Kyepa-Mahā-Yoga-Tantra. Solche Visionen bilden gewissermaßen den Abschluß und die Besiegelung langjähriger meditativer Bemühungen. In welcher Weise eine solche Initiation durch einen transzendenten Buddha geschieht, gehört zu den geheimgehaltenen geistigen Erfahrungen, so daß der Maler darüber naturgemäß keine weiteren Aussagen machen kann und sich mit einer typologischen Darstellung des Ereignisses begnügt.

[1] Vielleicht ist es sinnvoller, den Namen des Kuhhirten ›mi-rtogs‹ statt ›mi-ltogs‹ zu lesen, was dann ›unwissender‹ oder ›uneinsichtiger Mann‹ bedeuten würde

Fünf Jahre auf dem Friedhof Lhündub Tseg und Initiation in den Chiti-Yoga

(Ziffern 81–85)

Die nächste Szenenfolge führt uns nach Nepal zur Leichenstätte ›Lhündup-Hügel‹ (Lhündup Tseg/lhun-grub-brtsegs; 81), wo Padmasambhava wiederum fünf Jahre verbringt, um zu meditieren (»Pemakathang«, Kapitel XXXI). Der Stūpa, vor dem er sich aufhält, heißt Charung Khaśo (bya-ruṅ-kha-śo; 82). Die Szenerie ähnelt der bei den übrigen Friedhöfen, es erscheinen nur andere Gottheiten. So sehen wir oberhalb des Stūpa die rote drachenköpfige, nur mit einem Tigerfellschurz und einem Menschenhautschal bekleidete Dämonin Logmatin, ›Himmlischer Wolkenblitz‹ (83). Aus ihrer erhobenen rechten Hand sprüht ein feuriger Blitz, in ihrer linken hält sie eine mit einem roten Yakschweif geschmückte Lanze. Unterhalb des Stūpa erscheint die Yakṣa-Göttin Gömakha (84). Sie hat einen Eselskopf, Flügel und trägt ein Geierfedernkleid. Pfeil und Bogen aus Bambus sind ihre Waffen. Aus ihrem Mund speit sie Raubtiere. Ferner hat sich eine grüne Ḍākinī verehrend vor Padmasambhava niedergelassen. Wie dem Gebetstext zu entnehmen ist, bändigt Padmasambhava an diesem Ort die acht Klassen der Geister, indem er sie zu Schutzgottheiten des Dharma macht. So erhält er den Namen ›Guru Senge Dadog‹ (seṅ-ge-sgra-sgrogs), ›Lehrer mit der Löwenstimme‹. (Als solcher ist er Zentralfigur von Thangka VII.)

Dann tritt der Ādibuddha Samantabhadra mit seiner Prajñā in einer zornvollen Erscheinung als Kuntu Changchen (kun-tu-'chaṅ-chen) auf, um Padmasambhava Einweihung in den Chiti-Yoga (spyi–ti) zu erteilen (85). Dieses Ereignis spielt sich im himmlischen Paradies Köpa Lhündub (bkod-pa-lhun-grub) ab, veranschaulicht durch einen von Wolken umgebenen Lichtkreis.

Fünf Jahre auf dem Friedhof Laṅka Tseg

(Ziffern 86–89)

Padmasambhavas nächstes Ziel ist Zahor (86), wo er fünf Jahre an der Leichenstätte Laṅka Tseg (laṅka-brtsegs; »Pemakathang«, Kapitel XXXII) verweilt. Der Name des Stūpa, bei dem er meditiert, ist Dedje Shönudup (bde-byed-gshon-nu-grub; 87). Im angrenzenden See leben zahlreiche Tiere; so sieht man einen Wasserdrachen, einen Fisch und eine Seeschnecke. Auch an dieser Leichenstätte begegnen Padmasambhava Ungeheuer, so die vogelköpfige rote Ḍākinī Dorje Düdülma (rdo-rje-bdud-'dul-ma; 88). Ihr blauer Schopf ist mit einer Pfauenfeder geschmückt. Sie hockt breitbeinig da und masturbiert beidhändig mit einem goldenen Vajra. Aus ihrem langen Schnabel spuckt sie ein Baby aus. Außerdem sehen wir auf einem Rappen mit einem Menschenhautsattel die Göttin Dütsen Kośa (dus-mtzan-ko-śa; 89). Sie hat neun Löwenköpfe und ist in ein Leopardenfell gehüllt. In ihrer Rechten hält sie eine mit einem roten Yakschweif geschmückte Lanze. Vor Padmasambhava knien verehrend zwei menschengestaltige Ḍākinīs, die mit Menschenhaut bekleidet sind. Wie an der Geste der Gunstgewährung *(varada-mudrā)* Padmasambhavas abzulesen ist, erfüllt er ihre Bitte um Belehrung. Hier erhält Padmasambhava den Namen ›Pemasambha‹, ›Der aus dem Lotos Geborene‹. (In dieser Gestalt des Gelehrten ist er die Zentralfigur des Thangka IV.)

Die Geschichte von Garab Dorje

(Ziffern 90–96)

Es folgt nun ein Zwischenspiel. Entsprechend dem »Pemakathang‹ hat der Maler in die fortlaufende Biographie Padmasambhavas eine andere Bilderzählung eingeflochten: die Geschichte von Garab Dorje (dga'-rab-rdo-rje; 90) einem jüngeren Zeitgenossen Padmasambhavas. Dargestellt auf dem Thangka ist die Prinzessin Tzokye Salema (mtzo-skyes-sa-le-ma) im Gespräch mit ihrer Dienerin Gedenma (dge-ldan-ma). Sie teilt Gedenma ihren Entschluß mit, Nonne zu werden. Mit einem beladenen, zahmen Dzomo ziehen beide zu einem Kloster (91). In der ersten Nacht dort träumt die Prinzessin, daß sie Lebenswasser aus einer Schale trinkt. Am nächsten Morgen fliegt ein grüner Papagei in ihr Zimmer und prophezeit ihr die Geburt eines Kindes, dessen Vater sie nicht kenne. Es werde Berühmtheit erlangen und den Namen ›Garab Dorje‹, ›Glücklicher Vajra‹, erhalten. Die Prinzessin beschimpft den Vogel, weil sie beschlossen hat, ein zurückgezogenes, religiöses Leben zu führen. Im Jahr darauf aber gebiert sie tatsächlich einen Sohn, läßt ihn jedoch durch ihre Dienerin in eine Aschengrube werfen. Nach sieben Tagen erinnert sie sich an die Prophezeiung und beauftragt Gedenma, noch einmal nach dem Kind zu schauen. Da es noch lebt, bringt die Dienerin es in das Kloster zurück (92). Die Prinzessin gibt ihm den Namen ›Rolang Deva‹, (ro-laṅs-bde-ba; 93), ›Glücklich auferstanden aus dem Tod‹. Der Knabe wächst ungewöhnlich schnell heran. Als er acht Jahre alt ist, sagt er zu seiner Mutter: »Ich gehe zu Vajrasattva, um Belehrungen zu erhalten. Wo wohnt er?« Sie antwortet ihm: »Er wohnt im Himmel, bleib' zu Hause!« Doch der Knabe entschwebt mit zum Himmel weisender Gebärde. Wir finden ihn wieder im großen Palast von Bodhgayā (94) bei einem religiösen Disput mit zahlreichen Gelehrten, die teilweise von weither gekommen sind, darunter Jampal Shenyen ('jam-dpal-gśes-gñen; *Mañjuśrīmitra)* aus Ceylon. Der

Knabe kann von den großen Gelehrten, die rings um ihn versammelt sind (95), im Disput nicht besiegt werden. Alle Paṇḍitas sind verwundert über den Stand seiner geistigen Entwicklung und verehren ihn (96). So erhält er den Namen ›Garab Dorje‹ – die Prophezeiung erfüllt sich.

Der Ruhm Garab Dorjes reicht weit und gelangt auch zu Padmasambhava, der später von Garab Dorje in die Lehre des Ati-Yoga eingeführt wird.

Fünf Jahre auf dem Friedhof Padma Tseg

(Ziffern 97–99, 100, 105)

Die Wanderungen Padmasambhavas haben ihn zur Leichenstätte ›Lotoshügel‹ (Padma Tseg/padma-brtsegs) in Orgyan *(Uḍyāna;* 97) geführt. Er ist hier jedoch nicht meditierend dargestellt, sondern als zornvoller Senge Dadog (s. auch Thangka VII). Diesen Namen hat er anläßlich seines Aufenthaltes in Nepal erhalten. Senge Dadog steht in einer Flammenaureole vor dem Stūpa Rangdjung Wödchen (raṅ-byuṅ-'od-'can; 98) Geister und Ḍākinīs sind um ihn versammelt. Am See oberhalb des Stūpa erkennt man zwei weiße junge himmlische Musikantinnen *(gandharva)* beim Fischen. Im Flammenbogen über dem Friedhof sprengen zwei Töchter des Windgottes Vāyus (16) auf Hirschen daher. Sie schwingen rote Fahnen und halten Leichenteile in Händen. In den Rauchwolken erscheinen zwei junge gepanzerte Krieger *(asura)*. Hinter dem großen Schlangenbaum haben sich vier verschiedenfarbige Ḍākinīs aus den vier Himmelsrichtungen versammelt. Zwei weitere Ḍākinīs flankieren die rote Jñana-Ḍākinī, die sich als Wahrsagerin betätigt. An diesem Ort verbringt Padmasambhava ebenfalls fünf Jahre und predigt den Ḍākinīs. Wir sehen die Ḍākinī Shivatzo (shi-ba-mtzo; 99) vor ihm knien. Sie hält eine blutgefüllte Schädelschale als Opfergabe – Zeichen für die völlige Überwindung von Leidenschaft und Ich-Sucht sowie Dank an den Meister für seine Unterweisungen in tantrischer Vereinigung (yab-yum) und Befreiung. Auch die Ḍākinīs der Friedhöfe sind also dem Daseinskreislauf unterworfen und bedürfen der geeigneten Methoden, sich aus den karmischen Verstrickungen zu befreien. Noch einmal erhält Padmasambhava hier den Geheimnamen ›Guru Senge Dadog‹.

Es folgen zwei räumlich voneinander getrennte visionäre Szenen, die – jeweils durch einen Lichtkreis hervorgehoben – im himmlischen Bereich des Rigden Deva Zangkyong spielen. Sie lassen sich daher nur schwer in den bildlichen Kontext einfügen. Es handelt sich, wie die identischen Inschriften (100, 105) besagen, um Einweihungen Padmasambhavas in die Lehren des Dzogpa Anu-Yoga (rdzogs-pa-a-nu-yoga) und anderer Tantras.

Fünf Jahre auf den Friedhöfen Loka Tseg und Dechen Sanglam Nölwa

(Ziffern 101–109)

Padmasambhava zieht nun zu einer Leichenstätte namens ›Loka-Hügel‹ (Loka Tseg/lo-ka-brtsegs) im Lande Li (-yul; 101; »Pemakathang«, Kapitel XXXIII, XXXIV). Li ist der tibetische Name für Khotan, ein ehemals bedeutendes buddhistisches Kulturzentrum in der heutigen chinesischen Provinz Xinjiang. An dieser nördlichsten Station seiner Pilgerschaft meditiert Padmasambhava vor dem Kewuśa-Stūpa (102) weitere fünf Jahre. In der gebirgigen Gegend von Khotan leben viele Wildtiere: So sind am unteren Bildrand mehrere Wildschweine abgebildet; auf einem reitet der elefantenköpfige schwarze Balang als südlicher Beschützer des Friedhofes (103). Auch Dulbum (grul-bum), vampirartige Geister, treiben hier ihr Unwesen, einer von ihnen enthäutet gerade eine im Wasser liegende Leiche. Auf einem Elefanten erscheint die schwarze Marchamma (104), ebenfalls eine Beschützerin dieses Ortes. Padmasambhava wird in Loka Tseg bekannt als ›Dorje Dolö‹ (rdo-rje-gro-lod), ›Dämonenbezwinger‹. (In dieser Erscheinungsform ist er die Zentralfigur des Thangka VIII.)

Padmasambhava begibt sich nun zu einem heiligen Ort, an dem die Rigzin (rig-'dzin), die wissenshaltenden Gottheiten des Bardo, verehrt werden (106). Auf dem dortigen Friedhof Dechen Sanglam Nölwa (bde-chen-gsaṅ-lam-snol-ba) wohnt die Ḍākinī Läkyi Wangchen (las-kyi-dbaṅ-chen) in einem Schädelhaus. Padmasambhava möchte sie um Einweihung ersuchen, doch findet er die Tür verschlossen. Er bittet die Dienerin um Einlaß. Sie aber geht wortlos fort, um Wasser zu holen; wir sehen sie mit dem großen Krug vor dem Haus sitzen. Verärgert nagelt Padmasambhava ihren Wasserkrug fest, so daß sie ihn nicht mehr bewegen kann. Daraufhin schlitzt die Dienerin ihre Brust auf und zeigt auf das Vajradhātu-Maṇḍala, das darin erscheint (107). Verwundert bittet Padmasambhava sie um Einweihung. Sie entgegnet ihm: »Ich bin nur die Dienerin, aber komm' herein.« Padmasambhava überreicht der Ḍākinī ein tausendspeichiges goldenes Rad und erhält von ihr alle äußeren, inneren und geheimen Initiationen. Die äußere Einweihung bezieht sich auf die Verwirklichung langen Lebens mit Hilfe von Amitāyus, die innere auf die Verwirklichung von Reinheit und Mitleid mit Hilfe von Avalokiteśvara, die geheime Einweihung schließlich auf die Beseitigung aller geistigen Hindernisse durch Hayagrīva. (Während dieser Initiation sollen alle Gottheiten im Himmelsraum erschienen sein. Dieses visionäre Erlebnis Padmasambhavas wird auf dem Thangka nicht wiedergegeben.)

In einer Randszene (109) wird uns indes eine Begegnung besonderer Art geschildert. Auf einer goldenen

Insel lebt zurückgezogen in einer Felsenhöhle der Prinz Śrī Sengha (śri-seṅ-ha), ein Schüler von Garab Dorje (95); Padmasambhava kommt zu ihm und bittet ihn um eine Erklärung der Lehre von der Leerheit aller Erscheinungen. Wir sehen Padmasambhava andächtig den philosophischen Unterweisungen des Prinzen folgen, während dieser mit seiner Hand zum Himmel weist. Zum Abschluß erhält Padmasambhava von ihm den Rat: »Laß es an dir selbst sichtbar werden, wenn Theorie und Praxis genügend vereint sind.« Nachdem Śrī Sengha so gesprochen hat, verschwindet er in diamantener Tiefe. So wird Padmasambhava, entsprechend der Prophezeiung der Ḍākinī Wangchen (dbaṅ-chen), die Essenz des Dharma vor Augen geführt (108).

Fünf Jahre auf dem Friedhof Sangchen Rölpa

(Ziffern 110–113)

Einmal mehr wird der umherziehende Padmasambhava an einer großen Leichen- und Verbrennungsstätte gezeigt, an der er fünf Jahre verweilt. Ihr Name lautet Sangchen Rölpa (gsaṅ-chen-rol-pa), ›Großes Geheimnis‹, und sie liegt im Lande Sala (110) in den Vorbergen des Himalaya. Ihr Stūpa heißt Kapata (ka-pa-ta; 111). Zu den dämonischen Gottheiten, die den Friedhof bevölkern, zählt die auf einem schwarzen Wildschaf reitende Göttin Duchangma ('du-'chaṅ-ma; 112). Sie trägt ein Geierfedernkleid und eine Schädelkette. Hinter ihrem Rücken zerreißt sie mit beiden Händen eine Leiche. Ferner sehen wir die rote Kachi Dagmo (ka-ċa'i-bdag-mo; 113) auf einem Rolang, die mit ihrer Lanze eine Leiche aufgespießt hat. Sie gilt als Besitzbeschützerin. Vor dem meditierenden Padmasambhava kniet eine schwarze Mamo und reicht ihm eine mit Blut gefüllte Schädelschale als Zeichen für die Überwindung von Leidenschaft und Ich-Sucht. Hier empfängt Padmasambhava den Namen ›Dorje Thöten Tsal‹ (rdo-rje-thod-phreṅ-rtsal), ›Vajra-Guru mit der Schädelkette‹. Mit diesem achten Aufenthalt an einer Leichenstätte ist Padmasambhavas Einweihung in die verschiedenen Tantras abgeschlossen.

Padmasambhavas Missionsreisen und sein Wirken als Lehrer

(Ziffern 114–188)

Der dritte und letzte Abschnitt der Bilderzählung ist der Missionstätigkeit Padmasambhavas gewidmet, wie sie im »Pemakathang« in den Kapiteln XXXV–LIII geschildert wird. Avalokitésvara hatte einst prophezeit, daß Padmasambhava nach China reisen würde (114). Unten links im Bild erblickt man ein bewaldetes Gebirge mit fünf Gipfeln. Es gilt als Wohnstätte des Bodhisattva Mañjuśrī und soll sich in China befinden. Mañjuśrī, erkennbar an seinen Attributen Schwert und Buch, thront oberhalb eines Wasserlaufs auf einem Berg vor einem mächtigen, geschmückten Baum, der auf die Entstehung des Bodhisattva anspielt: Er ist der Legende nach aus einem Lichtstrahl geboren, den Buddha in einen Baum entsandte. Ebenfalls einem weißen Lichtstrahl entstammt die weiße Göttin Vijayā, die zusammen mit dem viergesichtigen hinduistischen Schöpfergott Brahmā – laut Inschrift eine Erscheinungsform Padmasambhavas – verehrend vor Mañjuśrī kniet. Beiden soll hier der Schatz der Mathematik und der Astronomie enthüllt worden sein. Dem Haupte Mañjuśrīs ist ferner die goldene Schildkröte, ein altes astrologisches Emblem, entstiegen, die als Schutzgottheit im dortigen Fluß lebt. Es handelt sich um eine mythische, in grauer Vorzeit spielende Szene, als Krieg und Armut überall im Lande herrschten und die Lehre Buddhas beinahe verschwunden war. Damals wurden den Berichten zufolge die vom Mañjuśrī enthüllten Weisheiten als Schätze im Gebirge versteckt. Padmasambhava soll sie wiederentdeckt haben.

Die Textvorlage für diese Szene ist schwer zu deuten; dennoch ist erkennbar, daß hier der Versuch unternommen wird, Padmasambhava nicht nur als Eingeweihten in die Weisheit Chinas, Astronomie und Mathematik, sondern auch als Verbreiter der Religion in diesem Land hinzustellen, was historisch nicht belegt ist.

Padmasambhava erlöst die Tiere und bändigt Dämonen

(Ziffern 115, 116; Ausschnitt III/6)

Auf dem Wege nach Indien gelangt Padmasambhava zum Friedhof Phunglung Nagpo (phuṅ-luṅ-nag-po; 115, 116), Wohnort vieler böser und gewalttätiger Menschen. Um sie zu bekehren, nimmt er die Gestalt eines Angehörigen der niederen Kaste der Schlachter (*śudra*) an. Er lebt in einer Grashütte und geht mit Pfeil und Bogen auf die Jagd, befreit aber später die erlegten Tiere. Indem er die Pforten der Wiedergeburt zu einer niederen Welt verschließt, schickt er sie ins Paradies. Er möchte sie von ihrem leidvollen Dasein erlösen und zugleich den Menschen ein Beispiel für gute Taten geben. Es heißt, daß nicht alle Menschen sein Handeln richtig verstehen.

Eine zweite Geschichte schließt sich an, die Padmasambhavas missionarisches Tun erklären soll. Er sucht eine andere, unbekannte Leichenstätte auf, wo ständig ein Opferfeuer brennt. Dort lebt ein nichtbuddhi-

4 (III) Loden Chogse – ›Der Weisheitsverkünder‹ (114–188)

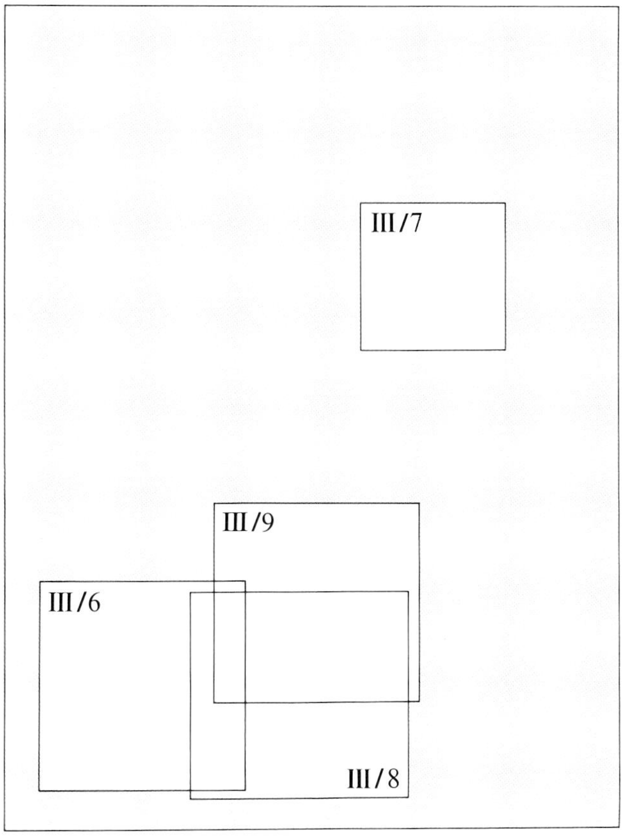

stischer Priester, der die zahlreichen Geister des Ortes ausschickt, ihm immer wieder neue Opfer für sein Feuer zu bringen. Padmasambhava verwandelt sich, um diesem Tun Einhalt zu gebieten, in den zornvollen Dorje Dragpo. Nun kommen alle Dämonen dieser Gegend mit ihren menschlichen Opfern zu ihm: Der ehemalige Altar ist verwaist, die Dämonen – der rote Māra, der goldbehelmte Rāja und der graue, affenköpfige Thirang – ziehen ihre Beute paarweise an langen Stricken zu Dorje Dragpo. Die Gefangenen werden von Padmasambhava befreit, die Dämonen bekehrt und als Schutzgottheiten des Dharma verpflichtet. Auf dem Thangka sehen wir den vielköpfigen schwarzen Rāhu mit seinen Waffen, Pfeil und Bogen, bereits in dieser Funktion.

Beide Geschichten sind typisch für die Missionstätigkeit Padmasambhavas in einem von ihm respektierten, andersartig geprägten religiösen Umfeld. Er verdammt herrschende Vorstellungen und Gebräuche nicht, sondern versucht, den Menschen durch sein Beispiel und seine Lehre eine neue Perspektive zu eröffnen, die sie von ihren selbstauferlegten Fesseln und Pflichten erlöst und schließlich zur endgültigen Befreiung führen soll. Um dieses Ziel zu erreichen, werden auch die alten Gottheiten, die Schaden stiften, ihn hindern wollen, den Dharma zu verbreiten, nicht einfach beseitigt, sondern in den Dienst der neuen Religion genommen.

Padmasambhava und Mandāravā im Königreich Zahor

(Ziffern 117–133; Ausschnitt III/7)

Auf seiner Missionsreise besucht Padmasambhava auch Rājagṛiha, das heutige Rājgir, wo sich der als Lehrstätte Buddhas verehrte Ghridhakuti-Hügel, der ›Geiergipfel‹, befindet. Padmasambhava predigt auf diesem Berg und erteilt den um ihn versammelten Mönchen und Nonnen Einweihungen. Danach ziehen alle gemeinsam weiter nach Zahor (117), einem kleinen Königreich in Nordostindien.

Zunächst aber verfolgen wir Ereignisse im weiträumigen, dem Blick geöffneten Königspalast von Zahor. Der König lebt hier mit mehreren Frauen zusammen. Die älteste von ihnen hat eines Nachts einen merkwürdigen Traum und wird nach einiger Zeit schwanger. Sie bringt ein Mädchen zur Welt, die Prinzessin Mandāravā. Ein Brahmane prüft ihre körperlichen Merkmale (118) und prophezeit ihr eine große Zukunft. Als sie ins heiratsfähige Alter kommt, stellen sich, weil ihre Schönheit weithin berühmt ist, aus ganz Indien Bewerber ein. Mandāravā aber möchte ledig bleiben und sich ungehindert dem religiösen Leben widmen. Der König will sie umstimmen und gibt ihr drei Tage Bedenkzeit. Nach ihrer erneuten Weigerung wird sie im Palast eingesperrt. Wir sehen sie unter Bewachung von Dienerinnen in ihrem Gemach sitzen. Mandāravā bedauert ihr Los, als Frau geboren zu sein. Eines Tages schickt ihre Mutter sie heimlich zum Markt, weil sie kein Fleisch mehr im Hause hat, um dem König eine Mahlzeit zu bereiten. Mandāravā aber muß unverrichteter Dinge umkehren, da der Markt wegen eines Unwetters nicht abgehalten wird. Auf dem Rückweg findet sie eine Kindesleiche, schneidet ein Stück Fleisch ab und bringt es heim (119). Dort wird es gekocht und dem König serviert. Nach dem Genuß dieser Mahlzeit verspürt der König ein sonderbares Gefühl – ihm wachsen übernatürliche Kräfte zu (120). Er befragt seine Frau und Mandāravā nach dem Grund. Als sie die Antwort schuldig bleiben, bedroht er, wie auf der Darstellung erkennbar, die Königin mit einem Messer. Schließlich gesteht Mandāravā unter Tränen, was geschehen ist. Ein Priester stellt fest, daß es sich um den Leichnam eines siebenfach wiedergeborenen Brahmanen handelt. Mandāravā wird verziehen; sie beschließt endgültig, das Leben am Hofe aufzugeben und Nonne zu werden. Zusammen mit zahlreichen Dienerinnen – es sollen 500 gewesen sein – legt sie vor Śāntarakṣita (Shivatzo) das Zölibatsgelübde ab (121).

Während Mandāravā eines Tages in ihrem Garten weilt, erscheint ihr Padmasambhava in einem Regenbogen als wunderschöner Jüngling. Sie ist zunächst wie geblendet, dann aber lädt sie Padmasambhava in ihr Haus ein. Befragt nach seiner Herkunft, antwortet

III/6

III/7

er ihr in der gleichen Weise wie einst dem König Indrabhūti (s. S. 32). Ein Kuhhirte auf dem Felde, der ein unreines Karma haben soll, beobachtet und belauscht jedoch die Begegnung der beiden (122, 123). Das Gerücht, die Prinzessin empfange heimlich Besuch, dringt bis zum König. Um Näheres herauszufinden, werden Schätze vor den Palast gebracht und dem Augenzeugen versprochen. Wir sehen die Schätze gestapelt und davor den buckligen und durch neunfache schlechte Merkmale gezeichneten Kuhhirten, wie er Übles über beide spricht (124). Der erzürnte König befiehlt, Prinzessin und Jüngling gefangenzunehmen. Auf dem Thangka ist wiedergegeben, wie Mandāravā zusammen mit Dienerinnen in ihrem Palast den Reden Padmasambhavas lauscht (125). So findet man sie. Padmasambhava wird völlig entkleidet und – die Hände auf dem Rücken gefesselt, einen Strick um den Hals – zu einer Schlucht geführt, wo er den Feuertod sterben soll. Man schichtet einen großen Scheiterhaufen rings um ihn auf, gießt Öl auf das Holz und entzündet das Ganze. Noch am siebenten Tag steigt Rauch von dort auf. Als man dann zur Verbrennungsstätte zurückkehrt, um sich von seinem Tod zu überzeugen, ist in der Schlucht ein See entstanden; in seiner Mitte wächst eine Lotosblüte, in der Padmasambhava unversehrt als nackter Knabe thront (126). Der König und sein Gefolge geraten darüber in höchstes Erstaunen, und als Padmasambhava ihnen seine himmlische Herkunft offenbart, werfen sie sich reuevoll vor ihm nieder. Der König von Zahor übergibt Padmasambhava seine Prunkgewänder – eine Kleidung, die Padmasambhava dann meistens auf Abbildungen trägt – und ferner seine Insignien. Im Triumphzug wird er in den Königspalast gefahren. Wir sehen, wie der halbentkleidete König persönlich den Wagen zieht, in dem Padmasambhava sitzt (127). Zur Begrüßung hat sich eine Schar von Mönchen mit Ehrenschirmen, Bannern und Trommeln am Wege versammelt.

Die nächste Szene spielt im Zentrum des Königspalastes, wo Padmasambhava mit allen herrscherlichen Würdenzeichen thront (128). Der König läßt Mandāravā rufen, die man samt Dienerinnen in ein mit Dornen ausgelegtes Erdloch geworfen hatte. Sie weigert sich, vor ihn zu treten. Doch nachdem der König Reue gezeigt und sie um Vergebung gebeten hat – diese Szene ist vor der Mauer dargestellt –, kehrt sie in den Palast zurück. Dort erblickt sie Padmasambhava, kniet vor ihm nieder und singt einen Hymnus auf ihn. Padmasambhava gibt allen, die zu ihm strömen, religiöse Unterweisungen und bekehrt laut Inschrift das gesamte Königreich Zahor zum Dharma (128).

Es folgt eine dramatische Bildszene. Ein Krieg droht auszubrechen. Rechts am Bildrand steht eine Reihe von Soldaten. Padmasambhava entsendet einen mit Pfeil und Bogen beladenen Kriegselefanten (130) mit einer Wettkampfaufforderung zu diesem feindlichen Heer. Doch keiner der gegnerischen Bewerber kann den überbrachten Bogen spannen. Nun schickt

Padmasambhava den neunköpfigen Rāhula (khyab-'jug-ra-hu-la; 129) ins Feld, dem es gelingt, damit auf große Entfernung eine Ziege zu treffen. Daraufhin zieht sich die feindliche Streitmacht zurück.

Der Aufenthalt Padmasambhavas in Zahor nähert sich seinem Ende. Noch einmal sehen wir ihn im Kreise des Königs und dessen Gefolges auf dem Friedhof Gawa Tsal (dga'-ba-tzal; 132), ›Glücklicher Hain‹. Durch die Einweihungen, die Padmasambhava ihnen dort erteilt, finden sie Befreiung.

Der Abschied Padmasambhavas ist als visionäre Szene dargestellt (133): Über dem Dach des Königspalastes erscheint Padmasambhava; auf einem Lotosthron, der über einem gekreuzten Vajra schwebt, wird er von vier Göttinnen in den Wolken davongetragen.

Padmasambhava und Mandāravā meditieren und empfangen Initiationen

(Ziffern 134–137; Ausschnitte III/8, III/5)

Wir finden Padmasambhava wieder in der großen Māratika-Höhle inmitten des Deśanyaga(-Gebirges; 134). Hier meditieren Padmasambhava und Mandāravā drei Monate lang über Amitāyus, den Buddha des langen Lebens. Dargestellt ist der Augenblick, in dem ihnen Avalokiteśvara und Amitāyus in der Höhle erscheinen und ihnen die rote Vase *(kalaśa)* mit dem Nektar der Unsterblichkeit schenken. Durch dieses visionäre Ereignis verwandelt sich die Höhle für die Meditierenden in eine paradiesische Landschaft. Wir sehen einen See, Vögel und immerblühende Bäume. Mandāravā erhält den Pfeil des langen Lebens, verziert mit den fünf farbigen Schleiern der fünf Ḍākinīs. Der rote, der weiße und der blaue Stūpa vor ihnen machen symbolisch sichtbar, daß sie durch die drei großen Bodhisattvas – Mañjuśrī, Avalokiteśvara und Vajrapāṇi – gesegnet sind. Der Maler hat die Bedeutung dieser Einweihungsszene durch Plazierung an zentraler Stelle im unteren Bereich hervorgehoben.

Es folgt ein zwölfjähriger Meditationsaufenthalt Padmasambhavas und Mandāravās (135) in einer hochgelegenen Felsenhöhle im Schieferberg. In der Nähe des Berges befindet sich ein Friedhof, der allerdings nur selten benutzt wird; so leiden die wilden Tiere dort großen Hunger. Aus Mitleid mit ihnen will sich Padmasambhava selbst opfern; doch die Tiere nehmen seinen Körper nicht an. (Eine ähnliche Geschichte wird in den Jātakas, den legendären Vorgeburtsgeschichten, über Buddha erzählt.) Padmasambhava erkennt, daß die Tiere nur noch sieben Tage zu leben haben und danach zur Hölle fahren werden. Nur ein Ausweg bleibt, um sie zu retten – ein anderer muß sich an seiner Stelle opfern. Deshalb inkarniert sich Padmasambhava in einem Neli (Milanen)-Nest. Hier beginnt nun die Bilderzählung: Die Königstochter Maṇḍasangmo (maṇḍa-bzaṅ-mo) findet eines Tages beim Grasschneiden das Neli-Nest. Aus Mitleid mit den Nestlingen deckt sie es wieder zu und beschwert es mit einem Stein. Bald darauf findet sie einen toten Altvogel im Wald. Traurig darüber, läuft sie zu Padmasambhavas Höhle, um Rat bei ihm zu suchen (136)[1]. Er erzählt ihr vom Schicksal der wilden Tiere des Friedhofes. Maṇḍasangmo beschließt daraufhin, sich selbst als Opfer anzubieten (137). Padmasambhava prophezeit ihre Wiedergeburt in Tibet als König Songtsen Gampo (sroṅ-btsan-sgam-po), während die Tiere als Menschen wiederkehren werden und so die Möglichkeit der Befreiung erlangen.

Padmasambhava bekehrt den König Aśoka

(Ziffer 138; Ausschnitt III/5)

Während seiner Missionstätigkeit in Indien, so berichtet das »Pemakathang«, erreicht Padmasambhava eines Tages als Mönch gekleidet den Palast des Königs Aśoka (138). Durch eine offene Türe gelangt er ins Innere und bittet um ein Almosen. Der König ist ergrimmt, läßt ihn gefangennehmen und in einen Kupferkessel mit siedendem Öl stecken. Doch Padmasambhava steigt unbeschadet auf einem erblühten Lotos daraus empor. Der König ist ob seines Frevels sehr betrübt und ersucht Padmasambhava um Unterweisung im Dharma. Sie wird ihm erteilt. Ferner erhält Aśoka den Rat, regelmäßig die Armen zu speisen und in einer Nacht eine große Anzahl Stūpas für die Reliquien Buddhas zu errichten. Ferner soll er als ein von Buddha prophezeiter König unter den Bodhi-Baum gehen und sich Erleuchtung wünschen.

Es ist offensichtlich, daß dieser legendäre Bericht das bekannte segensreiche Wirken des Königs Aśoka, der von 273–236 v. Chr. regierte, als Ergebnis einer Bekehrung durch Padmasambhava erklären möchte.

Padmasambhava im Süden Indiens und auf Ceylon

(Ziffern 139–144; Ausschnitt III/4)

Die nächsten Bilder schildern uns eine Reise Padmasambhavas nach Baidha im südlichen Teil Indiens in der Gegend von Andhra Pradesh. Die Vorgeschichte (142): Der König des Landes, aus der Kaste der heilkundigen Brahmanen, hat zwei Gemahlinnen und zwei Söhne mit unterschiedlichen Begabungen. Der ältere von ihnen ist sehr tüchtig und beliebt, vom jüngeren weiß niemand, wer ihn unterwiesen hat. Padmasambhava lebt hier wieder auf einem – freilich nicht

[1] Der Name Mandāravā (s. Inschrift 136) muß wohl korrekt Maṇḍasangmo (maṇḍa-bzaṅ-mo) lauten

abgebildeten – Friedhof. Als Einsiedler (139) erteilt er dem jüngeren Prinzen, Siddhiphala (siddhi-pha-la), Belehrungen in den fünf Wissenszweigen – Kunsthandwerk, Medizin, Grammatik, Logik und Meditation. Die nächste Szene spielt im mittleren Raum des Palastes (143). Hier findet zwischen den beiden Prinzen ein geistiger Wettstreit um die Nachfolge des Königs statt. Ihr Vater thront als Schiedsrichter in der Mitte, die beiden Königinnen haben sich jeweils ihrem Sohn zugewandt. Der Wettstreit endet mit dem Sieg Siddhiphalas, der aber Mönch werden möchte. Wir sehen ihn im obersten Stock des Königspalastes sitzen und sein vielfältiges Wissen an Ratsuchende weitergeben (140). Als Dank für eine Heilung erhält er vom Nāga-König Tazang die sechs Bände der »Prajñāpāramitā«, der »Vollkommenen Weisheit«, als Geschenk (141). Seither lautet sein Name Nāgārjuna.

Nāgārjuna, auch ›Vater des Mahāyāna‹ genannt, war eine bekannte historische Persönlichkeit des zweiten nachchristlichen Jahrhunderts, Abt des Klosters Nālandā und Begründer der Mādhyamika-Schule. Padmasambhava wird also in der hier erwähnten Geschichte zum heimlichen Lehrer seines Vorläufers erklärt, was für den historisch Bewanderten zweifellos ein fragwürdiges Verfahren ist. Solche offensichtlichen Umkehrungen der Abfolge, denen wir in der Biographie Padmasambhavas häufiger begegnen, erklären sich aus der tief verwurzelten Vorstellung von der Präexistenz und der Reinkarnation bestimmter Persönlichkeiten.

III/8

Eine kurze Inschrift (144), »Das Land Siṅgala (Ceylon) wird zum Dharma bekehrt«, bezieht sich auf das Wirken Padmasambhavas, der in der dazugehörigen Szene – ein Palast mit einem umzäunten Lotossee – allerdings nicht persönlich dargestellt ist. Der König und die Königin wundern sich darüber, daß eine bestimmte Lotosblüte sich weder bei Tag noch bei Nacht öffnet. Sie schauen nach und entdecken ein Kind, das darin aufwächst. Sie nehmen es wie einen Sohn auf und geben ihm den Namen Āryadeva. Die Parallele zur Geburt und Auffindung Padmasambhavas ist unübersehbar.

Āryadeva war ein Schüler Nāgārjunas und sein Nachfolger als Abt von Nālandā. Er ist bekannt geworden als Verfasser einer umfangreichen Kommentarliteratur und Mitbegründer des philosophischen Lehrsystems vom ›Mittleren Weg‹ *(mādhyamika)*, das darauf abzielt, alle Extreme zu vermeiden und durch Meditation über die Leerheit aller Erscheinungen Erleuchtung zu erlangen.

Padmasambhava in Bengalen

(Ziffern 145, 146; Ausschnitt III/8)

Die nächste Szene spielt in Ostindien, in Bengalen (145). Am unteren Bildrand sehen wir einen großen Palast mit Festungsmauern. Hier herrscht ein mächtiger König namens Norbu Woddan, der seine Untertanen ausbeutet. Padmasambhava beschließt, das Land zu befreien und zum Dharma zu bekehren. Seine Gefährtin Mandāravā (146) wird als mausköpfiger Wächter vor dem Palast postiert, damit der König nicht entfliehen kann. Sechs bewaffnete Heerführer, die den Palast umzingelt haben, stürmen ihn und entmachten den rechts in einem Gemach sitzenden Herrscher. Padmasambhava ernennt sich selbst zum neuen König. Er thront in der Mitte des Palastes, wo ihm Verehrung zuteil wird; zwei junge Mädchen tanzen vor ihm im Innenhof. Padmasambhava übernimmt so die Rolle eines Schutzherrn des Landes und der bedeutenden buddhistischen Klöster, die hier in den ersten Jahrhunderten unserer Zeitrechnung gegründet worden sind.

Padmasambhava als Ḍombipa

(Ziffern 147–149; Ausschnitt III/6)

Die nächste Erzählung spielt im Lande des Königs von Dräden ('bras-ldan; 147) einem offenbar kleinen Fürstentum. Der Maler markiert einen solchen Szenenwechsel meist durch einen Palast mit dem darin thronenden Herrscher. Padmasambhava erscheint hier als Siddha Ḍombipa, auf einem Tiger reitend. Er hält die Kindesleiche eines siebenfach geborenen Brahmanen in der Hand, gleichsam als Gastgeschenk – solche Reliquien zu besitzen, gilt als segenbringend. Aber Ḍombipa wird von den Leuten als Falschmagier verdächtigt. Daraufhin begibt er sich in ein Gasthaus, wo Bier gebraut wird, und läßt sich von der Bierverkäuferin Binasa (bi-na-sa) alle ihre Vorräte bringen (149). Wir sehen ihn gutgelaunt hinter drei großen Krügen Bier. Da Ḍombipa kein Geld bei sich hat, kann er die Zeche nicht bezahlen. Statt dessen greift er nach seinem magischen Dolch, Phurbu (phur-bu), und bindet die Sonne daran wie an einen Pflock, so daß das Land von der Hitze versengt wird. Auf diese Weise zwingt der enttäuschte Wohltäter den König, seine Zechschuld einzulösen und zugleich seine übernatürlichen Kräfte *(siddhi)* anzuerkennen.

Die sinnbildliche Geste des Festhaltens der Sonne wird in der Darstellung Padmasambhavas als Guru Nyima Öser (s. Thangka VI) zu einem Zeichen seiner Siddhaschaft.

Danach zieht Ḍombipa weiter zu einem Felsengebirge und läßt sich in der Kurukullā-Höhle nieder, wohin ihm Binasa folgt. Vorsorglich bringt sie einen Elefanten mit, der einen großen Bierkrug trägt. Sie erhält hier von Ḍombipa Belehrungen über Yoga und Atemtechnik, so daß sie wie ein Vogel fliegen und wie ein Fisch schwimmen kann.

Padmasambhava und Mandāravā kehren zurück nach Uḍyāna

(Ziffern 150–154; Ausschnitte III/1, III/2)

Noch einmal kehren wir zurück zum Königspalast in Zahor (oben im Bild). Der König Indrabhūti ist an einem Schlangenbiß schwer erkrankt. Auf den Rat der Ärzte hin wird ein königlicher Schnelläufer (kangjog/rkaṅ-mgyogs) ausgeschickt, um aus dem See lebenspendendes Wasser für den Kranken zu holen. Auf dem Heimweg begegnet er einer als Knabe verkleideten Nāginī, die dem König übel gesonnen ist (150). (Die Nāgas gelten auch als Hüter der Gewässer.) Sie erzählt ihm weinend, daß der König inzwischen verstorben sei. Vor Schreck läßt der Läufer das Wassergefäß fallen. Als er voll Trauer zum Hof zurückkehrt, erfährt er, daß der König noch lebt, nun aber, ohne das heilende Wasser, sterben müsse. Man entschließt sich, eine weise Frau auszuschicken. Binasa wird auserwählt; wir sehen sie am Ufer des großen Sees Wasser schöpfen (151). Sie kommt mit dem Wassergefäß zurück; obwohl sie von niederer Kaste ist, darf sie es dem König selbst überreichen (152). Nachdem Indrabhūti es getrunken hat, gesundet er.

Inzwischen sind Padmasambhava und Mandāravā, als Bettelmönch und Nonne gekleidet, heimlich zurückgekehrt in ihre Heimat Uḍyāna (153). Als sie zum Königspalast Indrabhūtis kommen, bitten sie um eine Gabe. Sie werden jedoch sofort wiedererkannt und gefangengenommen. Man schleppt beide zu einer Schlucht und verbrennt sie. Als der Scheiterhaufen nach 21 Tagen immer noch brennt, befiehlt der König nachzuschauen, aber niemand wagt, sich dorthin zu begeben. So geht der König selbst zur Schlucht und entdeckt einen See, aus dem ein Lotos emporgewachsen ist, auf dem Padmasambhava und Mandāravā vereinigt in Yab-Yum thronen (154). Wir sehen das Paar, von einem Flammenkranz umringt, auf einer voll entfalteten Lotosblüte an der Stelle sitzen, wo zuvor der Scheiterhaufen errichtet war – eine Szene, ähnlich jener, die sich in Zahor (126) abspielte (s. S. 44). Beide werden in Ehren in den Palast zurückgeholt. Padmasambhava thront nun im rechten Flügel des Palastes, umgeben vom Königspaar und seinem Gefolge (156), welchen er Einweihungen erteilt. So wird, wie es heißt, das ganze Land Uḍyāna zum Dharma bekehrt.

Padmasambhava hat eine Vision der Vajravārāhī

(Ziffer 155; Ausschnitt III/1)

Unmittelbar gegenüber schließt sich eine visionäre Szene in den Wolken über dem Dhanakośa-See (155) an. Die Inschrift besagt, Padmasambhava sei während seiner tantrischen Meditationsübung die Göttin Vajravārāhī erschienen. Wir sehen nur die Vision selbst, und zwar den Augenblick, in dem sich Padmasambhava mit der von ihm visualisierten Göttin vereint hat. Hierdurch wird er zugleich zum Herrscher über die fünf Buddhaḍākinīs, die Gefährtinnen der fünf Tathāgatas, und über die acht Kategorien der niederen Geister, welche sich rings um den Lotosthron versammelt haben, um ihm künftig zu dienen. Padmasambhava selbst erscheint in dieser Vision als blauer Heruka, als Dorje Dragpo, ›Zorniger Vajra‹, wie er auch genannt wird.

Es ist wichtig, beide Szenen, die Geburts- (34) und diese Triumphszene (155), als ein doppeltes Sinnbild zu betrachten. Erscheint Padmasambhava in der Rückschau als ungeborener und unsterblicher Knabe, so hier in einer Vorschau als künftiger Weltherrscher und Erlöser.

Padmasambhava führt das Findelkind und den Viehhüter zum Dharma

(Ziffern 156–159; Ausschnitte III/1, III/6)

Auf einem Friedhof wird ein kleines Mädchen zusammen mit seiner gerade verstorbenen Mutter ausgesetzt (157). Mandāravā erscheint in Gestalt einer Tigerin, um die Leiche zu fressen. Da die Mutter erkaltet ist, wendet sich das Kind der Tigerin zu und beginnt bei ihr zu saugen. So wächst es sehr schnell heran. Padmasambhava, der den Plan gefaßt hat, das Mädchen zum Dharma zu führen, verwandelt sich in einen Mönch und geht mit ihm in einen Wald, um dort zu meditieren. Wir sehen es in einem Baumwollgewand vor ihm knien und Belehrungen empfangen. – Dieses Mädchen wird später als Kālasiddhi in Indien bekannt.

Ein junger Viehhüter kommt mit seinem Vieh in den Wald (158). Als er Padmasambhava erblickt, überreicht er ihm eine Schale mit Milch und erhält von ihm Belehrungen und Anweisungen zur Meditation über Vajrasattva; so erlangt er in kurzer Zeit Erleuchtung. Wir sehen den Viehhüter hier als weiße, wie schwerelos dastehende Gestalt, dreifach ausgezeichnet mit den Siegeln seiner Siddhaschaft – einem Svastika, der Silbe Huṃ und einem Vajra –, die seinen Körper erstrahlen lassen. Diese goldenen Zeichen beziehen sich auf die drei Bereiche Körper, Rede und Geist. Es heißt von ihm, daß er mit seinem Körper eine Elle über der Erde schweben konnte, daß er zu wiehern vermochte wie Hayagrīva und daß sein vollkommener Geist auf der Herzensebene die Form eines Vajra angenommen hat. Er ist als Siddha Huṃkara (159) und als Lehrer Padmasambhavas bekannt geworden. (Auch hier wird das Meister-Schüler-Verhältnis umgekehrt.) Wir sehen, daß der Siddha wie ein Heiliger durch Niederwerfung verehrt wird und daß er gleichzeitig in einem Palast den Menschen Belehrungen erteilt (156).

Die vaterlose Geburt und Errettung des Bimamitra

(Ziffern 160–164)

Der Palast des Königs Dharmāśva und seine Umgebung bilden die Kulisse für die folgenden Ereignisse. Die Prinzessin Dharmabheti hat eines Nachts einen Initiationstraum: Ein weißgekleideter Mann erscheint in ihrem Gemach und setzt eine goldene Vase mit Nektar *(amṛta)* auf ihr Haupt (160). Nach einiger Zeit gebiert sie einen – vaterlosen – Sohn. Gleich nach der Geburt wird das Kind im Sand verscharrt. Doch ein großer schwarzer Hund, der einem mächtigen Fürsten in der Nachbarschaft gehört, gräbt es wieder aus und bringt es in seinem Maul in den Palast seines Herrn (161). Der Knabe erhält den Namen Bimamitra (bi-ma-mi-tra; 162) und wird einer Amme übergeben, die ihn aufzieht (163). (Es handelt sich offensichtlich um eine Parallele zur Geburtsgeschichte des Garab Dorje; 90–92; s. S. 39.) Der Knabe Bimamitra wächst schnell heran und lernt mit Eifer. Als Mönch wird er bekannt unter dem Namen Śākyaśri Bhadra (śakya-śri-bhadra-bi-ma-ma-ti) und bekehrt später das Königreich Kaschmir (164). Die hier gezeigte Palastszene bezieht sich offenbar nicht darauf, sondern auf eine Unterweisung des heranwachsenden Knaben durch Padmasambhava, die in der Inschrift nicht erwähnt ist.

Padmasambhava disputiert in Bodhgayā

(Ziffern 165–173; Ausschnitt III/9)

Noch einmal wird der große Palast in Bodhgayā (s. S. 31f.) zum Ort der Handlung. Drei Szenen (165–167) vor den verschiedenen Toren des Palastes mit seiner hohen, Maṇḍala-förmigen Mauer zeigen siegreiche Disputationen Padmasambhavas mit andersgläubigen Lehrern – es sollen je 500 gewesen sein. Die Parteien bestreiten lebhafte, durch Gesten verdeutlichte Wortgefechte, wie sie noch heute an den buddhistischen Klosterschulen üblich sind. Die Folgeszene (168) spielt im linken Flügel des Palastes. Es findet ein Wettstreit statt zwischen Padmasambhava und drei Magiern. Diese umhüllen sich mit Flammen und lassen an ihren Fingerspitzen Feuer entstehen. Padmasambhava aber siegt, indem er das Feuer in einen Lotos verwandelt, aus dem Flammen wie eine Säule emporsteigen. Nachdem er sämtliche nicht- und andersgläubigen Gelehrten bezwungen hat, verehren sie ihn aufs höchste (169).

Die Szene darunter zeigt einen Empfang bei einem frommen König. Die anwesenden Personen sind durch Inschriften gekennzeichnet (170). Zur Rechten des Throns treten ein tantrischer Meister, drei Dichter und ein Lama auf, zu seiner Linken ein weiterer Lama, ein Heiliger *(ṛṣi)*, zwei Mönche und ein Stifterpaar; sie alle huldigen dem König. Diese Versammlung zeigt das ideale Zusammenwirken geistlicher und welt-

III/9

licher Stände und ihre Bindung an einen »Dharma pflegenden Könige«, wie er hier ehrenvoll bezeichnet wird.

Eine ähnliche Episode sehen wir auch im rechten Flügel (171), wo umgeben von Würdenträgern ein weiterer König thront. Er hat eine Reinigung der Religion des Landes befohlen. In einem symbolischen Akt wird ein Buch mit falschen Lehren einem Hund an den Schwanz gebunden und angezündet; der Hund rennt davon (172), und alle Beteiligten halten sich Mund und Nase zu. Es wird sicherlich nicht bei dieser Maßnahme des Königs geblieben sein, denn es heißt, daß er die verkehrte Religion *vernichtet* habe. Die Inschrift, die in goldenen Buchstaben an der Palastmauer angebracht ist, spricht denn auch von der Reinheit der Religion, die man in Indien und vor allem in Bodhgayā, der Erleuchtungsstätte Buddhas, pflegt und bewahrt, so daß man Indien geradezu als Land der Religion bezeichnet hat (173). – Vielleicht war eine solche Inschrift einst tatsächlich in Bodhgayā zu finden.

Im Mittelpunkt des Palastes befindet sich eine goldene Tempelfigur des Buddha Śākyamuni auf einem Thronsitz. Über den goldenen Palastdächern schwebt ein Apsara herbei, der sich an der Verehrung des Erleuchteten beteiligt.

Padmasambhavas Wirken in verschiedenen Königshäusern

(Ziffern 174–182; Ausschnitt III/7)

Die folgende dramatische Szene veranschaulicht die Reinigung der Religion. Wir sehen Padmasambhava als Magier im Kampf gegen die Ungläubigen (174, 175). Scheinbar gelingt es ihm nicht immer, mit Worten allein seine Gegner zu besiegen; hier auf der Kupferinsel muß er sie mit ihren eigenen, magischen Waffen schlagen, indem er mit Hilfe seines Phurbu Donner, Blitz und Hagelschlag auf sie herabschickt, sie tötet und ihre Häuser in Brand steckt.

Die Episode darüber (176), auf einer goldenen Insel angesiedelt, führt uns das segensreiche Wirken Padmasambhavas vor Augen. Hier verwandelt er ein brennendes Haus in einen goldenen Stūpa. Ein verkrüppelter Prinz, so die Vorgeschichte, ist im Palast seiner Eltern gefangen. Er möchte heiraten, doch sie glauben, daß er keine Frau finden wird, und wollen ihm eine Laufbahn als Mönch vorschreiben. Als der Prinz droht, den Palast in Brand zu stecken, wählen die Eltern eine Braut für ihn aus, die sich allerdings weigert, bei ihm zu bleiben. Der Prinz sperrt sie im obersten Stockwerk des Palastes ein und bewacht sie. Padmasambhava kommt als durch das Land ziehender Gaukler vorbei und wird vom Prinzen gebeten, seine Braut zu unterhalten. Wir sehen Padmasambhava bei einem ekstatischen Tanz vor dem Palast. Der König ist erzürnt darüber und bezichtigt Padmasambhava der Brandstiftung und des Mordes an seinen Priestern. Padmasambhava wird wieder einmal gefangengenommen. Als man seinen Kerker anzündet, um ihn zu töten, verwandelt er sein Gefängnis in einen goldenen Stūpa.

Der Maler beschränkt sich auf die Darstellung des Palastes und seiner Bewohner sowie des goldenen Stūpa, in dem Padmasambhava thront und die Ehrbezeugung eines jungen Paares entgegennimmt. – Es ist bezeichnend für den exemplarischen Charakter dieser Geschichten, daß sie meist in einem Königshaus spielen, denn die Bekehrung des Königshauses bedeutet zugleich die Bekehrung des Landes zum Dharma.

Nicht immer geschieht die Vermittlung des Dharma durch direkte Unterweisung, wie die folgende Geschichte zeigt (177). Erneut geht es um eine Initiation durch Padmasambhava im Traum. Gemalcham (dge-ma-l'cam), die Tochter eines Brahmanen, die das Vieh ihrer Eltern hütet, flüchtet sich vor einem Regenguß in eine Höhle und schläft dort ein. Wir sehen Padmasambhava eintreten und eine goldene Vase mit Nektar auf ihr Haupt setzen. Sie träumt währenddessen von einem schönen Jüngling, der ihr begegnet. Als sie nach einiger Zeit bemerkt, daß sie schwanger ist, will sie sich das Leben nehmen. Ihre Familie aber überredet sie, das Kind zur Welt zu bringen. Er erhält den Namen Dechog Dükyi Nyingpo (bde-mchog-duskyi-sñiṅ- po), ›Herz der Zeit-Glückseligkeit‹.

Dann begibt sich Padmasambhava zum Palast des ungläubigen Königs Lükhyabdjug (klu'i-khyab-'jug; *Nāgaviṣṇu;* 179), bei dem sich Dechog Dükyi Nyingpo (Dünying) als Küchenjunge verdingt. Eines Tages verspeist der König einen großen Fisch (178), der lebendig durch seine Kehle rutscht und sich nicht verdauen läßt. Der König leidet große Schmerzen, und alle sind ratlos. Wir sehen, wie Dechog Dükyi Nyingpo den König erschrocken und angstvoll anstarrt. Um einer Bestrafung zu entgehen und um Lükhyabdjug zu töten, zündet er den Palast an und flüchtet (180). Der Inschrift ist zu entnehmen, daß es sich um keinen gewöhnlichen Fisch gehandelt hat, sondern um eine Manifestation von Padmasambhava. (Der Maler hat dies durch die goldene Farbe angedeutet.) Nachdem einige Zeit vergangen ist, kehrt Dechog Dükyi Nyingpo nach Bodhgayā zurück. Er begegnet einem Elefanten auf der Suche nach dem neuen Herrscher. Der Elefant wählt ihn aus und setzt ihm eine Vase mit Nektar aufs Haupt (181); folglich wird Dechog Dünying zum König des Landes erklärt. Seine Mutter erkennt ihn wieder und begrüßt ihn ehrfurchtsvoll (182).

Padmasambhava in Nepal

(Ziffern 183–188)

Den Abschluß der hier geschilderten Missionstätigkeit Padmasambhavas bildet sein Aufenthalt in Nepal. Auf einem bewaldeten Bergkegel, heute auch Affenfelsen genannt, erkennt man den Stūpa von Svayambhūnāth (laut Inschrift 183: Śingkun), der den Ort der Handlung markiert. Die Königin des Landes ist verstorben und wird auf einen Leichenacker gebracht. Ein Affe findet bei der Toten ein Mädchen und zieht es liebevoll auf (184). Padmasambhava nimmt sich des Kindes an, das den Namen Śākya Deva (śakya-de-ba) erhält. Zusammen mit ihr wandert Padmasambhava zu einer großen, noch heute bekannten Höhle namens Yangleśö (yaṅ-le-śod), um über Vajrakīla zu meditieren. Die Inschrift (185) besagt, er vollziehe dort hindernisbeseitigende tantrische Praktiken und erlange dadurch das reine Erleuchtungsbewußtsein. Der Maler schildert uns nicht die einzelnen Stufen der Meditation, sondern nur die Begleitumstände und den Höhepunkt des Geschehens, das in einer Vision gipfelt. Der zornvolle blaue Vajrakīla in Yab-Yum erscheint in der Höhle umlodert über einem flammenden dreieckigen Hamkhung (hoṃ-khuṅ), in dem sich ein Lingam befindet. (Diese tantrischen Ritualgeräte dienen dazu, das falsche Ich-Bewußtsein zu vernichten.) Rings um die Höhle erscheint zugleich das zwölffache Gefolge des Vajrakīla – die vier Semos, die vier Retimas und die vier Sadags – auf Reittieren. Sie alle sind durch Padmasambhava gebändigt worden und stehen ihm fortan zu Diensten. Padmasambhava selbst thront hoheitsvoll in der Höhle und verdeutlicht der vor ihm knienden Śākya Deva durch bestimmte Mudrās das Geschehen. Auch Mandāravā, die hinter ihr steht, hat offenbar an der Meditation teilgenommen. Zum Abschluß verstecken sie hier und anderswo zahlreiche religiöse Texte, um sie für spätere Zeiten aufzubewahren. Padmasambhava setzt Vajrakīlas Gefolge als Wächter über diese Schätze ein.

Padmasambhava reist mit seinen beiden Begleiterinnen weiter durch das Land. Wie ihm einst Vajrapāṇi prophezeite, erscheint ihm eines Nachts ein riesiger, neunköpfiger flammenumlohter Skorpion mit 27 Augen und 18 Hörnern (186). Padmasambhava bittet ihn um Einweihung und findet daraufhin unter einem großen dreieckigen Stein ein goldenes Kästchen, das die gesamte Lehre des Vajrakīla enthält. Diese hindernisbeseitigende Lehre, die es ermöglicht, in *einem* Leben Buddhaschaft zu erlangen, ist entsprechend den Augen und Hörnern des Skorpions in einzelnen Abteilungen dargestellt. So wird Padmasambhava in diesen beiden Geschichten als Schatzverstecker und Schatzentdecker vorgestellt.

Die nächste Szene, die in einem zweistöckigen Palast spielt, ist aufgrund der teilweisen Zerstörung der Inschrift (187) nur schwer zu deuten. Es handelt sich um das Herrschaftsgebiet des Königs Lhachig Kunsa (lha-gčig-kun-sa). Vermutlich befinden sich Padmasambhava und seine Begleitung hier im Grenzland der Rākṣasas (s. S. 25). Auch in diesem Königreich wird ihm Verehrung entgegengebracht, während das Haus, in dem zwei tierköpfige Dämonen leben, in Flammen aufgeht.

Die letzte Szene (188), die den Ausklang des ersten Teils der Biographie darstellt, zeigt uns Padmasambhava auf dem Weg ins Nāga-Land. Gefolgt von seinen beiden Schülerinnen Mandāravā und Śākya Deva sowie einem Königspaar, befindet er sich auf Wanderschaft. Unterwegs begegnen ihnen zwei Dämonen in Gestalt eines wilden Yaks und eines riesigen Frosches. Padmasambhava besänftigt beide mittels bestimmter Gesten seiner Hände *(mudrā)*. Aus einem Bergsee taucht eine Nāginī vor ihrem Palast auf und begrüßt den großen tantrischen Meister ehrfuchtsvoll in ihrem Land, das den unterirdischen Bereich der Gewässer, der Fruchtbarkeit und der Schätze repräsentiert, die ihrem Schutz unterstehen. Absichtsvoll hat der Maler diese letzte Szene ganz unten rechts am Rand plaziert: um so Padmasambhavas Abschied von Indien deutlich zu machen.

Bei der Betrachtung der erzählerischen Thangkas dieser Serie erkennen wir, daß die örtliche Fixierung des Geschehens kompositorisch eine weitaus größere Rolle spielt als die zeitliche Abfolge. Das liegt einerseits an der Konzeption der literarischen Vorlage, andererseits daran, daß die Erinnerung an ein Ereignis meist mit einem bestimmten heiligen Ort verknüpft ist, während die handelnden Personen oder Gottheiten häufig austauschbar sind. Diese Grundstruktur weist auch den mythischen und legendären Ereignissen einen bestimmten Ort des Geschehens zu; zugleich wird der meditative Charakter des Bildes betont – durch die Möglichkeit, sich immer wieder neu mit den einzelnen Passagen der Bilderzählung zu beschäftigen.

Inschriften

Die in Anführungszeichen gesetzten Inschriften sind wörtliche Zitate von Zwischenüberschriften in Versform aus dem »Siebenkapitel-Gebet«

1	Östliche Insel Djambumale	śar-na-dzam-bu-ma-le'i-gliṅ
2	Südliche Insel Parbata	lho-na-par-ba-ta-yi-gliṅ
3	Westliche Insel Siṅgala	nub-siṅga-la'i-gliṅ
4	Nördliche Insel Kamala	byaṅ-na-ka-ma-la-'i-gliṅ
5	Südöstliche Insel Prajñana	śar-lho-pra-dzña-na'i-gliṅ
6	Auf der südwestlichen Insel Ngayab, anderen kleineren Inseln und allgemein in Uḍyāna wird der Dharma übernommen	lho-nub-rṅa-yab-gliṅ-phran-sogs-u-rgyan-spyi-chos-kyi-ṅos-'dzin-pa
7	Südwestlicher Palast des Rākṣasa	lho-nub-srin-po'i-pho-braṅ
8	Nordwestliche Insel des Windgottes	nub-byaṅ-rluṅ-lha'i-gliṅ
9	Nordöstliche Insel des Geg	byaṅ-śar-bgegs-kyi-gliṅ
10	Richtungsbeschützer Deva (Indra)	phyogs-skyoṅ-lha
11	Richtungsbeschützer Yama	phyogs-skyoṅ-gśin-rje
12	Richtungsbeschützer Varuṇa	phyogs-skyoṅ-klu
13	Richtungsbeschützer Yakṣasa (Kubera)	phyogs-skyoṅ-gnod-sbyin
14	Richtungsbeschützer Agnideva (Agni)	phyogs-skyoṅ-me-lha
15	Richtungsbeschützer Rākṣasa	phyogs-skyoṅ-bden-bral-srin-po
16	Richtungsbeschützer Vāyus	phyogs-skyoṅ-rluṅ-lha
17	Richtungsbeschützer Wangden	phyogs-skyoṅ-bgegs-rigs-dbaṅ-ldan
18	Versammlungshalle der Herukas	he-ru-ka'i-tzogs-khaṅ
19	Indrabhūti gibt das Versprechen, [seine Schätze] zu verschenken	indra-budhi-sbyin-pa'i-dam-bćas-pa
20	Kaufmann	ded-dpon
21	Taube	phug-ron
22	Junge Kuh	ba-shon
23	Muschel	duṅ
24	Schiff	gziṅ
25	Hahn	bya-po
26	Edelsteininsel	rin-chen-gliṅ
27	Silberberg	dṅul-ri
28	Lapislazuliberg	bai-du-rya-yi-ri
29	Goldberg	gser-gyi-ri
30	Nāga-Land	klu'i-yul
31	Nāga-Prinzessin Dzedenma	klu-yi-bu-mo-mdzes-ldan-ma
32	Minister Trignansin	blon-po-trig
33	»Was inmitten des Ozeans von Sindhu auf dem See des Eilandes geschieht ...«	»sindhu-rgya-mtzo-rol-pa'i-mtzo-gliṅ-sogs-kyi-don ...«
34	Tzokye Dorje, ›Der aus dem See geborene Vajra‹	mtzo-skyes-rdo-rje
35	Der mit karmischem Glück gesegnete König Indrabhūti hat im Ozean [Tzokye Dorje] gefunden und aufgenommen	las-ćan-rgyal-po-inçra-bu-dhis-rgya-mtzo-nas-rñed-te-byon-pa
36	Die Geschichte, wie er [Tzokye Dorje] mit Ehrfurcht empfangen wird	dad-pas-spyan-draṅs-tzul
37	Anbetung des wunscherfüllenden Edelsteins	nor-bur-gsol-ba-btab-pa
38	Inthronisation	mṅa'-gsol
39	Der König mit dem Haarknoten	rgyal-po-thor-ćog-ćan
40	Segnungen Padma Gyalpos durch die Tathāgatas während der Inthronisation	phyogs-dus-rgyal-bas-padma-rgyal-po-la-rab-gnas-mṅa'-gsol-ba
41	Trignansin	trig-na-'dzin
42	Prinzessin Odchangma	'od-'chaṅ-ma
43	Prinzessin Odchangma	'od-'chaṅ-ma
44	Geschicklichkeitsprobe	sgyu-rtsal-'dren-tzul
45	Vajrasattvas Ermahnung, das königliche Dasein aufzugeben	rdo-rje-sems-pas-rgyal-srid-spoṅ-bar-bskul-ba
46	Ausübung einer tantrischen Praktik	brtul-śugs-spyod-pa

47	Von Khaṭvāṅga und Vajra getroffen …	kha-tram-rdo-rje-phog-pa-sogs
48	Wie der Königssohn Padma des Landes verwiesen wird	rgyal-sras-padma-mtha'-la-spyug-dus
49	Geschichte, wie er das Königreich verläßt	rgyal-srid-spaṅs-pa'i-tzul
50	»Was im Süden auf dem Friedhof Silwa Tsal, ›Kühler Hain‹, und an ähnlichen Stätten geschieht …«	»lho-phyogs-bsil-ba-tzal-gyi-dur-khrod-du-shes-pa'i-don …«
51	Stūpa Lhasang	mchod-rten-lha-bzaṅ
52	Deva Rāmeśvara	lha-dga'-byed-śva-ra
53	Unterwerfung von acht Himmelsmüttern und weiteren Ḍākinīs	gnam-gyi-ma-brgyad-sogs-mkha'-'gro-dbaṅ-bsdus
54	Śāntarakṣita	śanta-rakśi-ta
55	Śorwa Shönnu, ›Entkommener Jüngling‹	śor-ba-gshon-nu
56	Die Ḍākinīs errichten einen Stūpa als Bußübung	mkha'-'gros-brtul-shugs-spyod-pa'i-mchod-rten-bsheṅs
57	Im Lande Salden lernt er von dem Einsiedler Situb die mathematischen Wissenschaften	gsal-dlan-yul-du-draṅ-sroṅ-srid-sgrub-las-rtsis-slab-pa
58	Im Lande Pemachen lernt er von dem Arzt Tzodje Shönnu die medizinischen Wissenschaften	padma-ćan-gyi-yul-du-mtzo-byed-gshon-nu'i-bu-las-sman-slab-pa
59	Im Lande namens Ragala lernt er von dem Meister Kunji Shenyen *(Sakalamitra)* die literarischen Wissenschaften	ra-ga-la'i-yul-du-a-rtsā-ra-kun-gyi-bśes-gñen-las-yi-ge-bslab
60	Von dem Künstler Viśvakarma lernt er die bildenden Künste	bzo-bo-bi-śva-karma-las-bzo-rigs-slabs
61	Von einer armen Frau lernt er die Kunst des Töpferns	spraṅ-mo-las-rdza-rtse-slabs-pa
62	Er macht sich mit Śākyamaitri und Śākya Shenyen auf den Weg	śakya-mai-tri-daṅ-śakya-bśes-gñen-gñis-daṅ-sdebs-byon-pa
63	Während er vom Meister Prabhahati am roten Felsen namens Djakyib Tsal Belehrungen erhält, erscheinen ihm visionär die Götter und Göttinnen des Yoga-Tantra	brag-dmar-bya-skyib-tzal-du-slob-dpon-pra-bha-ha-ti-las-yo-ga'i-chos-gsen-lha-tzogs-shal-gzigs-tzul
64	Er legt das Mönchsgelübde ab in der Felsenhöhle Asura im Jahre des Holzpferdes am achten Tag des Affenmonats	śiṅ-rta-sprel-zla'i-tzes-brgyad-la-a-su-ra'i-brag-phug-tu-rab-tu-byuṅ-tzul
65	Śākya Senge	śakya-seṅ-ge
66	Der Stūpa, der das Messer enthält	spu-gris-gtam-pa'i-mchod-rten
67	Er weilt fünf Jahre lang auf dem Friedhof Kula Dzog, ›Vollkommenheit des Körpers‹, im südlichen Lande Baidha	lho-bai-ta'i-yul-du-khrod-sku-la-rdzogs-su-lo-lṅa-bshugs-tzul
68	Stūpa Ribotala	mchod-rten-ri-bo-ta-la
69	Wangchuk Mahāphāla	dbaṅ-phyug-ma-hā-phā-la
70	Er hört im Paradies des Dharmakāya die Dzogchen-Lehre	'og-min-chos-dbyiṅs-su-rdzogs-chen-san
71	Er weilt fünf Jahre lang auf dem Friedhof Hechen Dal, ›Schallendes Gelächter‹, in Kaschmir	kha-che'i-yul-dur-khrod-he-chen-rdal-du-lo-lṅa-bshugs
72	Stūpa Kanaka	mchod-rten-ka-na-ka
73	Ḍākinī Migringma, ›Die Vogeläugige‹	mkha'-'gro-mig-riṅ-ma
74	Lhamo Düsöl, auf einem Maultier reitend	dud-sol-lha-mo-dre'u-shon
75	Streit zwischen Bönpo und Mitog	bon-po-mi-ltogs-brtsod-pa
76	Mitog	mi-ltogs
77	Der Gong wird geschlagen, während die Leichen des Bönpo und des Mitog aufgeladen werden	bon-ro-mi-ltogs-do-yal-la-bskal-kha-rṅa-rduṅ-pa
78	Mitog und die Affen	spra-spre-mi-ltogs-skor
79	Mitog und seine Familie werden von wilden Tieren gefressen	mi-ltogs-za-tzo-gćan-gzan-gyi-zos-pa
80	Er hört von Vajrasattva die Lehre der Kyepa-Mahā-Yoga-Initiation	rdo-rje-sems-dpa'-la-skyed-pa-ma-hā-yo-ga'i-chos-skor-gsan-tzul
81	Er weilt fünf Jahre in Lhündup Tseg, ›Lhündup-Hügel‹, in Nepal	bal-yul-lhun-grub-brtsegs-su-lo-lṅa-bshugs
82	Stūpa Charung Khaśo	mchod-rten-bya-ruṅ-kha-śo
83	Himmlischer Wolkenblitz	bar-snaṅ-glog-ma-sprin
84	Yakṣasa Gömakha	gnod-spyin-rgod-ma-kha
85	Er hört den Chiti-Yoga von Kuntu Changchen im Paradies Köpa Lhündup	bkod-pa-lhun-grub-tu-kun-tu-'chaṅ-chen-la-spyi-ti-yo-ga-sen-tzul

86	Er weilt fünf Jahre auf dem Friedhof Laṅka Tseg, ›Lanka-Hügel‹, im Lande Zahor	za-hor-yul-du-dur-khrod-laṅka-brtsegs-su-lo-lṅa-bshugs
87	Stūpa Dedjed Shönudup	mchod-rten-bde-byed-gshon-nu-grub
88	Ḍākinī Dorje Düdülma	mkha'-'gro-rdo-rje-bdud-'dul-ma
89	Dütsen Kośa	dus-mtzan-ko-śa
90	Die Geburtsgeschichte des Garab Dorje in Tsetug Rinchen Gang	rtse-phrug-rin-chen-sgaṅ-du-dga'-rab-rdo-rje-'khruṅs-rabs
91	Die Geschichte des Sohnes der Prinzessin Tzokye Salema, der keinen Vater hat	mtzo-skyes-sa-le-ma-la-pha-med-pa'i-sras-byuṅ-tzul
92	Die Dienerin Gedenma holt das Kind aus der Aschengrube heraus	gyog-mo-dge-ldan-ma-sa-thal-doṅ-nas-bton-pa
93	Rolang Deva	ro-laṅs-bde-ba
94	Religiöser Disput	chos-brtsod
95	Er [Garab Dorje] kann von dem Lehrer des Ati-Yoga, von Jampal Shenyen und anderen großen Gelehrten nicht besiegt werden, Padmasambhava hört die Lehre des Ati-Yoga im Tempel von Orgyan Dahani	a-ti-yo-ga'i-ston-pa-'di-'jam-dpal-gśes-gñen-sogs-pa-paṇ-chen-kun-gyi-ma-thub-pas-o-rgyan-dha-ha-ni-'du-khaṅ-du-padma-sam-bha-a-ti-yo-ga-gsan
96	Die Lebensgeschichte des Garab Dorje wird Gegenstand der Verehrung für alle großen Gelehrten	dga'-rab-rdo-rje'i-rnam-thar-paṇ-chen-kun-gyi-bskur-gnas
97	Er weilt fünf Jahre lang auf dem Friedhof Padma Tseg, ›Lotoshügel‹, im Lande Orgyan	o-rgyan-yul-padma-brtsegs-pa'i-dur-khrod-du-lo-lṅa-bshugs
98	Stūpa Rangdjung Wödchen	mchod-rten-raṅ-byuṅ-'od-čan
99	Ḍākinī Shivatzo	mkha'-'gro-shi-ba-mtzo
100	Er hört die Lehre des Zogpa-Anu-Yoga bei Rigden Deva Zangkyong	rigs-ldan-bde-ba-bzaṅ-skyon-la-rdzogs-pa-a-nu-yo-ga-san
101	Er weilt fünf Jahre auf dem Friedhof Loka Tseg, ›Loka-Hügel‹, im Lande Li (-yul)	li-yul-gyi-dur-khrod-lo-ka-brtsegs-su-lo-lṅa-bshugs
102	Stūpa Kewuśa	mchod-rten-ke'u-śa
103	Im Süden der Ochse	lho-na-ba-laṅ
104	Die schwarze Marchamma	nag-mo-dmar-lčam-ma
105	Er hört die Lehre des Zogpa-Anu-Yoga bei Rigden Deva Zangkyong	rigs-ldan-bde-ba-bzaṅ-skyon-la-rdzogs-pa-a-nu-yo-ga-san
106	Er erhält alle inneren, äußeren und geheimen Initiationen von der Ḍākinī Läkyi Wangchen auf dem Friedhof Dechen Sanglam Nölwa am heiligen Ort der Rigzin	rigs-'dzin-gnas-bde-chen-gsaṅ-lam-snol-gyi-dur-khrod-du-mkha'-'gro-las-kyi-dbaṅ-chen-las-phyi-naṅ-gsaṅ-gsum-gyi-dbaṅ-thams-čad-shus-pa
107	Dienerin	gyog-mo
108	Gemäß der Prophezeiung der Ḍākinī Wangchen wird ihm die Essenz des Dharma vor Augen geführt	mkha'-'gro-dbaṅ-chen-luṅ-bstan-lhar-chos-thams-čad-kyi-sñiṅ-po-ṅo-sprod-pa
109	Er sucht den Sohn des Königs Kelgyal, Śrī Sengha, in der Felsenhöhle Wenkyong auf der goldenen Insel auf	gser-gliṅ-dben-skyoṅ-brag-phug-tu-rgyal-po-skal-rgyal-sras-śri-seṅ-ha-sten
110	Er weilt fünf Jahre lang auf dem Friedhof Sangchen Rölpa, ›Großes Geheimnis‹, im Lande Sala	sa-la'i-yul-dur-khrod-gsaṅ-chen-rol-par-lo-lṅa
111	Stūpa Kapata	mchod-rten-ka-pa-ta
112	Duchangma	'du-'chaṅ-ma
113	Kachi Dagmo	ka-ča-'i-bdag-mo
114	Gemäß der Prophezeiung des Avalokiteśvara erscheint er wiederum als viergesichtiger Brahmā auf dem fünfgipfeligen Berg in China und enthüllt den Schatz der Mathematik	spyan-ras-gzigs-kyi-luṅ-bstan-ltar-lhar-rgya-nag-ri-bo-rtse-lṅar-tzaṅs-pa-gdoṅ-bshir-sprul-nas-rtsis-gter-ston-pa
115	Er erscheint kastengleich in der Stadt der Schlachter und führt die Seelen der geschlachteten Tiere ins Paradies	śan-pa'i-groṅ-khyer-du-rigs-mthun-par-sprul-nas-sgral-'droṅs-mdzad-pa
116	Geschichte, wie er sich, nachdem er in Phunglung Nagpo angekommen ist, zum Beschützer der Lehre macht	phuṅ-luṅ-nag-por-byon-nas-bstan-pa-bsruṅ-thabs-mzdad-tzul
117	Er unternimmt eine Reise, um das Königreich Zahor zu bekehren	za-hor-rgyal-khams-'dul-du-gshegs-pa'i-sogs-kyi-don
118	Der Brahmane prüft die Merkmale	bram-ze-mtzan-rtags-rtag-pa
119	Mandāravā findet das Fleisch des siebenfach Geborenen	manda-ra-bas-skye-ba-bdun-sku-śa-rñed-pa
120	Dem König wird durch das Fleisch des siebenfach Geborenen übernatürliche Kraft verliehen	skye-bdun-shas-rgyal-po-ñams-'bar-ba-sogs

121	Die Prinzessin legt mit 500 Dienerinnen beim prinzlichen Meister Shivatzo *(Śāntarakṣita)*, dem Sohn des Königs Goma Debji, das Zölibatsgelübde ab	rgyal-po-go-ma-de-byi-sras-mkhan-po-shi-ba-mtzo-la-lha-lčam-dpon-gyog-lṅa-brgya-rab-tu-byuṅ
122	Der unglückliche Kuhhirt erblickt [sie]	ba-glaṅ-rdzi-bo-las-ma-dag-pas-mthoṅ-ba
123	Er belauscht sie	ñan-bu-byas-pa
124	Der mit neunfachen schlechten Merkmalen versehene Kuhhirt läßt üble Nachrede verlauten	ba-glaṅ-rdzi-bo-mtzan-ṅan-dgu-tzaṅs-bas-gtam-ṅan-sgrogs-pa
125	Der Palast der Prinzessin Mandāravā	manda-ra-ba’i-pho-braṅ
126	»Die Geschichte, wie man über seine übernatürlichen Kräfte in höchstes Erstaunen gerät, als er im Feuer nicht verbrennt ...«	»ya-mtzan-rmad-du-byuṅ-ba’i-rdzu-’phrul-sogs-kyi-don-bson-sregs-ma-bshes-pa’i-tzul ...«
127	Der König führt ihn in seiner Kutsche in den Palast	rgyal-pos-śiṅ-rta-la-pho-braṅ-du-gdan-draṅ-pa
128	Die Geschichte, wie Padmasambhava das gesamte Königreich Zahor zum Dharma bekehrt	za-hor-rgyal-khams-thams-čad-chos-la-bkod-tzul-sogs-padma-sam-bha
129	Der neunköpfige Rāhula	khyab-jug-ra-hu-la
130	Pfeil und Bogen sind siegreich über Asuras	lha-min-padma-rnam-par-rgyal-ba’i-mda’-gshu
131	Die Invasion wird abgewehrt	mtha’-dmag-bzlog-pa
132	Er führt den König und seine 21 Gefolgsleute auf dem Friedhof Gawa Tsal, ›Glücklicher Hain‹, durch eine Einweihung zur Befreiung	dur-khrod-dga’-ba-tzal-du-rgyal-po-rje-’baṅs-ñer-gčigs-sogs-smin-grol-la-bkod-tzul
133	Die Ḍākinīs erheben den Doppel-Vajra	mkha’-’gros-rdo-rje-rgya-gram-btegs
134	»Die Geschichte, wie er gemäß Taphugmarata den unsterblichen Diamantkörper erlangt und über das Gebirge Deśanyaga ...«	»brag-phug-ma-ra-ta-sogs-kyi-don-’chi-med-rdo-rje’i-skur-grub-tzul-sogs-ri-bo-te-śan-ya-ga’i-skor ...«
135	Obere Felsenhöhle des oberen Yari, ›Schieferberg‹	gYa’-ri-goṅ-gi-brag-phug-goṅ-ma
136	Wie die Prinzessin Mandāravā traurig wird	manda-ra-bar-thugs-skyo-śas-skyed-tzul
137	Mandasangmos Mitleid wird erregt durch ein Milanen-Nest, in dem sich Padmasambhava inkarniert hat. Sie opfert sich den wilden Tieren	ne-li’i-tzaṅ-du-sprul-nas-maṇḍa-bzaṅ-mo-skyo-śas-sku-lus-gčan-zan-la-byin-tzul
138	Der König Aśoka bekennt sich zum Dharma, nachdem der im Kupferkessel Gekochte ohne Schaden und wohlbehalten geblieben ist	zaṅs-naṅ-du-gtsos-kyaṅ-skyon-med-’khruṅs-tzul-sogs-rgyal-po-a-śwa-ka-chos-la-bkod-pa
139	Die Geschichte von Siddhiphala, dem Sohn von Chünma, auf dem Friedhof Dawa Tsuggu	dra-ba-gtsug-dgu’i-dur-khrod-du-chun-ma’i-sras-siddhi-pha-la-skor
140	Lutub *(Nāgārjuna)* im Lande Baidha im Süden	lho-phyogs-bai-ta’i-yul-klu-grubs
141	Dem Mönch Siddhiphala wird von dem Nāga-König Tazang für seine medizinische Betreuung die Prajñāpāramitā übergeben, und er wird als Nāgārjuna bekannt	dge-sloṅ-siddhi-pha-la-la-klu-bta’-bzaṅ-gi-sman-yon-du-yum-sogs-phul-čiṅ-mtzan-na-gar-dzu-na-grags
142	Der König Tob aus der Kaste der heilkundigen Brahmanen	rgyal-po-stobs-shes-bram-ze-sman-pa’i-rigs
143	Die beiden Söhne, der ältere und der jüngere, bemessen ihren Wissensstand in Heilkunde	chen-chun-gyi-sras-gñis-bso-rigs-’gron-pa
144	Das Land Siṅgala (Ceylon) wird zum Dharma bekehrt	siṅga-la’i-yul-chos-la-bkod-tzul
145	Das Land Bhamgala, Bengalen, im Osten wird zum Dharma bekehrt	śar-phyogs-bham-ga-la-yul-chos-la-bkod-tzul
146	Mandāravā	manda-ra-ba
147	Der König der Stadt Dräden	groṅ-khyer-’bras-ldan-gyi-rgyal-po
148	Ḍombipa trägt die Leiche des siebenfach geborenen Brahmanen mit dem Muschelohrring	ḍam-bhi-pas-bram-ze-skye-bdun-duṅ-rna-čan-gyi-sku-śa-bsnams-pa
149	Die Bierverkäuferin Binasa	chaṅ-tzoṅ-ma-bi-na-sa
150	Die Nāginī, die dem König Schaden zufügt	rgyal-po-la-gnod-pa’i-klu
151	Binasa nimmt Wasser aus dem See	bi-na-sas-rgya-mtzo-nas-chu-slaṅ-pa
152	Das Wasser des Sees	rgya-mtzo’i-chu
153	Meister und Schülerin befinden sich auf Bettelgang	dge-slob-yab-yum-bsod-sñoms-mdzad
154	»Wie er zuerst sein Heimatland zum Dharma bekehrt und eine Reise unternimmt, um das Königreich Uḍyāna zu bekehren ...«	»o-rgyan-rgyal-khams-’dul-du-gśegs-pa’i-sogs-kyi-don-sṅar-gyi-’khruṅs-yul-chos-la-bkod-tzul ...«
155	Als er in Dhanakośa zornige tantrische Praktiken ausübt, erscheint ihm Vajravārāhī, und er unterwirft sich alle Ḍākinīs; die acht Kategorien der Geister wie Rāhula usw. folgen ihm als gehorsame Diener; danach ist er bekannt als Dorje Dragpo Tsal	dha-na-ko-śa-drag-po’i-rtul-śugs-daṅ-rdo-rje-phag-mo-yum-gyi-shal-gzigs-mkha’-’gro-dam-čam-dbaṅ-du-bsdus-pa-gza’-sogs-sde-brgyad-bran-du-khol-ba-sogs-kyi-don-rdo-rje-drag-po-rtsal

156	»Die Geschichte, wie der beste Prinz Padma Gyalpo den Indrabhūti mitsamt seinem Gefolge von 500 Leuten auf den Weg der Erleuchtung bringt …«	»inḍra-bho-dhi-'khor-lṅa-brgya-tzom-bu-bčas-byaṅ-chub-la-bkod-pa'i-tzul-sras-mchog-padma-rgyal-po …«
157	Im Ngathubchen-Land in Indien war die Mutter der Nepalesin Kālasiddhi gestorben. Verkörpert als Tigerin, zieht Mandāravā deren Tochter auf	rgya-gar-rṅa-thub-čan-bal-'baṅs-'gyur-du-bal-'baṅs-ka-la siddhi-ma-ro-naṅ-sñam-bu-mo-de-maṇḍa-ra-bas-stag-mo-sprul-nas-sos
158	»Die Geschichte, wie der Viehhüter Norbu Goleb die Befugnis erhält zur Meditation und Rezitation von Vajrasattva und als Hūṃkara Siddhi erlangt …«	»phyug-rdzi-nor-bu-go-leb-la-rdo-rje-sems-dpa'i-sgom-bzlas gnaṅ-bas-grub-thob-huṃ-ka-ra-byuṅ-tzul …«
159	Hūṃkara bekehrt das Land Ngathub zum Dharma	huṃ-ka-ras-rṅa-thub-yul-khams-chos-la-bkod
160	Er gibt der Tochter des Königs Dharmāśva, der Göttergemahlin Prinzessin Dharmabheti, eine Einweihung, und sie bekommt einen Sohn ohne Vater	rgyal-po-dharma-a-śba'i-sras-mo-lha-lčam-dharma-bhe-ti-la-dbaṅ-bskur-yab-med-sras-byuṅ-ba
161	Der Hund des Hausbesitzers Deden Khorlo gräbt das kleine Kind aus dem Sand	khyim-bdag-bde-ldan-'khor-lo'i-khyis-bye-ma'i-seb-nas-bu-chuṅ-ston-pa
162	Das dem Hundemaul entrissene Kind erhält den Namen Bimamitra	khyi-kha-nas-khrogs-pa-bi-ma-mi-tra-čes
163	Die Dagnyi Sarrabma zieht es auf	bdag-ñid-gsar-rab-mas-skyed-sriṅs-pa
164	Die Bekehrung des Königreiches Kaschmir durch Śākyaśri Bhadra	śakya-śri-bha-dra-bi-ma-ma-tis-kha-che'i-rgyal-khams-chos-la-bkod-pa
165	Er besiegt im Disput 500 andersgläubige Lehrer am östlichen Tor	śar-sgo-mu-stegs-ston-pa-lṅa-brgya'i-rtsod-pa-bzlog
166	Er besiegt im Disput 500 andersgläubige Lehrer am südlichen Tor	lho-sgo-mu-stegs-ston-pa-lṅa-brgya'i-rtsod-pa-bzlog
167	Er besiegt im Disput 500 andersgläubige Lehrer am nördlichen Tor	byaṅ-sgo-mu-stegs-ston-pa-lṅa-brgya'i-rtsod-pa-bzlog
168	Er mißt sich mit den Andersgläubigen in Feuermagie	mu-stegs-daṅ-me'i-rdzu-'phrul-'gran-pa
169	Nachdem er alle nichtgläubigen und andersgläubigen großen Gelehrten besiegt hat, wird ihm von ihnen höchste Verehrung dargebracht	bdud-daṅ-mu-stegs-brtul-paṇ-chen-kun-gyi-gtsug-gi-mchod-gnas
170	Lama	bla-ma
	Dharma-pflegender König	chos-skyoṅ-rgyal-po
	Meister	mkhan-po
	Ṛṣī (Heiliger)	draṅ-sroṅ
	Verfasser der Literatur	bstan-bčos-rtsom-mi
	(Mönchs-)Gemeinde	dge-'dun
	Stifter	yon-bdag
171	Wie der regierende König die verkehrte Religion vernichtet	srid-skyoṅ-rgyal-po-chos-log-snub-tzul
172	Die verkehrte Religion wird dem Hund an den Schwanz gebunden und angezündet. Um dem Rauch zu entgehen, bedeckt man sich Mund und Nase	log-chos-khyi'i-mjug-mar-btags-me-du-ba-ma-śor-ba-kha-sna-bkag-tzul
173	Im allgemeinen pflegt man in Indien die Reinheit der Religion. Insbesondere in Bodhgayā, der Erleuchtungsstätte des Buddha, pflegen die Lehrer die Reinheit seiner Lehre. Daher ist Indien für die Religion in besonderem Maße bekannt	spyir-rgya-gar-chos-khuṅs-btsun-par-bstan-pa-thub-pa'i-bshugs-gnas-rdo-rje-gdan-du-chos-kyi-dag-ther-'dod-tzul-sogs-rgya-gar-chos-kyi-che-ba-yin-lugs-sogs
174	Er debattiert auf der Kupferinsel mit den Ungläubigen und besiegt sie; als die Ungläubigen magische Formeln verwenden, macht er sie mit Donner zunichte – gemäß der Prophezeiung der Ḍākinī Düdülma	zaṅ-gliṅ-mu-stegs-sogs-rtsod-pa-las-rgyal-bar-mu-stegs-pa-mthu-sgrubs-pas-mkha'-'gro-bdud-'dul-mas-luṅ-bstan-ltar-thogs-phabs-te-mu-stegs-kha-dag
175	»Die Geschichte, wie er durch Donnerschlag die Macht der ungläubigen Schwarzmagier vernichtet …«	»ṅan-sṅags-bdag-po-mu-stegs-thog-gi-bsgral-sogs-kyi-don …«
176	Er bekehrt den König der goldenen Insel, Nyimä Śugchen, und andere Ungläubige zum Dharma	gser-gliṅ-gyi-rgyal-po-ñi-ma'i-śugs-čan-sogs-mu-stegs-chos-la-bkod-pa
177	Er gibt der Gemalcham eine Einweihung	dge-ma-lčam-la-gsaṅ-dbaṅ-bskur-tzul
178	Ein einfacher Fisch	ña-dmaṅs-ka-śa
179	Der als Fisch Manifestierte und Dechog Dükyi Nyingpo besiegen den König Lükhyabjug	sprul-pa'i-ña-daṅ-bde-mchog-dus-sñiṅ-rgyal-po-klu'i-khyab-'jug-brtul-ba
180	Dünying läuft davon	dus-sñiṅ-bros

181	Dechog Dünying wird zum König gemacht	bde-mchog-dus-sñiṅ-rgyal-sar-bston-tzul
182	Königinmutter	yum-btsun-mo
183	Śingkun *(Svayambhūnāth)*	śiṅ-kun
184	Nachdem die Königin gestorben war, wird ihre Tochter von Affen aufgezogen und zur Nepalesin Śākya Deva	rgyal-po'i-btsun-mo-śi-bu-mo-spre'us-gsos-bal-mo-śakya-de-ba-byuṅ
185	»Nachdem durch Vajrakīla alle Hindernisse überwunden waren in der Höhle Yanglešo in Nepal, unterwirft er die vier Semo, die vier Retima und die vier Sadag und erlangt das reine Erleuchtungsbewußtsein durch tantrische Praktiken ...«	»bal-yul-yaṅ-le-śog-gyi-sogs-kyi-don-bar-chad-thams-ċad-phur-pas-bsgral-se-mo-bshi-re.ti-ma-bshi-sa-bdag-bshi-sogs-dam-la-btags-yaṅ-dag-phyag-rgya-chen-mo-thob-tzul ...«
186	Gemäß der Prophezeiung von Vajrapāṇi in Phulahari enthüllt er den goldenen Kasten, der die hindernisbeseitigende Lehre des Vajrakīla enthält, um in einem Leben die Buddhaschaft zu erlangen	phu-la-ha-rir-phyag-na-rdo-rje'i-luṅ-bstan-pa-tse-gċig-saṅs-rgyas-sgrub-pa-la-bar-chad-'dul-ba-phur-pa'i-chos-gser-sgrom-nas-bshes-pa
187	Herrschaftsgebiet des Lhachig Kunsa *(...unleserlich)*	lha-*(g)*ċig-kun-sa-gshi'i *(... unleserlich)*
188	Die Geschichte von Lhachig Kunsa und dem Schlangenland	klu-yul-sogs-lha-gċig-kun-s*(a')*i-lo-rgyus

Rückseitige Inschrift

Guru Loden Chogse umgeben mit den Darstellungen nach dem Gebet »sindhu-rgya-mtzo ...« (1. Hälfte der Biographie)	gu-ru-blo-ldan-mchog-sras *(sred)*-la-rnam-thar-sindhu-rgya-mtzo'i-stod-chas-skor-ba

Pemasambha
›Der Lotosgeborene‹

Thangka IV

Als kompositorisches Gerüst des höchst komplizierten Bildaufbaus dient der kraftvoll aus dem See aufsteigende Lotos. Er breitet sich wie ein Fächer aus, in dessen Zentrum Padmasambhava (padma-sam-bha)[1] thront – Hinweis auf Padmasambhavas wunderbare Geburt aus dem Lotossee und zugleich eine symbolische Bildaussage: der Meister selbst als die zentrale Lotosblüte, in der sich alle anderen Blüten, die ringsum als Thronsitze der Götter erscheinen, widerspiegeln. So ist dieses Thangka im Grunde eine Lehrtafel, welche die geistigen Wurzeln und die aus ihnen erwachsenen Überlieferungsstränge der von Padmasambhava begründeten ältesten buddhistischen Schule Tibets, der Nyingma, veranschaulicht. Jeweils zu Gruppen geordnet erscheinen auf dem Bild die verschiedenen Gottheiten und Lehrmeister, welche zusammengefaßt die philosophische, die meditative und die rituelle Tradition der Nyingma-Schule repräsentieren.

Padmasambhava als zentrale Gestalt

(Ziffern 1–8)

Padmasambhava thront in lockerer Sitzhaltung auf einer kostbaren, brokatumrandeten Decke (dingwa/gdiṅ-ba). Er trägt das Gewand eines im Zölibat lebenden Mönches und einen spitzen Gelehrtenhut mit langen Ohrenklappen (panshwa/paṇ-shwa) wie die indischen Paṇḍitas. Zu seiner Linken befindet sich ein runder Korb zur Aufbewahrung von Büchern. Die ausgestreckte, geöffnete rechte Hand des Meisters zeigt die Geste des vollkommenen Gebens (chogchin/mchog-sbyin; *varada-mudrā)*. In seiner Linken hält er als Zeichen seines Wissens um die Unsterblichkeit eine mit goldenem Nektar gefüllte Schädelschale. Eine blaugoldene Aura, von sichtbaren goldenen Strahlen durchflossen, umhüllt seine Gestalt. Das Gold drückt die strahlende Weisheit aus, während das Blau die unendliche Tiefe des Himmels symbolisiert, der sie entstammt. Die Farbe Grün im Nimbus Padmasambhavas ist Zeichen seiner Entschlossenheit zum Handeln und seines Mitgefühls mit allen Lebewesen. Ferner läßt sich ein Bezug zu den drei ›Fahrzeugen‹ *(yāna)* des Buddhismus ablesen: Das Mönchsgewand kennzeichnet die Befolgung der Regeln des Hīnayāna, die freundlichen Gesichtszüge und die liebevoll ausgestreckte Hand charakterisieren ihn als Anhänger des Mahāyāna, die tantrische Schädelschale *(kapāla)* in seiner Linken schließlich ist Zeichen für seine Kenntnis der meditativen und rituellen Praxis des Vajrayāna.

Der Thronsitz Padmasambhavas schwebt zwischen Himmel und Erde. Hierdurch wird neben der höchsten Stufe der Initiation, die Padmasambhava als Tantriker erlangt hat, seine besondere Mittlerrolle zwischen der geistigen und der irdischen Welt sichtbar gemacht. Die Überlieferung spricht von den »Lichtströmungen innerhalb des Ozeans der Buddha- und Bodhisattva-Natur bis zu ihrer Einmündung in Padmasambhava und ihrer Offenbarung an die Menschheit«.

Hierin kündigt sich gleichsam das Thema des Bildes an: die Selbstoffenbarung des Dharma, des Weltgesetzes, das sich, aus der gestaltlosen Sphäre des Absoluten hervortretend, zunächst in den Erscheinungen jener Gottheiten spiegelt, welche den obersten Kreis (A) bilden, um sodann einzumünden in die im Zentrum thronende Gestalt Padmasambhavas. Die absteigende Mittellinie, gebildet von dem Ādibuddha Samantabhadra (2), dem ›Allguten‹, und dem – ebenfalls blau wiedergegebenen – Vajradhara (3), dem ›Halter des Diamantzepters‹, symbolisiert diesen Weg der Offenbarung. Der große tantrische Gelehrte Padmasambhava schließlich bildet das Tor, durch welches das ewige Gesetz in die irdische Welt eintritt. Er verkündet es den Menschen auf mannigfache Weise, angedeutet durch die verschiedenen Überlieferungslinien ringsum, an deren Endpunkten jeweils Padmasambhava selbst nochmals auftritt oder statt seiner ein Meister, in dessen Nachfolge er steht.

[1] In der Literatur hat sich anstelle des lautlich richtigen Pemasambha allgemein die Schreibweise Padmasambhava eingebürgert

5 (IV) *Pemasambha – ›Der Lotosgeborene‹*

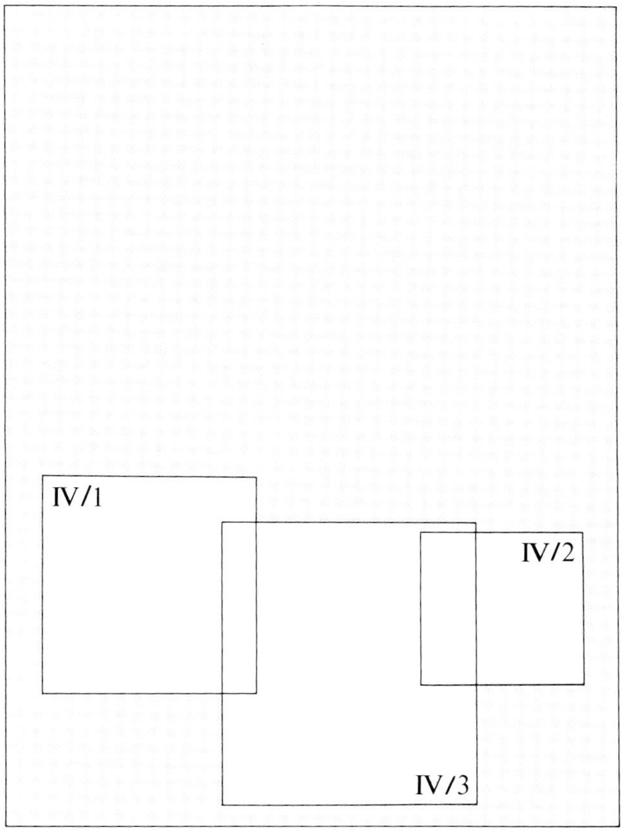

Die Entfaltung des Dharma und die Darstellung der tantrischen Traditionslinien

(Ziffern 1–88)

Der meditierende Betrachter des Bildes erlebt den Prozeß der Selbstentfaltung und Offenbarung des Dharma, soweit er sich auf der historischen Ebene abspielt, in der Rückschau mit. Zugleich blickt er mit seinem geistigen Auge in die himmlische Sphäre, wo ein ewiger Schöpfungsprozeß stattfindet. Dieser vollzieht sich, wie die Darstellung der Gruppe A zeigt, gleichsam rhythmisch pulsierend zwischen Ausdehnung und Verdichtung, wie ein ewiges Aus- und Einatmen, wobei nacheinander verschiedene Kategorien von Gottheiten aus dem dunklen Hintergrund des Himmels auftauchen und wieder zurücktreten. Sie gruppieren sich in sphärisch elliptischen Kreisen um zwei fast unsichtbare Pole, den blauen Ādibuddha Samantabhadra in Yab-Yum (2) und den ebenfalls blauen Vajradhara (3). In diesen beiden Urbuddhas, die sich spiegelbildlich gegenüberstehen, manifestieren sich auf der Ebene des Dharmakāya die beiden Grundprinzipien des tantrischen Lehrsystems: die Vereinigung der Gegensätze und die Leerheit aller Erscheinungen. Als Emanationen und geistige Söhne dieser beiden Urbuddhas erscheinen sodann, visionär erfahrbar auf der Ebene des Sambhogakāya und in den kosmischen Farben leuchtend, die fünf Tathāgatas oder Jinas (5–8) sowie der rote Buddha Amitāyus (4) als Sinnbild der Ewigkeit.

Erlösungshelfer und ›Wissenshalter‹

(Ziffern 10–27)

Um diesen ersten sichtbaren Kreis von Gottheiten herum wird ein zweiter sphärischer Kreis erkennbar, der von den acht Mahābodhisattvas (10–18) gebildet wird. Diese vielfältigen Erlösungshelfer der Menschheit sind ihrerseits Emanationen der fünf Jinas.

Am unteren Rand der himmlischen Sphären ist Padmasambhava in dreifacher Gestalt wiedergegeben: als Amitābha (8), als Avalokiteśvara Ṣaḍakṣarī (18), und auf der Ebene des Nirmāṇakāya in seiner irdischen Erscheinung (19). Dadurch gewinnt die raum- und zeitlos gültige Wahrheit des Dharma eine personale, historische Dimension.

Ebenfalls im himmlischen Bereich wird eine zweite Gruppe von sieben in Wolken schwebenden Gottheiten (B) sichtbar. Sie werden als Wissenshalter (rigzin/rig-'dzin; *vidyādhara)* bezeichnet. Die Rigzin sind Vertreter bestimmter Klassen von Göttern und Geistern und zugleich Vorläufer der Offenbarungsträger des Dharma in verschiedenen Welten. Sie repräsentieren die vorbuddhistische Überlieferung, die in König Jā (26) ihren Abschluß findet. Jā ist identisch mit Indrabhūti, dem Adoptivvater Padmasambhavas (so Thangka III, S. 31ff.). Indem diese Gottheiten sich Padmasambhava unterstellen, wird die vorbuddhistische Götterwelt und die durch sie repräsentierte Weisheit indirekt in die tantrische Traditionslinie einbezogen.

Die Traditionslinie der ›Großen Vollendung‹ und des Mahāmaya

(Ziffern 28–43)

In der rechten oberen Bildhälfte erscheinen zwei Gruppen von Gottheiten, denen jeweils historische Gestalten zugeordnet sind, wobei die Buddhas und Bodhisattvas weitgehend mit denen der Gruppe A identisch sind. Die oberste Gruppe (C) besteht aus den beiden Ādibuddhas Samantabhadra (29) und Vajrasattva (30), dem Gelehrten Garab Dorje (31) sowie dessen Schüler Śrī Sengha (śri-seṅ-ha; 32). Sie repräsentieren in ihrer Gesamtheit eine der ältesten tantrischen Überlieferungen – Dzogchen (rdzogs-chen), ›Große Vollendung‹. Sie bildet das Herzstück der Nyingma-Tradition. Dzogchen lehrt einen geheimen, neunstufigen Weg zur Erlangung der Buddhaschaft und versteht sich als eine Synthese und Übersteigerung der anderen großen Schulrichtungen des Hīnayāna, Mahāyāna und Vajrayāna, indem es seine Tradition unmittelbar auf den transzendenten Ādibuddha Samantabhadra, die Verkörperung der höchsten Weisheit, zurückführt. Einbezogen wird auch der Einfluß der von Garab Dorje, dem Lehrer Padmasambhavas, ausgehenden Traditionslinie.

Dicht darunter erscheint die zweite Gruppe von Gottheiten (D), abgeschlossen von den drei Bodhisattvas Mañjuśrī (40), Avalokiteśvara (41), Vajrapāṇi (42) sowie dem indischen Siddha Sangye Sangva (*Buddhaguhyā;* 43) als irdischem Empfänger dieser Offenbarung. Es handelt sich hier um die Lehre von Mahāmaya (sgyu-'phrul), welche die Wesenlosigkeit der Wirklichkeit verkündet. Sangye Sangva gehört ebenfalls zu denjenigen Lehrern Padmasambhavas, die dessen Weltbild entscheidend geprägt haben. Er wird hier dargestellt in der Lehrgeste, Padmasambhava zugewandt, mit einem zahmen Hund unter dem Arm wie der indische Siddha Kukkuripa.

Aufgliederung der Nyingma-Tradition

(Ziffern 44–88)

Die folgenden acht Gruppen von Gestalten (E–L), die – jeweils meist zu Dreiergruppen geordnet – links und rechts der Hauptfigur des Bildes im himmlischen Bereich schwebend erscheinen, repräsentieren die acht tantrischen Maṇḍalas (sgrub-pa-bka'-brgyad), denen die fünf meditativen und drei rituellen Schriften der Nyingma-Überlieferung zugeordnet sind. Hiermit beginnt gewissermaßen eine inhaltliche Aufgliederung und Unterteilung der Tantra-Tradition. Im Zentrum einer jeden Dreiergruppe erscheint einer der acht Herukas in Yab-Yum als spezielle Einweihungsgottheit (yidam), stets umgeben von verschiedenen, meist historischen, Persönlichkeiten, welche die tantrischen Lehren erfolgreich verwirklicht und tradiert haben; häufig ist eine davon ein Lehrer Padmasambhavas oder Padmasambhava selbst. Bei den ersten fünf meditativen Anweisungen, entsprechend den Gruppen E–I, geht es um die Schulung von Körper, Rede, Geist, Tugend und Aktivität, jener fünf Kategorien also, die den fünf Jinas, den Sieges-Buddhas in der Gruppe A, zugeordnet sind. So stellen die fünf Yidams, Mañjuśrī-Yamāntaka (44), Padma Heruka (49), Vajra Heruka (53), Chechog Heruka (Kunzang Chechogpa; 58) und Dorje Shönnu (62), zugleich Sinnbilder der Verwandlung in die unvergängliche Buddha-Natur dar, die sich in den fünf Jinas spiegelt.

Die nächsten drei Gruppen (J–L) beziehen sich auf liturgisch-praktische Anweisungen der Tantra-Literatur, und zwar auf die heilende und beschützende Funktion der Liturgie – die ›Kosmische-Mutter-Tradition‹ –, auf den Hymnus und die Opfergaben (K) sowie schließlich auf die ›Zornigen Sprüche‹ (L), die zur Bannung der Dämonen dienen. Als Vermittler der ›Kosmischen-Mutter-Tradition‹ (J) erscheint Dhanasaṃskṛita (dha-na-saṃskṛi-ta; 68), ein Lehrer von Padmasambhava, während auf Padmasambhava selbst als Guru Śākya Senge (72) und als zornvoller Dorje Dolö (76; s. Thangka VIII) die beiden anderen Überlieferungen zurückgehen.

Die im irdischen Bereich, links und rechts des Thronsitzes angesiedelten Gruppen M und N sind ebenfalls als Repräsentanten geheimer tantrischer Überlieferung zu verstehen. Die rote Dreiergruppe (M) mit dem Yidam Amitāyus (78) in der Mitte weist auf die ›Lang-Leben-Initiation‹ hin. Padmasambhava selbst (80), auf den diese Tradition zurückgeht, wird hier ebenfalls rot dargestellt – als Besitzer ewigen Lebens. Die blaue Dreiergruppe (N) darunter, angeführt von einer blauen – sonst oft roten – Vajravārāhī, bezieht sich auf das ›Geheime Mantra des Mutter-Tantra‹, welches spirituelle Gefahren abwendet. Die blaue Farbe der Vajravārāhī symbolisiert die tiefe Weisheit der Mutternatur. Als Vermittler dieser Tantra-Tradition tritt hier eine zornvolle Erscheinungsform Padmasambhavas auf, Dorje Dragtsal (84) – mit einem Skorpion als Sinnbild lauernder Gefahr in seiner Linken und einem Vajra als Sinnbild der Unzerstörbarkeit und Klarheit in seiner Rechten.

Als Dreiergruppe (O) erscheinen der zornvolle Yidam Dorje Tragthung (86) in Vereinigung mit seiner Partnerin sowie Padmasambhava (87) und sein königlicher Schüler Trisong Detsen (88). Durch sie wird der ›Schatz der geheimen Mantras‹ bewahrt und weitergegeben, welcher mittels bestimmter Anrufungsformeln und Meditationsübungen in kurzer Zeit zur Befreiung verhilft. Hiermit endet die Darstellung der tantrischen Überlieferungslinien.

Buddhas Botschaft und die Belehrungen Padmasambhavas

(89–96; Ausschnitte IV/1, IV/2)

Ist der tiefere Sinn der Gruppierungen, die den Himmelsraum und den Hintergrund des Bildes bevölkern, im Grunde nur dem verständlich, der sich in den verschiedenen Tantra-Klassen und ihrer Herkunft auskennt, so wenden sich die folgenden, im Vordergrund spielenden Szenen an den Laien. Die erste Belehrung (Gruppe P) erfolgt durch Śāntarakṣita (93), der auf einem Berggipfel thront, während hinter ihm die Buddhas der drei Zeiten erscheinen: Dīpaṅkara (90), Śākyamuni (91) und Maitreya (92). Śāntarakṣita, Leh-

IV/1

IV/2

rer und Vorgänger Padmasambhavas, verkündet die Urbotschaft Buddhas, die Lehre von Ursache und Wirkung: »Alle Dinge haben eine Ursache, und diese Ursache wurde von dem Tathāgata, ›dem, der ans andere Ufer gegangen ist‹, gezeigt. Das Anhalten dieser Ursache ist es, (worauf es ankommt), so sagt der große Śrāmaṇa (Wandermönch).« Hiermit wird auf den Weg des Buddha Śākyamuni hingewiesen, den jeder gehen muß. Zugleich symbolisiert die Triade der Buddha-Gestalten die *ewige* Gültigkeit dieser Botschaft.

In den folgenden Szenen wendet sich Padmasambhava mit seinen Belehrungen unmittelbar an die sinnliche Wahrnehmungsfähigkeit seiner Schüler. Durch das Spiegelbild des Mondes in einem See (94; s. auch S. 101) führt er dem vor ihm knienden Adepten den illusionären, scheinhaften Charakter der Welt vor Augen. In der zweiten Szene musiziert Padmasambhava (95) mit zwei Mönchen, während das Echo von den Bergen wie Drachengebrüll zurückschallt. Hierdurch lernt der Schüler, daß er auch seinen Ohren nicht trauen kann. Schließlich weist Padmasambhava (96) in der dritten Szene mit erhobenem Arm gen Himmel. Der Schüler folgt der Bewegung mit seinen Blicken und Gedanken; indem er nichts als Luft schaut, soll er die Leerheit aller Erscheinungen erkennen, die in der Nähe wie in der Ferne nicht faßbar sind, sich auflösen in nichts. Die verschiedenen Belehrungen, die Padmasambhava erteilt, richten sich im Grunde an ein und denselben Schüler. Sie sollen in seinem Innern, wenn er auf dreifache Weise über sie meditiert, jeweils ein bestimmtes Zentrum *(cakra)* wie eine Lotosblüte öffnen, so daß Körper, Rede und Geist stufenweise geläutert werden.

Drei Gruppen von Schutzgottheiten

(97–107; Ausschnitt IV/3)

Die von Flammen und Rauch umgebenen drei Dreiergruppen von Schutzgottheiten dienen der allseitigen Bewahrung des Wissensschatzes, den dieses Bild repräsentiert. Den Eingeweihten aber weisen sie auf geheime Lehren hin. So stehen die Schutzgottheiten einerseits als Einheit vor dem Bild, andererseits sind die beiden äußeren Gruppen jeweils bestimmten Tantra-Überlieferungen zugeordnet, die sich im oberen Bildteil präsentieren.

In der linken Dreiergruppe (Q) reitet der vierarmiger Dharmapāla Śanpa Marnag (śan-pa-dmar-nag; 98) auf einem fliegenden Garuḍa, der eine Schlange zerbeißt, während der Dharmapāla selbst mit dem einen Händepaar ein flammendes Schwert und ein frisches Herz trägt, mit dem anderen ein Opfermesser und eine mit Blut gefüllte Schädelschale. Die zweite Schutzgottheit ist der neunköpfige und vierarmige Rāhula (99). Sein Körper ist von Augen übersät und endet in einem Schlangenschweif. In seinen Händen hält er

IV/3

ebenfalls ein Schwert, Pfeil und Bogen sowie eine Schlange. Er ist der Gott der Mond- und Sonnenfinsternisse und schwebt über einem blutrot gefärbten See, Symbol für die Verkehrung der Natur. Die dritte Gestalt, oberhalb der anderen auf einem Lotos und zwei Leichen stehend, ist die zornvolle Ekajaṭī (100). Mit dem Elefantenstachel *(aṅkuśa)* in ihrer Linken führt sie die Zögernden auf den Pfad der Erleuchtung. Zwei Geier mit Leichenteilen im Schnabel umschweben die Göttin. Diese Gruppe von Schutzgottheiten ist der oben rechts plazierten Gruppe C zugeordnet, welche die Tantra-Tradition der ›Großen Vollendung‹ (dzogchen) repräsentiert.

Die zweite Gruppe der Schutzgottheiten (R) besteht aus drei rasenden Durtömas (dur-khrod-ma; 102), mit Menschenhäuten bekleideten Friedhofsbewohnern. Auf einem eisernen Wolf tanzend, reitet Mönpa Kengta (103), ursprünglich eine lokale Schutzgottheit des Bergvolkes der Mön. Er schwingt in seiner Rechten als Waffe eine sechszackige eiserne Wurfscheibe. Auch Thanglha (104) – auf einem Schimmel, eine Lanze in seiner Rechten – ist eine Berggottheit. Diese Gruppe gehört zu den auf Vajrapāṇi zurückgehenden Tantras, die sich mit Hymnus und Opferdarbringung befassen.

Die mittlere Gruppe von Schutzgottheiten wird von dem zornvollen Pañjara Mahākāla (105; IV/3), auch Daṇḍa Mahākāla genannt, angeführt; er ist von gedrungener, zwergenhafter Gestalt und benutzt eine Leiche als Fußschemel. In seinen Armen hält er einen tantrischen Stab *(gaṇdi)* mit zwei Vajra-Knäufen, der als Behältnis seines geheimen kriegerischen Gefolges zu verstehen ist. Zu seinen Begleitern gehören der Bramzug Mahākāla (106) – auf einer Leiche kniend, die von einem Schakal angefallen wird – sowie die auf einem Esel reitende Śrī Devī (Palden Lhamo/dpal-ldan-lha-mo; 107), Schwester des Totenrichters und Höllenfürsten Yama.

Durch diesen Abschluß der Szenenfolge wird der Bereich des Bardo in das Generalthema des Bildes einbezogen: die immerwährende Selbstentfaltung des Dharma und die Zusammengehörigkeit der vielfältigen Traditionslinien, die in der Person und der Verkündigung Padmasambhavas zu einer Einheit verschmolzen sind.

Mag die Thematik dieses Bildes und der vorliegenden Thangka-Serie als Gesamt zwar aufs engste mit der Nyingma-Tradition verknüpft sein, so läßt die zentrale Dreiergruppe von Schutzgottheiten aber doch den Schluß zu, daß sie aus der Sakya-Schule stammt, da die genannten Schutzgottheiten vor allem bei den Sakyapas große Verehrung genießen. Ein Indiz für diese Vermutung liefert auch die zentrale Gruppe von Lamas mit dem Sakya-Lama Kunga Tashi, die das Thangka VII der Serie abschließt (s. S. 103 f.).

Inschriften

	Gruppe A	
1	Willensübertragungslinie der Jinas	spros-bral-bde-chen-sogs-kyi-don-rgyal-ba-dgoṅs-brgyud
2	Kuntu Zangpo *(Samantabhadra)*	kun-bzaṅ
3	Dorje Chang *(Vajradhara)*	rdo-rje-'chaṅ
4	Tsepagme *(Amitāyus)*	rnaṅ-mtha' *(snaṅ-mtha;* hier für: *tze-dpag-med)*
5	Namnang *(Vairocana)*	rnam-snaṅ
6	Dorsem *(Vajrasattva;* dargestellt ist *Akṣobhya!)*	rdor-sems
7	Rindjung *(Ratnasambhava)*	rin-'byuṅ
8	Nangtha *(Amitābha)*	rnaṅ*(snaṅ)*-mtha'
9	Döndup *(Amoghasiddhi)*	don-grub
10	Jamyang *(Mañjuśrī)*	'jam-dbyaṅs
11	Chagdor *(Vajrapāṇi)*	phyag-rdor
12	Chenzig *(Avalokiteśvara)*	spyan-gzigs

13	Sanying *(Kśitigarbha)*	sa-sñiṅ
14	Dibsel *(Sarvanivārana-viṣkambhin)*	sgrib-sel
15	Namnying *(Ākāśagarbha)*	nam-sñiṅ
16	Champa *(Maitreya)*	byams-pa
17	Kunzang *(Samantabhadra)*	kun-bzaṅ
18	Chenrezig *(Avalokiteśvara)*	spyan-ras-gzigs
19	Gurupadma *(Padmasambhava)*	gu-ru-pad-ma
	Gruppe B	
20	Initiationsfolge der Wissenshalter	grags-ldan-chos-skyoṅ-sogs-kyi-don-rig-'dzin-brgyud
21	Lha Dagden Chökyong	lha-grags-ldan-chos-skyoṅ
22	Nödjin Kardong	gnod-sbyin-skar-gdoṅ
23	Sinpo Lodrö Thabden	srin-po-blo-gros-thabs-ldan
24	Lugyal Djogpo	klu-rgyal-'jog-po
25	Litsawi Dime Dagpa	li-ċa-dzi*(bi)*-dri-med-grag*(grags)*-pa
26	Gyalpo Jā	rgyal-po-jā
27	Lhawang Gyadjin	lha-dbaṅ-rgya-byin
	Gruppe C	
28	Initiationsfolge der ›Großen Vollendung‹, Dzogchen	chos-sku-kun-bzaṅ-sogs-kyi-don-rdzogs-chen-bgyud-pa
29	Kunzang *(Samantabhadra)*	kun-bzaṅ
30	Dorsem *(Vajrasattva)*	rdor-sems
31	Garab Dorje	dga'-rab-rdo-rje
32	Śrī Sengha	śrī-śīn*(śri-seṅ-ha)*
	Gruppe D	
33	Initiationsfolge des Mahāmaya-Tantra	rgyal-ba-chos-sku-sogs-kyi-don-sgyu-'phrul-brgyud-pa
34	Kuntu Zangchenpo *(Samantabhadra)*	kun-tu-'chaṅ*(bzaṅ)*-chen-po
35	Namnang *(Vairocana)*	rnam-snaṅ
36	Mikyöpa *(Akṣobhya)*	rdor-sems (hier für: *mi-bskyod-pa)*
37	Rindjung *(Ratnasambhava)*	rin-'byuṅ
38	Nangtha *(Amitābha)*	rnaṅ*(snaṅ)*-mtha'
39	Döndup *(Amoghasiddhi)*	don-grub
40	Jamyang *(Mañjuśrī)*	'jam-dbyaṅs
41	Chenrezig *(Avalokiteśvara)*	spyan-ras-gzigs
42	Chagdor *(Vajrapāṇi)*	phyag-rdor
43	Sangye Sangva *(Buddhaguhya)*	saṅs-rgyas-saṅ*(gsaṅ)*-ba
	Gruppe E	
44	Initiationsfolge des Mañjuśrī-Yamāntaka	'jam-dpal-ya-man-ta-ka-sogs-kyi-don-'jam-dpal-sku-brgyud
45	Jampal Ku *(Mañjuśri*-Körper)	'jam-dpal-sku
46	Garab Dorje	dga'-rab-rdo-rje
47	Jampal Shenyen	'jam-dpal-gśes-sñen *(bśes-gñen)*
	Gruppe F	
48	Initiationsfolge des Pälchen Padma Heruka	dpal-chen-pad-ma-he-ru-kā-sogs-kyi-don-gsuṅ-brgyud
49	Padma Heruka	pad-ma-he-ru-ka
50	Nāgārjuna	na-gar-dzu*(ju)*-na
51	Pema Djungne *(Padmasambhava)*	pad-ma-'byuṅ-gnas
	Gruppe G	
52	Initiationsfolge des Vajra Heruka	badzra-he-ru-ka-sogs-kyi-don-thugs-brgyud
53	Vajra Heruka	badzra-he-ru-ka
54	Garab Dorje	dga'-rab-rdo-rje
55	Jampal Shenyen	'jam-dpal-gśes-sñen*(bśes-gñen)*
56	Hūṃchen Kāra	hūṃ-chen-kāra
	Gruppe H	
57	Initiationsfolge des Chechog Heruka	che-mchog-he-ru-ka-sogs-kyi-don-yon-tan-brgyud-pa
58	Kunzang Chechogpa	kun-bzaṅ-che-chog*(mchog)*-pa
59	Tülpi Khando	sprul-pa'i-mkha'- gro
60	Namkhai Rigzin	nam-mkha'i-rig-'dzin
	Gruppe I	
61	Initiationsfolge des Pälchen Dorje Shönnu	dpal-chen-rdo-rje-gshon-nu-sogs-kyi-don-phrin-las-brgyud-pa
62	Dorje Shönnu *(Vajrakumāra)*	rdo-rje-shon*(gshon)*-nu
63	Prabhāha(s)ti	pra-bhā-ha-ti*(hasti)*
64	Dorje Thöteng	rdo-rje-thod-phreṅ
	Gruppe J	
65	Initiationsfolge des Ngöndzog Gyalpo	mṅon-rdzogs-rgyal-po-sogs-kyi-don-phrin-las-ma-brgyud
66	Ngöndzog Gyalpo	mṅon-rdzogs-rgyal-po

67	Yongchü Dema	yoṅs-'khyud*(khyud)*-bde-ma
68	Dhanasaṃskṛita	dha-na-saṅ-kri-ta *(saṃskṛi-ta)*
	Gruppe K	
69	Initiationsfolge des Chomden Degpa Kündü	bčom-ldan-dregs-pa-kun-'dus-sogs-kyi-don-mchod-bstod
70	Degdül	dregs-'dul
71	Guhya Tsandra *(Guhyacandra)*	gu-hya-tsan-dra
72	Śākya Senge	śakya *(śā-kya)*-seṅ-ge
	Gruppe L	
73	Initiationsfolge des Pälchen Tobden Nagpo	dpal-chen-stobs-ldan-nag-po-sogs-kyi-don-drag-sṅags-brgyud-pa
74	Tobden Nagpo	stobs-ldan-nag-po
75	Śāntigarbha	śan*(śān)*-ti-gar-bha
76	Dorje Dolö	rdo-rje-gro-lod
	Gruppe M	
77	Buddha Amitāyus (›Lang Leben‹-Initiationsfolge	mgon-po-tze-dpag-med-sogs-kyi-don-tze-yi-rig-'dzin
78	Tsepagme *(Amitāyus)*	tze-dpag-med
79	Lhamo Tsandali *(Caṇḍālīdevī)*	lha-mo-tsaṇ-ḍā-lī
80	Pema Djungne *(Padmasambhava)*	pad-ma-'byuṅ-gnas
	Gruppe N	
81	Vajravārāhī-Initiationsfolge des ›Geheimen Mutter-Mantra‹	rdo-rje-phag-mo-sogs-kyi-gnaṅ-sṅags-ma-brgyud
82	Dorje Phagmo *(Vajravārāhī)*	rdo-rje-phag-mo
83	Khando Sengdong *(Ḍākinī Siṃhamukhā)*	mkha'-'gro-seṅ-sdoṅ*(gdoṇ)*
84	Dorje Dragtsal	rdo-rje-drag-rtsal
	Gruppe O	
85	Dorje Tragthung-Initiationsfolge der ›Versammlung der Geheimen Mantras‹	rdo-rje-khrag-'thuṅ-sogs-kyi-don-gsaṅ-sṅags-mdo *('dus)*-brgyud
86	Dorje Tragthung	rdo-rje-khrag-'thuṅ
87	Tulka Pema *(Padmasambhava)*	sprul-sku-pad-ma
88	Lächen Trisong Detsen	las-čan-khri-sroṅ-lde-rtsan *(lde'u-btsan)*
	Gruppe P	
89	Überlieferung der Reihenfolge der Buddhas und Bodhisattvas	'das-pa'i-saṅs-rgyas-rnams-sogs-kyi-don-rgyu-'bras-don-ston-gyi-bla-ma
90	Marmezä *(Dīpaṅkara)*	mar-me-mdzad
91	Śākya Thubpa *(Śākyamuni)*	śā-kya-thub-pa
92	Champa *(Maitreya)*	byams-pa
93	Bodhisattva *(Śāntaraksita)*	bho*(bo)*-dhi-satva
94	Widerspiegelung des Mondes im Wasser als Wegweisung zur Befreiung von Leidenschaften	'di-ltar-mig-gi-yul-sogs-kyi-don-bzuṅ-'dzin-'dod-chags-raṅ-grol-chu-zla-la-ṅo-sprod-pa
95	Das Echo von den Bergen als Hinweis auf die Täuschung der Sinne	'di-ltar-rna-ba'i-yul-sod-kyi-don-grags-stoṅ-brag-cha'i-sgra-la-ṅo-sprod-pa
96	Die Auflösung aller Erscheinungen als Hinweis auf die Leerheit	'di-ltar-yid-kyi-sogs-kyi-don-'gyu-bran-raṅ-grol-nam-mkha'-dbyiṅs-la-ṅo-sprod-pa
	Gruppe Q	
97	Die drei Schutzgötter der Dzogchen-Tradition	rdzogs-chen-ye-śes-mthoṅ-grol-gyi-bka'-sruṅ-drag-po-sde-gsum
98	Śanpa Marnag	śan-pa-dmar-nag
99	Rāhula	ra-hu-lha*(la)*
100	Ekajatī *(Ekajaṭī)*	e-ka-rdza-ti*(jaṭī)*
	Gruppe R	
101	Die Schutzgötter des Chagdor *(Vajrapāṇi)* Degpa Kündül-Rituals	phyag-rdor-dregs-pa-kun-'dul-gyi-bka'-sruṅ
102	Drei Durtömas	dur-khrod-ma-gsum
103	Mönpa Kengta	mon-pa-keṅ-ta
104	Thanglha	thaṅ-lha
105	Gurgön *(Pañjara Mahākāla)*	gur-mgon
106	Gönpo Shäl *(Bramzug Mahākāla)*	mgon-po-shal
107	Bongshönma (›Eselreitende‹; *Śrī Devī)*	baṅ*(boṅ)*-shon-ma

Rückseitige Inschrift

Guru Padmasambhava umgeben mit Darstellungen nach dem Gebet »spros-bral-bde-chen-ma ...«	gu-ru-padma-sam-bha-la-spros-bras-bde-chen-mas-bskor-ba

1 *Padmasambhava als Guru Rinpoche – ›Der kostbare, juwelengleiche Lehrer‹*

3 (II) *Zangdog Palri – Das Südwestliche Paradies des Padmasambhava*

5 (IV) Pemasambha – ›Der Lotosgeborene‹

6 (V) Padma Gyalpo – ›Der Lotoskönig‹

7 (VI) *Guru Nyima Öser – ›Der Sonnenstrahl-Guru‹*

9 (VIII) *Guru Dorje Dolö – ›Der Dämonenbezwinger‹ und ›Trost-Guru‹*

10 *Guru Tsengye – Padmasambhava mit seinen acht Erscheinungsformen*

11 *Padmasambhava mit seinen Schülern und Schülerinnen*

12 Guru Dudul Dragpo Tsal – Der wilde, Māra vernichtende Guru

13 *Zangdog Palri – Das Südwestliche Paradies des Padmasambhava*

14 Zangdog Palri – Das Südwestliche Paradies des Padmasambhava

15 Zangdog Palri – Das Südwestliche Paradies des Padmasambhava

Padma Gyalpo
›Der Lotoskönig‹

Thangka V

Die Zentralfigur des Thangka V stellt Padmasambhava als ›Lotoskönig‹ (Padma Gyalpo/padma-rgyal-po) dar, als weisen und gerechten Herrscher, der seinem Volk geistige und materielle Gaben spendet. Ähnlich wie auf Thangka III (s. S. 29) trägt Padmasambhava auch hier ein vielfarbiges, kostbares Gewand und sitzt in königlicher Haltung auf einem Sessel, dessen Rückenlehne mit einem weißen Glücksschal (kha-btags) als Zeichen der Verehrung geschmückt ist. Der weiße Turban auf seinem Haupt demonstriert Königswürde. In seiner Rechten hält Padma Gyalpo eine hölzerne Handtrommel *(ḍamaru)* und in seiner Linken eine goldene mit Reis gefüllte Schale. Im Rhythmus der Trommel – Ausdruck für die Glückseligkeit höchster Weisheit und zugleich für den unhörbar mitschwingenden Klang der Śūnyatā, der Leerheit aller Erscheinungen – teilt sich der Wohllaut des Dharma mit. Padmasambhavas Augen sind in die Ferne gerichtet. Der Betrachter wird dadurch auf die Ereignisse im himmlischen Bereich und auf das missionarische Wirken hingewiesen, das hier erneut im Blickpunkt steht: Fortsetzung der auf Thangka III dargestellten Geschehnisse, welche die Geburt, die Lehrjahre und die Taten Padmasambhavas in Indien umfassen.

Die Ereignisse im himmlischen Bereich

(Ziffern 1, 2)

Die Biographie Padmasambhavas, wie sie die Thangkas III und V schildern, hat als Vorgeschichte jene Ereignisse, die der Geburt Padmasambhavas vorausgingen. Sinngemäß müßten sie am Anfang von Thangka III stehen, sind aber erst Thangka V vorangestellt, teils mythische Berichte, z. B. über die Entstehung der fünf Tathāgatas und der 1001 Buddhas, teils legendäre Vorgeburtsgeschichten Padmasambhavas, ähnlich den legendären Jātakas Buddha Śākyamunis. All diese Begebenheiten spielen im himmlischen Bereich des Bildes. Die ausführliche Inschrift auf dem Thangka lautet frei übersetzt: »Die Geschichte des Wirkens Amitābhas im westlichen Paradies zum Wohle der Menschheit bis hin zur Inkarnation von Padmasambhava« (1). Im Mittelpunkt der himmlischen Szenerie sehen wir Sukhāvatī, das Westliche Paradies des Jina Amitābha mit seinem hoch in den Himmel ragenden, von Wolken umhüllten Palast (2), dessen Tore offenstehen. Amitābha thront hier umgeben von zwei Mahābodhisattvas, dem weißen Padmapāṇi und dem blauen Vajrapāṇi. Zwei Mönche halten Ehrenschirme über Amitābha, während eine Schar von Mönchen und Ḍākinīs anbetend vor ihm kniet. Dieses Beisammensein ist Ausdruck einer rein geistigen Schau und inneren Verbundenheit, die ohne Opfergaben und Worte geschieht, als Teilhabe an der Glückseligkeit des Jina.

Die Geburt der fünf Tathāgatas

(Ziffern 3–7; Ausschnitt V/1)

Inmitten des Paradieses liegt ein Teich, aus dem sich eine rote Lotosblüte als Thron Amitābhas erhebt. Sechs weitere Lotosblüten haben sich soeben geöffnet. Auf ihnen knien jene Glücklichen, die aufgrund ihrer Verdienste nach dem Tode im Paradies des Reinen Landes *(Sukhāvatī)* erwachen. Der Lotosteich mit seinen aufbrechenden Blüten symbolisiert also die erstrebte Wiedergeburt des Gläubigen im Sukhāvatī. Dieses Westliche Paradies ist, wie es in den Texten heißt, vorhanden und doch nicht zu finden. Es ist aus der Leerheit entstanden, hier angedeutet durch das oberste, leere Stockwerk des himmlischen Palastes, der das Dharmakāya repräsentiert; zugleich ist Sukhāvatī der Ursprungsort aller Buddha-Gestalten. Amitābha, der Buddha des unermeßlichen Lichts, blickt von seinem Thron in alle vier kosmischen Welten.

Einem Lichtbündel aus Amitābhas Stirn soll der König Zangpo Chog (bzaṅ-po-mchog), ›Der höchste Gute›, entstammen. Wir sehen ihn hier mit dem goldenen Cakra als Würdezeichen in seinem himmlischen Palast (3) vor einem Tisch mit Opfergaben, um ihn die Königin und drei Prinzessinnen. Da ihm die Erfüllung seines sehnlichen Wunsches nach einem Sohn versagt

6 (V) *Padma Gyalpo – ›Der Lotoskönig‹*

blieb, richtet er inständige Gebete an Amitābha. Auf dessen Geheiß zieht er mit seinem Gefolge aus, um Lotosblüten in einem Milchsee zu pflücken. Dabei entdecken sie eine Blüte, die sich weder im Sommer noch im Winter öffnet. Um den Wunsch des Königs zu erfüllen, läßt der Jina Amitābha (4) aus seiner Zunge einen Strahl auf diese Lotosblüte fallen, die sich daraufhin entfaltet und die fünf Thöteng (thod-phreṅ) erscheinen läßt, die späteren Tathāgatas (5). Der König nimmt sie an Sohnes Statt an; dargestellt sind sie in Maṇḍala-förmiger Anordnung auf einer großen Lotosblüte thronend, in der Mitte der blaue Vairocana. Er wird als präexistente Verkörperung Padmasambhavas verstanden, dessen irdische Geburt sich später in ähnlicher Weise vollzieht. Rund um den Milchsee vollführen himmlische Ḍākinīs einen Festreigen. Es handelt sich um jene fünf Tathāgatas, welche wir als Knaben noch einmal im himmlischen, von rötlichen Wolken umgebenen Palast des Vajradhara (6) erkennen. Vajradhara, hier als Lama bezeichnet, weiht sie in das Geheimnis ihrer Entstehung ein. Sie erscheinen ein weiteres Mal im großen Wolkenfeld links, zur Volljährigkeit und zur Erfüllung ihrer Bestimmung herangewachsen. In ihrer Mitte thront der blaue Ādibuddha Samantabhadra. Gemeinsam mit dem Ādibuddha Vajradhara repräsentieren sie das Zeitalter der Lehre des Samantabhadra (7), das erste Kalpa (s. S. 15).

V/1

In mythischer Form ist hier die Ursprungsgeschichte des Vajrayāna dargestellt.

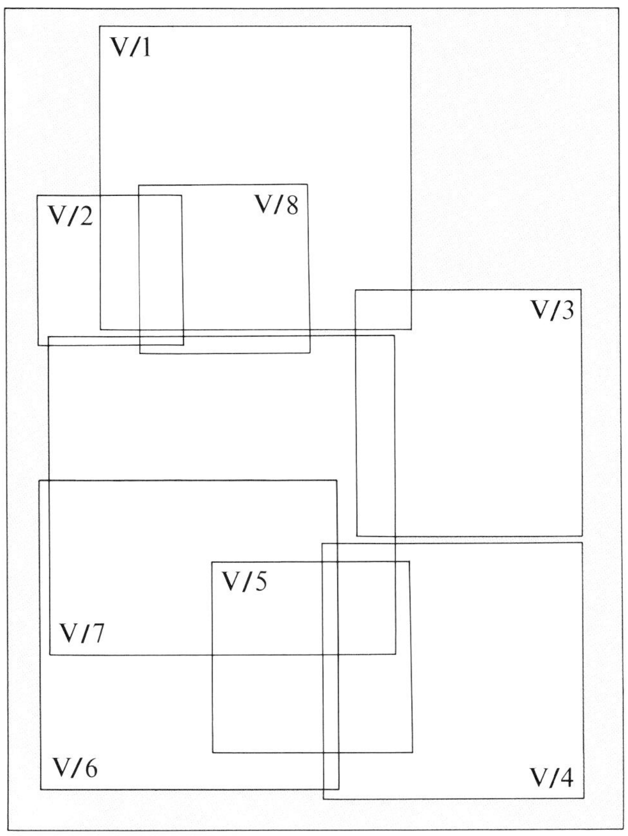

Die Entstehung der 1001 Buddhas

(Ziffern 8–10)

Die nun folgenden Einweihungsszenen (8, 9) spielen ebenfalls in einem himmlischen Palast. Prinz Peme Dame (dpe-med-zla-med), ›Der Unvergleichliche‹, der als präexistente Verkörperung Padmasambhavas gilt, empfängt Belehrungen. König geworden, erfährt er durch den Yogi Nüden Dorje (nus-ldan-rdo-rje), ›Mächtiger Dorje‹, Initiationen. Zugleich prophezeit man ihm, aus seinen 1001 Söhnen würden die 1001 Buddhas entstehen (10). Im Wolkenfeld rechts finden sich nur jene drei, die man als die Buddhas der drei Zeiten kennt: in der mittleren Reihe von links nach rechts Dīpaṅkara, Śākyamuni und Maitreya. Über ihnen thront der rote Amitāyus, der Buddha des langen Lebens, darunter der viergesichtige indische Schöpfergott Brahmā und der blaue Ādibuddha Vajradhara. Mit dieser letzten Szene ist die Entstehung des Pantheons der Buddha-Gestalten abgeschlossen. Die Urgeschichte des himmlischen Wirkens Amitābhas mündet nun ein in die irdische Geschichte vom Wirken Padmasambhavas.

Padmasambhava in Tibet

Die Einladung und die Reise nach Tibet

(Ziffer 11; Ausschnitt V/2)

Die Bilderzählung beginnt im linken oberen Bereich einer weiträumigen Gebirgslandschaft, die sich zum Vordergrund hin ausbreitet. Ort der Handlung ist zunächst Nepal. Padmasambhava weilt in der Nähe eines Stūpa, der eine große, stehende Bodhisattva-Figur birgt (11). Vielleicht – die Augenpaare über der Kuppel lassen so vermuten – handelt es sich um den Stūpa von Bodhnāth, eines der ältesten buddhistischen Bauwerke seiner Art. Padmasambhava empfängt hier drei Gesandte des tibetischen Königs Trisong Detsen (755–797), die ihn nach Tibet einladen. Vorangegangen ist dieser Begegnung eine Empfehlung seitens des indischen Gelehrten Śāntarakṣita, der selbst mehr oder weniger erfolglos längere Zeit in Tibet missionarisch gewirkt hat.

Das Treffen mit den Boten Trisong Detsens wird in den Texten ausführlich geschildert. Sie zeigen nicht nur den eigenwilligen Charakter Padmasambhavas, sondern auch seine beeindruckenden übernatürlichen Fähigkeiten. Die drei namentlich genannten tibetischen Gesandten überreichen dem Meister Goldsand und andere Kostbarkeiten als Geschenke ihres Königs. Padmasambhava streut den Goldsand in Richtung Tibet, eine symbolische Geste, die sie als Verschwendung mißverstehen, da sie selbst an irdischen Gütern hängen. Daraufhin schüttet er Staub in ihre Schürzen, der sich in Gold und Juwelen verwandelt. Jetzt erweisen sie ihm großen Respekt und kehren zufrieden nach Tibet zurück.

Padmasambhava bezwingt in Tibet Dämonen, feindliche Götter und Geister

(Ziffern 12–27; Ausschnitte V/3, V/4)

Die folgenden Szenen nun schildern die Ankunft des tantrischen Meisters in Tibet und seine Begegnungen mit zahllosen Dämonen, die er überwinden muß, bevor er endlich die Hauptstadt Lhasa erreicht. (Die Erzählungen zeigen, daß schon damals Naturgewalten die Einreise nach Tibet erschwerten.) Padmasambhava wird in einen unaufhörlichen Kampf mit den einheimischen Naturgöttern Tibets verstrickt, bleibt aber stets siegreich: Durch Eid und Schwur bindet er die verschiedenen Gottheiten, fortan der neuen Religion zu dienen und die Lehre, den Dharma, zu beschützen.

Als erstes trifft Padmasambhava auf die kriegerische Dzamün (dza-mun; 12), die ihm den Talweg versperrt, indem sie zwei Berge zusammenrückt. Padmasambhava aber erhebt sich in die Lüfte und überfliegt

V/2

V/3

das Hindernis. Daraufhin unterwirft sich Dzamün und erhält von ihm den neuen Namen Dorje Yubumma (rdo-rje-gYu-bum-ma), ›Dorje Türkisvase‹.

Eine andere Berggöttin läßt aus schwarzen Wolken Blitze und Hagel auf ihn herabstürzen (13). Padmasambhava wickelt die Dämonin um seinen Finger und wirft sie in einen Bergsee, in dessen Tiefen sie sich zu verbergen sucht. Mit Hilfe seines magischen Dolches (phur-bu) entzündet Padmasambhava alsdann Feuer auf dem Berg, so daß der Schnee schmilzt und sich als kochendes Wasser in den See ergießt. Als sich das Fleisch vor Hitze von ihrem Körper löst, taucht die Berggöttin wieder auf. Nun schleudert der Meister seinen Dorje auf sie, der eines ihrer Augen trifft und sie erblinden läßt. Endlich verspricht sie, Padmasambhava zu dienen und die Buddha-Lehre zu beschützen. Ihr neuer Name lautet Śamä Dorje Yudon Chenchigma (śa-med-rdo-rje-gYu-sgron-spyan-gčig-ma), ›Einäugiges, fleischloses Türkislicht‹.

Als nächstes stürmt eine Gruppe von zwölf kriegerischen Yamas (ya-ma; 14), Berggöttinnen auf wilden, teils vielköpfigen Tieren, Padmasambhava entgegen, um ihn an der Weiterreise zu hindern (V/3). Auch sie bezwingt er, indem er seinen Finger drohend ausstreckt, und bindet sie sodann durch Eid und Schwur, fortan den Dharma zu beschützen.

Die Nachricht vom Nahen Padmasambhavas und von seinen machtvollen Taten ist ihm offenbar vorausgeeilt. So findet eine erste friedvolle Begegnung mit einer einheimischen Gottheit statt: der auf einem Schneelöwen reitende Damchen Dorje Legpa ([dam-čan-] rdo-rje-legs-pa; 15) reist zur Burg Uyugji Tzang, um Padmasambhava seine Aufwartung zu machen und ihm ein Gastgeschenk zu überreichen.

Śampo[1] hingegen, eine Lokalgottheit aus dem gleichnamigen Tal, nimmt die Gestalt eines weißen Yaks an und stürzt sich schnaubend auf Padmasambhava (16). Dieser packt das wütende Tier bei der Nase und bändigt es wie die anderen Gottheiten. Wir sehen Śampo hier noch einmal in menschlicher Gestalt vor Padmasambhava knien und seinen Schwur leisten. Padmasambhava, stets mit seinem Würdezeichen, dem tantrischen Stab *(khaṭvāṅga)* abgebildet, gelangt nun zu einem See, wo ihm Schlangendämonen begegnen (17). Er sticht sie mit seinem Stab und verlangt ein Speiseopfer von ihnen. Als sie versuchen, ins Gebirge zu fliehen, läßt er den Schnee des Berges schmelzen und Geröll herabstürzen. Daraufhin bringt ihm der Berggott Kunyen Thanglha, in menschlicher Gestalt, ein Opfer dar, das Padmasambhava in einem weißen Zelt entgegennimmt.

Auf seinem Weg durch das nördliche Tibet schikken die Dämonen Padmasambhava Eiswinde entgegen. Er zieht sich mit seinem Gefolge in eine Höhle zurück und erzeugt durch tantrische Praktik innere Hitze (gtum-mo). Alle nördlichen Berggöttinnen bindet er durch Eid und Schwur (18). Wir sehen die verschiedenen Geister verehrend vor dem Lotosthron Padmasambhavas knien.

V/4

Die alten in Tibet verehrten Gottheiten, deren Zahl offenbar sehr groß ist, versuchen, wo immer sie können, Padmasambhavas eifriges Wirken zu stören und zu verhindern. Er aber läßt sich weder vertreiben noch einschüchtern, wohl wissend, daß er mit seinem Sieg auch das Volk für sich und die neue Religion gewinnt. So wird in den Kämpfen Padmasambhavas mit den Dämonen sein überlegtes, mutiges Vorgehen in dieser schwierigen ersten Begegnung erkennbar; indirekt auch das zähe Festhalten der Tibeter an ihren heimischen Gottheiten. Freilich wächst mit jedem Sieg, den Padmasambhava erringt, auch sein Ruhm und die Zahl der ihm ergebenen Geister. So erscheinen die im Wortlaut oft gleichen Inschriften wie die Chronik eines Siegeszuges. Dem Maler aber gelingt es immer wieder, dem Betrachter eine neuartige dramatische Szenerie vor Augen zu führen.

Padmasambhava kommt nun in eine weniger bergige Gegend. Während er in einer Höhle meditiert, dringen berittene, kriegerische Māras und Tsän-Geister auf ihn ein (19). Mit hocherhobenen Händen und seinem Khaṭvāṅga bändigt er sie. Auf dem Weg nach Kham in Osttibet ziehen ihm drei Therangs entgegen

[1] Wenn Götternamen mit Flurnamen verknüpft sind, lassen sie sich meist nicht übersetzen

und bringen ihm Opfergaben dar (20). Auch diese Geister werden durch Eid und Schwur gebunden, den Dharma zu schützen.

Der Meister reist weiter (V/4) und begegnet einer häßlichen alten Frau, in Wahrheit eine gewalttätige Riesin (21). Unbekleidet bis auf eine Affenfellhaube, versucht sie, Padmasambhava zu betören, und legt ihren Kopf in seinen Schoß. Er jedoch läßt Schwerter wie Hagelschlag herabstürzen und macht sie und ihr Gefolge damit zu Beschützern der Lehre.

Während er an einem Seeufer weilt, taucht ein riesiger vielköpfiger Skorpion aus dem Gewässer auf (22), der Nāga-König Tsugna Rinchen. Auch er wird bekehrt. Wir sehen, wie sein Gefolge Padmasambhava Verehrung darbringt.

Sogar den Westen Tibets bereist der Meister. Er erreicht den heiligen Berg Kailāsa, wo er die 28 Sternbilder – in der Inschrift sind sie namentlich aufgeführt – zum Dienst am Dharma verpflichtet (23). Padmasambhava thront hoch auf dem Gipfel des schneebedeckten Götterberges, während die Sterngottheiten wie eine große Gemeinde um ihn versammelt sind. Ebenso werden, wie es heißt, die acht Planeten[1], zu denen auch Sonne und Mond zählen, von Padmasambhava besiegt (24). Gleich einem Feldherrn nimmt er die gemeinsame Ehrenbezeugung der acht Tagesgötter entgegen, die sich in einer Reihe vor ihm versammelt haben.

Verschiedene Götter und Geister bereiten Padmasambhava während seiner Reise durch das unwirtliche Schneeland ein Festmahl. Im Bilde dargestellt ist nur einer von ihnen, Bule Norzang (25). Er trägt ein Wunschjuwel als Gastgeschenk in Händen.

Auf seinen anstrengenden Reisen legt Padmasambhava wiederholt Rast ein, um sich in Ruhe zu Meditation und Gebet zurückzuziehen, z. B. in eine Höhle oberhalb eines Bergsees (26). Bei dieser Gelegenheit bändigt er alle Nödjins (gnod-sbyin), Reichtumsgötter, die sich im See versammeln, um Belehrungen zu empfangen.

Noch ein letztes Mal vor seiner Ankunft in Lhasa schart Padmasambhava »alle Götter und Geister der Landschaft Tibets« um sich (27) und befiehlt ihnen, die geistigen Schätze, die sie von ihm erhalten haben, zu hüten. Wir sehen, wie ihm die Götter unterschiedlichste Opfergaben darbringen. Gleichzeitig legen sie erneut das Versprechen ab, ihm »bedingungslos zu dienen und allen Befehlen zu gehorchen«, so wie es die goldene Inschrift ausführlich berichtet. Damit sind alle Hindernisse, die der Verbreitung des Dharma in Tibet entgegenstanden, von Padmasambhava beseitigt worden.

[1] Auch in Tibet sind die Wochentage Planeten zugeordnet

Padmasambhava in Lhasa

(Ziffer 28)

In Lhasa (28) angekommen, ruht sich Padmasambhava von den Strapazen seiner Reise aus. Der Maler schildert uns detailliert die beiden großen Bauwerke der Stadt, den Potala-Palast und den Jokhang-Tempel. Diese beiden bedeutendsten Bauten in Lhasa, errichtet während der Regierungszeit des ersten buddhistischen Königs von Tibet, Songtsen Gampo (sroṅ-btsan-sgam-po; 629–650), haben Ende des 8. Jh., zur mutmaßlichen Zeit von Padmasambhavas Eintreffen, zweifellos noch nicht jenes Aussehen besessen, das der Maler ihnen hier gibt: das erste, geschwungene, vergoldete Dach über dem Potala stammt aus dem 17. Jh. und ist Bestandteil der erheblichen Erweiterung des Palastes unter dem V. Dalai Lama (1607–82). Links vom Potala sehen wir den Tor-Chörten, der in die Stadt führt, und den Eisenberg, Chagpo Ri, mit der Medizinschule. Nur der Potala ist hier szenisch belebt, während der Jokhang eine stille Kulisse bildet.

Padmasambhavas erster Aufenthalt in Lhasa währte offenbar nicht lange, denn schon den folgenden Winter verbringt er außerhalb der Stadt. Die entscheidende Begegnung mit König Trisong Detsen hat noch nicht stattgefunden. So mögen die Szenen, die Padmasambhava hier zusammen mit dem König und anderen im Palast zeigen, sich auf einen späteren Zeitpunkt beziehen. Eine eingefügte Sage bringt den Ursprung eines Flußnamens mit Padmasambhava in Verbindung: Mit seinem Phurbu soll Padmasambhava an einer bestimmten Stelle den Felsen gespalten haben, so daß Wasser hervorsprudelte, das ein Diener in einem Holzbottich auffing – daher der Name ›Göttlicher Holzwannenfluß‹.

Begegnung mit dem König Trisong Detsen

(Ziffern 29–31; Ausschnitt V/5)

Inzwischen hat der König von der bevorstehenden Ankunft seines hohen Gastes erfahren und schickt zwei Minister mit einem großen Reitergefolge Padmasambhava entgegen, um ihn gebührend zu empfangen (29). Die erste Begegnung zwischen dem König und dem Meister – vom Maler ausführlich geschildert (30) – entwickelt sich sogleich zu einer Kraftprobe zwischen weltlicher und geistlicher Macht. König Trisong Detsen nähert sich, begleitet von seinen Würdenträgern und Dienern, Padmasambhava und verlangt die übliche zeremonielle Begrüßung in Form der Niederwerfung. Padmasambhava aber erwartet Gleiches vom König, der dazu jedoch nicht bereit ist. Nun singt der Meister ein Loblied zu Ehren des Dharma und sendet Feuer aus seiner rechten Hand, so daß das könig-

V/5

V/6

liche Gewand zu brennen anfängt. Daraufhin wirft sich Trisong Detsen mit seinem gesamten Gefolge vor Padmasambhava nieder, den übrigens jene drei Tibeter (31) begleiten, die ihm die königliche Einladung überbracht haben (11). Sie nehmen ehrfurchtsvoll ihre Hüte ab. Als königlicher Gast und großer Religionslehrer wird der tantrische Meister Padmasambhava von einem Mönchsorchester mit ritueller Musik willkommen geheißen.

Das Kloster Samye wird errichtet und eingeweiht

(Ziffern 32–38; Ausschnitt V/6)

Die nächste Szene (32) zeigt ein Treffen zwischen Padmasambhava, dem Gelehrten Śāntarakṣita und dem Königspaar in einem Palast; die Inschrift spricht von einer »Begegnung der Meister, Lehrer und Förderer«. In den Gesprächen geht es um die beabsichtigte Gründung des ersten buddhistischen Klosters in Tibet, das hier in Samye (bsam-yas) entstehen soll. Der Bau des Tempels droht jedoch zu scheitern, denn immer wieder zerstören Dämonen des Nachts das gerade Fertiggestellte. Der König bittet daher Padmasambhava, sie zu bändigen. Der tantrische Meister bereitet auf dem Gipfel eines Berges ein Speise-, Trank- und Rauchopfer vor (33). Wir sehen Altargeräte, etwa eine Vase (bum-pa) mit Reinigungswasser und ein Torma für die Berggötter, ferner eine Siegesfahne, verschiedene Musikinstrumente sowie als Opfergaben eine Schale mit Tsampa, Bierkrüge, Milch und den Schenkel eines Schafes, in dem ein mit bunten Bändern geschmückter magischer Pfeil steckt. Dieser Pfeil zieht die einheimischen Gottheiten herbei und hält sie fest. Während Padmasambhava über ein unsichtbares Maṇḍala des Vajrakīla meditiert, bindet er, wie es heißt, alle Geister, die bisher noch nicht eingewilligt haben, dem Dharma zu dienen, an Eid und Schwur. Sodann vollführt er einen Vajra-Tanz (34), indem er im ›Diamantschritt‹ mit ausgebreiteten Armen durch die Lüfte schwebt. Durch den Schatten, den er dabei auf die Erde wirft, wird der Boden geweiht und auch bebaubar – der Schatten seines Körpers schafft gewissermaßen einen abgegrenzten heiligen Bezirk, ein Temenos.

Schließlich ist es soweit: »Die Errichtung der Heiligtümer von Körper, Rede und Geist – Statuen der Buddhas und Bodhisattvas, Bücher, Stūpas und Beigaben – wird erfolgreich abgeschlossen« (35). Das Kloster Samye kann im Jahre 810 endgültig eingeweiht werden. Der Wunsch des Königs nach einem neuen religiösen Zentrum in seinem Reich hat sich erfüllt, und der Buddhismus in Tibet hat damit ein erstes sichtbares Wahrzeichen erhalten.

Auf dem Thangka sehen wir die große, Maṇḍalaförmige Tempelanlage, gemäß dem Vorbild des indischen Klosters Odantapuri: ein dreistöckiger Haupttempel im Zentrum als Abbild des Meru-Berges, über dem in den Wolken Ḍākinīs schweben, umgeben von zwölf – den zwölf Kontinenten entsprechenden –

kleineren Tempeln, alle mit vergoldeten Dächern geschmückt, sowie vier hohen Stūpas – weiß, blau, schwarz und rot bemalt –, die in den vier Ecken des Hofes stehen. Den gesamten Tempelbezirk umschließt eine eiserne Ringmauer, deren vier Tore sich nach den vier Himmelsrichtungen öffnen. Der bewußt gewählte, Maṇḍala-förmige Charakter der Anlage läßt dieses zentrale Heiligtum als verkleinertes Abbild des Kosmos erscheinen.

Die angestammten Gottheiten in Gestalt zwölf verschiedener Geister und ein Mönch bringen dem neuen Tempel als Ausdruck ihrer Verehrung Opfergaben dar. Der Friede zwischen den Repräsentanten des alten und des neuen Glaubens wird so bezeugt. Anläßlich der Einweihung des Tempels findet ein mehrtägiges Volksfest mit traditionellen Reiterspielen und anderen sportlichen Wettkämpfen zur Belustigung der zahlreichen Zuschauer statt. Aber auch die Freude der Tibeter am Gesang bricht bei dieser Gelegenheit hervor. Die alle verbindende, ausgelassene Stimmung dieser Festtage bringt die Inschrift auf die Formel: »Jeder Mensch ein Lied; jedes Pferd ein Feld« (36).

Samye entwickelt sich sehr bald zu einem Zentrum buddhistischer Gelehrsamkeit. Paṇḍitas aus Indien, China, Kaschmir, Khotan und Nepal werden in das Kloster eingeladen; sie übersetzen den buddhistischen Kanon ins Tibetische, um so die Buddha-Lehre überall im Land zu verbreiten. Im Bild sehen wir zwei Mönche beim eifrigen Lesen und Besprechen religiöser Texte (38). Padmasambhava thront – umgeben von Gelehrten und Mönchen – in der Halle des Haupttempels (37). Möglicherweise spielt die Inschrift auf das berühmte erste buddhistische Konzil an, das um 792/794 auf Einladung des Königs Trisong Detsen im noch unvollendeten Kloster stattfand, wobei die Vertreter des indischen Vajrayāna-Buddhismus und des chinesischen Chan-Buddhismus sich heftig befehdeten. Padmasambhava freilich nahm an diesen religiösen Streitgesprächen nicht teil, sondern nur Śāntarakṣita, der spätere Abt von Samye. Hier wurden jene grundlegenden Entscheidungen gefällt, welche zur Entwicklung der spezifisch tibetischen Form des Vajrayāna-Buddhismus geführt haben.

Padmasambhava erteilt seinen Schülern Einweihungen

(Ziffern 39–47; Ausschnitt V/7)

Padmasambhava hat sich zur Meditation in eine Höhle in der Nähe von Samye zurückgezogen (39), wo ihn der König, die Königin sowie eine Gefolgschaft von sechs namentlich Genannten besuchen. Es handelt sich um dieselben Personen, die in Thangka VII (2–9) als Schüler Padmasambhavas erwähnt werden. Hier aber, in Thangka V, sind sie rund um ein großes,

V/7

aus farbigem Sand errichtetes Maṇḍala versammelt, um Initiationen von Padmasambhava zu erhalten. Er weiht sie in die acht Maṇḍalas der Dugpa Kadje ein, einer meditativen, ritualistischen, tantrischen Überlieferung, die in Thangka IV als eine Gruppe von acht Herukas dargestellt ist (s. S. 60). Anschließend vertraut Padmasambhava jeder einzelnen Persönlichkeit eine spezielle Yidam-Gestalt aus der genannten Gruppe an, mit deren Hilfe sie in Meditation und Selbstverwirklichung fortschreiten soll, um schließlich Siddhaschaft zu erlangen. Die acht Herukas reihen sich zu Füßen des Thronsessels, jeweils vor ihnen die acht Initianden (40–47):

Padmasambhava vertraut König Trisong Detsen (40) das Maṇḍala des Chechog Heruka an. Dadurch erlangt der Herrscher Siddhaschaft, ein langes irdisches Leben und die Fähigkeit, nach seinem Tode von Paradies zu Paradies zu wandern und so alle Freuden des Jenseits zu genießen.

Namkhai Nyingpo (41) legt er das Maṇḍala des Yangdag Heruka ans Herz, welches die Fähigkeit verleiht, sich auf den Strahlen der Sonne fortzubewegen, wie das Bild zeigt.

Sangye Yeshe (42) übergibt er das Jampal Maṇḍala; durch die Meditation dieses Maṇḍala des Mañjuśrī-Yamāntaka wird ihm Siddhaschaft zuteil. Als Zeichen dafür vermag er, wie auf dem Thangka erkennbar, mit seinem Phurbu in Felsen zu stechen.

Gyalwa Chogyang 643) überantwortet er das Pema Sung; so erlangt dieser die Fähigkeit, wie Hayagrīva zu wiehern, im Bild angedeutet durch den Pferdekopf auf seinem Haupt.

Yeshe Tsogyal (44) vertraut er das Thinlä Phurba, das Maṇḍala des Vajrakīla, an. Es verleiht ihr die übernatürliche Kraft, Tote zum Leben zu erwecken: Wir sehen, wie vor einem Stūpa-Feld ein Leichnam aufersteht.

Palgyi Yeshe (45) übermittelt er das geheime Ritual der Mamos, so daß ihm die Mamos und Ḍākinīs jederzeit zu Diensten stehen. Eine von ihnen wendet sich ihm verehrend zu.

Palgyi Senge (46) macht er mit dem Ritual von Jigten Chötö Degdul vertraut. Als Zeichen seiner Siddhaschaft werden alle acht Kategorien der Götter und Geister seine Diener. Wir sehen den Planetengott Rāhula vor ihm erscheinen.

Schließlich weist er den Bairocana (47) in das Ritual von Modpa Dagngag ein. Alle niederen Schutzgötter gehorchen fortan seinen Befehlen.

An diesen kurzen Einweihungsberichten wird deutlich, daß Padmasambhava sein geheimes Wissen seinen Schülern nicht wie eine Gabe, sondern als Frucht intensiver Übung vermittelt. Dabei kommt ihnen zugute, daß ihr Lehrer bereits die verschiedenen Geister, die der Ausführung der Riten hinderlich sein könnten, unterworfen und zum Dienst am Dharma verpflichtet hat (s. auch S. 39 ff.).

Der Tod der Prinzessin Pema Säl

(Ziffern 48–50)

Immer noch hält sich Padmasambhava in seiner Meditationshöhle in der Nähe von Samye auf, hier (48) zum zweiten Male abgebildet (s. 39). In einer anderen Berghöhle meditiert Yeshe Tsogyal, ehemalige Gemahlin des Trisong Detsen, der sie Padmasambhava als Dank für seine Einweihung zum Geschenk gemacht hat. Sie wurde zur eifrigen Schülerin des Meisters. Auch der König selbst hat sich zum Dharma-Studium hierher zurückgezogen. Eines Nachts aber ruft man ihn heim, weil seine Tochter Pema Säl (padma-gsal), die es vorgezogen hatte, im Palast zu verweilen, schwer erkrankt ist. Er befiehlt, sie so schnell wie möglich zu Padmasambhava zu bringen. Die Prinzessin wird auf einem weißen Pferd zu Padmasambhavas Höhle geleitet. Währenddessen geht ein Lichtschein von Pema Säl aus und fällt auf die in Meditation versunkene Yeshe Tsogyal. Als das Pferd vor Padmasambhavas Höhle ankommt, ist Pema Säl bereits tot. Der König fällt in Ohnmacht. – Diese Geschichte lehrt, wie schnell Unglück und Tod über den Menschen hereinbrechen können und wie wichtig es ist, das Erdendasein zu nutzen, um sich zum Dharma zu bekehren.

Die beiden folgenden Szenen (49, 50) gehören örtlich zusammen. Padmasambhava sitzt auf einem hohen Thron und hält sein Würdezeichen, den Khaṭvāṅga, sowie ein Siegesbanner und ein Buch in Händen. Mit Hilfe von Vajrakīla (49) errichtet er ein Bannungsdreieck, um nochmals verschiedene Teufel und Dämonen zu bändigen. So beseitigt er sämtliche Hindernisse für die Ausübung des Dharma. Er weiht alle Berge und Felsen zu Meditationsstätten und trifft auch, indem er zahlreiche tantrische Texte in Höhlen verbirgt, Vorsorge für künftige Generationen. Zur gleichen Zeit tragen seine fünf Lieblingsschülerinnen »alle seine Werke von Körper, Rede und Geist« zusammen, darunter fünf mit Inschriften versehene Selbstbildnisse Padmasambhavas sowie Bücher und Stūpas.

Padmasambhavas Vermächtnis und sein Abschied von Tibet

(Ziffern 51–76; Ausschnitt V/7, V/8)

Ehe Padmasambhava in die Einsamkeit der Schneeberge weiterzieht, versammelt er ein letztes Mal einen Kreis von Freunden und Anhängern um sich (51), unter ihnen den tibetischen König und mehrere Prinzen mit ihrem Gefolge. Padmasambhava thront vor einem Altar, während zwei Mönche einen großen Ehrenschirm über ihn halten. Er trägt eine Abschiedspredigt vor, symbolisch als ›Drehen des Rades der Lehre‹ bezeichnet. Zugleich spricht er ein Wunschgebet und verkündet den Anwesenden das ›Vermächt-

V/8

nis seines Herzens‹. Sein Blick geht in die Zukunft und reicht weit über die Grenze Tibets hinaus: Er fordert die Schüler auf, seine Botschaft nicht nur zu bewahren, sondern weiterzutragen, damit in künftigen Zeiten der Buddha-Dharma allen Menschen Befreiung zu bringen vermag. Zum Gedenken an sein Wirken in Südtibet hinterläßt er an einer hohen Felswand den Abdruck seines Körpers.

Die folgenden Szenen mit Inschriften (53–73) zeigen Padmasambhava als Einsiedler in der menschenleeren Berglandschaft Tibets, nur begleitet von seiner Schülerin Yeshe Tsogyal. Den Berichten nach meditiert er auf vier großen Schneebergen und in acht Felshöhlen, wobei er zum Zeichen seiner Anwesenheit auf vier Felswänden seinen Fußabdruck hinterläßt und auf vier berühmten Seen im Osten, Süden, Westen und Norden des Landes den Abdruck seiner rechten Hand als Spiegelbild im Wasser. All diese Orte werden namentlich genannt. Diese magischen Abdrücke sind einerseits als Weihungen zu verstehen und als Zeichen dafür, daß er die Dämonen endgültig gebändigt hat, andererseits als bleibende Erinnerung daran, daß er das gesamte Land für den Dharma gewonnen hat. Wir erblicken die schneebedeckten Gipfel der hohen Berge, die als Wohnsitze der Götter betrachtet werden, und die kristallklaren Bergseen, die als Orte der Nāgas und Erdgeister gelten. In dieser unberührten Landschaft hat offenbar auch Padmasambhava eine geheime Residenzstätte gefunden.

Als Epilog zu den vielfältigen Ereignissen folgt ein Loblied auf die Taten Padmasambhavas und die Vollkommenheit seiner Gestalt, das von seiner indischen Schülerin Mandāravā anläßlich eines großen religiösen Festes in Tadug (74) vorgetragen wurde. Abgebildet sind die Hauptakteure des Festes in jenem Augenblick, als die Gestalt Padmasambhavas gleichsam vor dem geistigen Auge der Zuhörer erscheint. Ausgestattet mit all seinen Insignien, beispielsweise einem neunfachen Schädelstab, sitzt er auf einem Lotosthron, der aus einem See emporsteigt. Zu seiner Rechten steht Mandāravā mit entblößtem Oberkörper in Gestalt einer Ḍākinī, eine Menschenhaut über der Schulter. Sie schwingt einen eisernen Phurbu und reicht Padmasambhava eine mit Blut gefüllte Schädelschale. Zu seiner Linken kniet verehrend Yeshe Tsogyal. Offenbar hat der Maler die Menge der Festteilnehmer bewußt außer acht gelassen, um dem Betrachter noch einmal unmittelbar das gültige Bildnis Padmasambhavas ins Gedächtnis zu rufen. In dem Lobgesang auf Padmasambhava wird ausdrücklich darauf hingewiesen, wie verdienstvoll es sei, eine Statue oder ein Gemälde des Tantrikers herzustellen, ein zeitlos gültiger Appell, der sich auch auf ein innerliches Bildnis beziehen kann.

Zwei Szenen schildern Padmasambhavas endgültigen Abschied aus Tibet. Mit ihnen schließt sich der Bogen der Bilderzählung. Bevor Padmasambhava aufbricht, versammelt er am Gungthang-Paß (75) seine Schülerschar um sich, darunter Prinz Muti Tsänpo, und erteilt ihnen letzte Anweisungen, mit deren Hilfe sich ihre geheimen Wünsche erfüllen sollen. Alle sind tief bewegt: »Vor Trauer wälzen sie sich wie ein Fisch in heißem Sand«, heißt es im »Siebenkapitel-Gebet«. Der Prinz hat seinen Kopf auf Padmasambhavas Schoß gelegt. Als Gedenktag für den Abschied Padmasambhavas aus Tibet gilt der zehnte Tag des Affenmonats, des siebenten tibetischen Monats (s. S. 140). Gefolgt von vier Ḍākinīs, die ihn als Herolde begleiten, reitet Padmasambhava auf einem goldenen Roß in einer Wolke davon und entschwindet den Blicken seiner Getreuen, die in ihre Heimatorte zurückkehren.

Nächste Station der Reise Padmasambhavas ist das Land der Rākṣasas, das auch mit Ceylon gleichgesetzt wird (76). Auf Thangka II sind die Ereignisse, die in diesem Land stattfinden, dargestellt.

Inschriften

1	Geschichte der Inkarnation des Amitābha zum Wohle der Menschheit im Westlichen Paradies …	E-ma-hoh-nub-phyogs-bde-ba-ċan-sogs-kyi-don-thog-mar-sprul-pa-ji-ltar-bkye
2	Palast des Jina Amitābha	rgyal-po-’od-dpag-med-kyi-pho-braṅ
3	Palast des Königs Zangpo Chog	saṅs-rgyas-’od-dpag-med-rgyal-po-bzaṅ-po-mchog-sogs-’khor-bċas
4	Buddha Amitābha und König Zangpo Chog umgeben von ihrem Gefolge	rgyal-po-bzaṅ-po-mchog-gi-pho-braṅ
5	Entstehungsgeschichte der fünf Tathāgatas (thöteng) im südwestlichen Milchsee	lho-nub-’o-ma-ċan-du-thod-phreṅ-rigs-lṅa-’khruṅs-tzul

6	(Ādi-)Buddha Samantabhadra erteilt [den künftigen Tathāgatas] Belehrungen	saṅs-rgyas-kun-tu-bzaṅ-po'i-bstan-pa-la:
	Dorje Chang *(Vajradhara)*	rdo-rje-'chaṅ
	Namnang *(Vairocana)*	rnam-snaṅ
	Rindjung *(Ratnasambhava)*	rin-'byuṅ
	Dorje Sem *(Vajrasattva;* es müßte hier wie in Thangka V *Akṣobhya* [mi-bskjod-pa] heißen)	rdo-rje-sems
	Döndup *(Amoghasiddhi)*	don-grub
	Nangtha *(Amitābha)*	snaṅ-mtha'
7	Die Geschichte der Entstehung der fünf Tathāgatas, nachdem die fünf Knaben bei Lama Vajradhara Erleuchtung erlangten	bla-ma-rdo-rje-'chaṅ-du-sku-bsheṅs-nas-rnam-par-snaṅ-'byed-kyi-bu-lṅa-la-dbaṅ-bskur-ba-rigs-lṅa'i-skye-brgyud-gsuṅ-tzul
8	Peme Dame	dpe-med-zla-med
9	Nüden Dorje	nus-ldan-rdo-rje
10	Der Tantriker Nüden Dorje weiht 1001 Söhne des Königs Yülkhor Sung *(Dhṛtarāṣṭra)* ein; so entstehen die 1001 Buddhas	gsaṅ-sṅags-kyi-rnal-'byur-pa-nus-ldan-rdo-rjes-rgyal-po-yul-'khor-bsruṅ-gi-bu-stoṅ-rtsa-gčig-la-dbaṅ-bskur-shiṅ- saṅs-rgyas-stoṅ-rtsa-gčig-gi-byuṅ-khuṅ
11	Padmasambhava empfängt in Mangyül sieben königliche Boten, danach noch drei weitere Boten, nämlich Kawa Paltseg, Dorje Dudjom und Chogro Lugyal, die ihn einladen. Sie überreichen ihm Goldsand [und weitere Kostbarkeiten] als Geschenk, den er verstreut. Die Boten sind von Geiz gepackt, deshalb verwandelt Padmasambhava mit seiner übernatürlichen Kraft den Sand in Gold und Türkis, woraufhin die Boten ihm wieder Respekt erweisen	maṅ-yul-du-rgyal-po-skyar-śog-mi-bdun-gyi-rjes-ska-ba-dpal-rtsegs-rdo-rje-bčud-'jam *('joms)*-'čog-ro-klu-rgyal-gsum-daṅ-mjal-ba-gser-phul-ba-gtor-nas-baṅ-mi-gsum-phaṅ-sems-skyes-par-gser-gYu-rdzu-'phrul-gyis-gnaṅ-bas-dad-pa-skyes-pa
12	Nachdem er die Kriegsgöttin Dzamün von Shangshung an Eid und Schwur gebunden hat, erhält sie den Namen Dorje Yubumma	shaṅ-shuṅ-dgra-lha-dza-mun-dam-la-btags-gsaṅ-mtzan-rdo-rje-gYu-bum-ma
13	Er bindet die Gangkar Nammen Karmo an Eid und Schwur. Sie erhält den Namen Śamä Dorje Yudon Chenchigma	gaṅ-dkar-gnam-lman-dkar-mo-dam-la-rtags-śa-med-rdo-rje-gYu-sgron-spyan-gčig-ma
14	Er bindet die zwölf Yamas an Eid und Schwur. Sie werden zu Beschützern des Dharma	bstan-skyoṅ-ya-ma-bču-gñis-dam-la-rtags
15	Dorje Legpa kommt zur Burg Uyugji Tzang, um ihm [Padmasambhava] seine Aufwartung zu machen	'u-yug-gi'u-tzaṅ-rdzoṅ-du-rdo-rje-legs-pas-su-ba-byas-pa-sogs
16	Im Śampo-Tal wird Śampo an Eid und Schwur gebunden	śam-po-luṅ-du-śam-po-dam-la-btags
17	Kunyen Thanglha wird an Eid und Schwur gebunden	sku-gñan-thaṅ-lha-dam-la-brtags
18	Im mittleren, oberen und niederen Norden [Tibets] bindet er alle nördlichen Berggöttinnen und die drei Barmas an Eid und Schwur; damit besiegt er alle weiblichen Götter und Geister	byaṅ-lam-bar-daṅ-byaṅ-stod-byaṅ-sman-rnams-byaṅ-sman-ma-'grogs-thams-čad-daṅ-'bar-ma-gsum-dam-'god-mo-rgyud-thams-čad-dam-la-rtags
19	In Namgyi Śugtö Langtom bindet er 21 männliche und andere Māras sowie Tsän-Dämonen an Eid und Schwur	gnam-gyi-śug-stod-glaṅ-sgrom-du-pho-bdud-ñer-gčig-sogs-bdud-btsan-thams-čad-dam-la-rtags
20	In Khamkyi Lava Kangchig bindet er alle Therangs an Eid und Schwur	kham-kyi-bla-ba-rkaṅ-gčig-tu-the-raṅ-ma-lus-dam-la-btags
21	In Khamkyi Senge Tag bändigt er Masang Yapangkye und andere Götter und Geister	kham-kyi-seṅge-brag-tu-ma-saṅs-gYa'-spaṅs-sogs-lha-'dre-brtul
22	Er bindet den Nāgarāja Tsugna Rinchen an Eid und Schwur	klu-rgyal-gtsug-na-rin-chen-dam-la-rtags
23	Am Berg Kailāsa bindet er 28 Sternbilder an Eid und Schwur:	ti-ser-rgyu-skar-ñer-rgyad-dam-la-rtags:
	unleserlich	*unleserlich*
	Budzi	bu-rdzi
	Mintug	smin-drug
	Go	mgo
	Lag	lag
	Latog	la-stog
	Gyalmä	rgyal-smad
	Wa	wa
	Tachen	rta-chen
	Tachung	rta-chuṅ

	Ta	khra
	Chama	bya-ma
	Cha'u	bya'u
	Sari	sa-ri
	Saga	sa-ga
	Lagsor	lag-sor
	Degu	lde-gu
	Sogpa	sog-pa
	Ta	khra
	Phül	phul
	Chabo	bya-sbo
	Chashün	bya-shun
	unleserlich	*unleserlich*
	Timtö	khrim-stod
	Timmä	khrim-smad
	Śasa	śa-sa
	Chung	dbyuṅ
	Tog	sgrog
24	Am Lhagö-Schneeberg besiegt er acht Planeten [von links nach rechts; zweireihig]	lha-rgod-gaṅs-du-gza'-brgyad-brtul:
	Nyima (Sonne)	ñi-ma
	Dawa (Mond)	zla-ba
	Migmar (Mars)	mig-dmar
	Lhagpa (Merkur)	lhag-pa
	Phurba (Jupiter)	phur-ba
	Pasang (Venus)	pa-saṅ
	Pempa (Saturn)	spen-pa
	Dachen *(Rāhula)*	sgra-čan
25	Bule Norzang und andere Götter und Geister bringen Speiseopfer dar	bu-le-nor-bzaṅ-sogs-lha-'dres-tzogs-'khor-bśams
26	Die Geschichte, wie er alle Nödjins Tibets an Eid und Schwur bindet, als er der Einladung des Königs des Nordens folgt	byaṅ-phyogs-rgyal-po'i-don-la-byon-pa'i-tze/bod-kyi-gnod-sbyin-thams-čad-dam-la-btags-sogs-kyi-don
	Nāgarāja Maldo Zichen [Nāgā-König Maldo Zichen auf einem weißen Elefanten]	klu-rgyal-mal-gro-gzi-čan
	Königin	btsun-mo
	Königin	btsun-mo
	Tzongpön Nagpo (›Schwarzer Kaufmann‹)	tzoṅ-dpon-nag-po
	Khalang Dugchen (›Giftiger Hauch‹)	kha-rlaṅs-dug-čan
	Regpä Dugchen (›Giftige Berührung‹)	reg-pa'i-dug-čan
	Sampä Dugchen (›Giftige Gedanken‹)	bsam-pa'i-dug-čan
	Thongpä Dugchen (›Giftiger Blick‹)	mthoṅ-ba'i-dug-čan
	Khamgyi Chathul (›Buntes Vogelkleid‹)	kham-gyi-bya-thul
27	Außerdem bindet er an Schwur und Eid die acht Gruppen der Mamo, Senmo, Menmo, Lhamen, Genyen, Lhasin, Mayam, Sinpo, ferner die männlichen und weiblichen Götter und Geister der neun Geschwister der Denma Phüngu, den Herrn des Schnees Gangva Zangpo, die Gipfelgötter des Gangkha Richen usw. Kurz: er bändigt alle Götter und Geister der Landschaft Tibets, große und kleine, und er befiehlt ihnen, zu dienen und die geistigen Schätze zu hüten. Nödjin Tsugna Mebar und viele andere Götter und Geister bringen Speiseopfer, die sieben königlichen Kostbarkeiten, die acht glückbringenden Gegenstände, innere und äußere Reichtümer, Lebensmittel und Waren sowie die sechs Sinnesopfer dar; alle Reichtümer der Welt in bester Qualität tragen sie zusammen, bringen sie dem Herrscher dar und versprechen noch einmal, bedingungslos zu dienen und allen Befehlen zu gehorchen	gshan-yaṅ-ma-mo-sen-mo-sman-mo-lha-sman-dge-bsñen-lha-srin-sde-rgyad-ma-yams-srin-po-klu-rigs-pho-rgyud-dri-za-gza'-skar-lha-'dre-ldan-mu-spun-dgu-pho-mo-gaṅs-jo-gaṅ-ba-bzaṅ-po-rtse-lha-gaṅs-kha-ri-čan-sogs-mdor-na-rgya-bod-kyi-lha-'dre-gshi-bdag-che-chuṅ-ma-lus-pa-brtul-śiṅ-dbaṅ-du-bsdus-dam-la-rtag-bka'-bsgos-gter-gñer-gtad-thams-čad-bran-du-khol-gnod-sbyin-gtsug-na-me-'bar-la-sogs-lha-'dres-tzogs-bśam-rgyal-srid-sna-bdun-bkra-śis-rdzas-rgyad-phyi-naṅ-snod-bčud-zas-nor-'dod-yon-drug-daṅ-'jig-rten-khams-kyi-loṅs-spyod-dpal-'byor-phun-tzogs-thams-čad-bsdus-te-gtzug-gi-rgyal-por-'bul-shiṅ-mṅa'-gsol-bskur-sti-bka'-spyi-bos-blaṅs-ste-phrin-las-ma-lus-tzul-bshin-bsgrub-pa'i-bran-khol-sogs-su-khas-slar-yaṅ-len-pa-brtsom-mo
28	Rast in Lhasa	lha-sar-sñel-bso-mdzad

29	In Tölung Shongpada kommen die königlichen Abgeordneten Lhazang und Lupal und andere, begleitet von 500 Reitern, um ihn zu begrüßen	stod-luṅ-shoṅ-pa-mda'-ru-rgyal-po'i-sku-tzab-lha-bzaṅ-klu-dpal-sogs-rta-pa-lṅa-rgyas-thabs-bsu-mdzad-tzul
30	In der Nähe von Lohita trifft er den großen König. Er entsendet Feuer von seiner Hand und spricht über seine tatsächliche Erhabenheit	zuṅ-mkhar-lo-hi-ta-'gram-du-mṅa'-bdag-rgyal-po-daṅ-mjal-'phrad-mdzad-phyag-la-me-'bar-ṅa-che-ṅa-btsun-kyi-mgur-suṅ-shiṅ-rdzu-'phrul-mdzad-tzul
31	Die vorher erwähnten drei Männer	sṅon-gyi-mi-gsum
32	Die Begegnung der Meister, Lehrer und Förderer im Palast zu Samye	bsam-yas-pho-braṅ-du-mkhan-slobs-yon-mchod-shal-mjal-tzul-sogs
33	Auf dem Gipfel des Berges Häpo errichtet er Gyalngen Lhasang, ruft alle Götter und Geister zu Speise und Trank zusammen und befiehlt ihnen, Samye zu bauen	has-po-ri-rtser-rgyal-brṅan-lha-saṅs-mdzad-ćiṅ-skom-chas-rlon-chas-la-lha-'dre-sdus-te-bsam-yas-rtsig-pa'i-bka'-bsgos-pa
34	Pema bindet alle Götter und Geister an Eid und Schwur, indem er das Maṇḍala des Vajrakīla errichtet; er weiht den Boden, indem er im Diamantschritt durch die Luft schwebt, und legt den Grundstein	rdo-rje-phur-pa'i-dkyil-'khor-bsheṅs-nas-lha-'dre-tham-ćad-dam-la-btags-te-sa-rtul-byin-rlabs-nas-mkha'-la-rdo-rje'i-'gros-mdzad-nas-rtsig-dmaṅs-bstiṅ-ba-sogs
35	Die Errichtung der Heiligtümer von Körper, Rede und Geist – Statuen der Buddhas und Bodhisattvas, Bücher, Stūpas mit Beigaben – wird erfolgreich abgeschlossen. »Samye wird eingeweiht und des Königs Wunsch erfüllt ...« Der Buddhadharma wird in ganz Tibet verbreitet, indem die eingeladenen Paṇḍitas aus Indien, China, Kaschmir, Khotan und Nepal die Sū ras und Tantras übersetzen	sku-gsuṅ-thugs-rten-tham-ćad-thar-phyin-bsheṅs-pa-sogs-bsam-yas-mṅa'-gsol-rgyal-po'i-dgoṅs-pa-'grub-sogs-kyi-don-rgya-dkar-nag-kha-che-li-bal-sogs-nas-spyan-draṅs-pa'i-lo-paṇ-rnams-kyi-mdo-sṅags-gyi-chos-ma-lus-pa-sgyur-ba-sogs-bod-yul-chos-kyi-gaṅ-bar-mdzad-tzul
36	Jeder Mensch ein Lied; jedes Pferd ein Feld	mi-res-glu-re-rta-res-thaṅ-re
37	Paṇḍitas und Übersetzer sitzen auf goldenen und silbernen Thronen	gser-dṅul-sogs-khri-la-lo-paṇ-rnams-bshugs-su-gsol-ba-sogs
38	Besprechung, Lesung und Übersetzung des Dharma	chos-'dri-klog-daṅ-sgra-sgyur-ba-sogs
39	In Samye Chimphu in der Dakmarkyetsang-Höhle und an anderen Orten weiht er den König und sein Gefolge in die acht Maṇḍalas der Dupa Kadje ein	bsam-yas-mchims-phu-brag-dmar-skyed-tzaṅ-sogs-kyi-don-bka'-rgyad-dkyil-'khor-du-rgyal-po-rje-'baṅs-la-smin-dbaṅ-... skur-tzul
40	Er vertraut dem Herrscherkönig das Maṇḍala des Chechog Heruka an; dadurch erlangt dieser übernatürliche Fähigkeiten, verlängert sein Leben um 13 Jahre und ist befähigt, von Buddhakṣetra zu Buddhakṣetra (von Paradies zu Paradies) zu wandern	mṅa'-bdag-rgyal-po-la-che-mchog-bka'-babs-'das-du-lo-bću-gsum-sku-tze-bsriṅs-shiṅ-saṅs-rgyas-kyi-shiṅ-thams-ćad-bgrod-thub-pa sogs
41	Dem Namkhai Nyingpo vertraut er das Maṇḍala des Yangdag Heruka an; dadurch ist dieser fähig, auf den Sonnenstrahlen zu reisen	nam-mkha'i-sñiṅ-po-la-yaṅ-dag-gi-bka'-babs-ñi-zer-la-chibs-te-byon-nus
42	Dem Sangye Yeshe vertraut er das Jampal Maṇḍala an; dadurch ist er fähig, mit seinem Phurbu in einen Felsen zu stechen	saṅs-rgyas-ye-śes-la-'jam-dpal-sku'i-bka'-babs-brag-la-phur-pa-'debs-nus-pa
43	Dem Gyalwa Chogyang vertraut er das Pema Sung an, das diesen befähigt, wie ein Pferd zu wiehern	rgyal-ba-mchog-dbyaṅs-la-padma-gsuṅ-gi-bka'-babs-dpal-gyi-rta-skad-'don-nus-pa
44	Der Yeshe Tsogyal vertraut er Thinlä Phurba [Maṇḍala des Vajrakīla] an, das sie befähigt, einen Toten wieder zum Leben zu erwecken	ye-śes-mtzo-rgyal-la-'phrin-las-phur-pa'i-bka'-babs-gsad-ro-gso-nus-pa
45	Dem Palgyi Yeshe vertraut er das Ritual der Mamo an. Als Zeichen seiner übernatürlichen Kräfte erscheinen ihm Ḍākinīs, und Mamos stehen ihm zu Diensten	dpal-gyi-ye-śes-la-ma-mo'i-bka'-babs-mkha'-'gro'i-shal-gzigs-ma-mo-bran-du-'khol-nus-pa
46	Dem Palgyi Senge vertraut er das Ritual von Jigten Chötö Degdul an. Als Zeichen seiner übernatürlichen Kräfte stehen ihm alle acht Kategorien der Götter und Geister zu Diensten	dpal-gyi-seṅge-la-'jig-rten-mchod-stod-dregs-'dul-gyi-bka'-babs-sde-rgyad-bran-du-'khol-nus-pa
47	Bairocana vertraut er das Ritual von Modpa Dagngag an. Daraufhin gehorchen alle niederen Schutzgötter seinen Befehlen	bai-ro-tsa-na-la-dmod-pa-drag-sṅags-kyi-bka'-babs-'jig-rten-kyi-dregs-pa-las-ka-'gyed-nus-pa
48	Die Geschichte der Prinzessin Pema Säl, als der König den Dharma studierte, während der Guru mit seiner Gemahlin Tsogyal zusammen in Samye Chimphu zur Mantra-Meditation weilte	gu-ru-ñid-yum-mtzo-rgyal-sṅags-kyi-sgrubs-rten-mdzad-bsam-yas-chims-phur-dgoṅs-par-bshugs-pa-la-mṅa'-bdag-gi-chos-la-ñams-len-shus-dus-kyi-skabs-lha-lćam-padma-gsal-gyi-rnam-thar

49	Er bändigt Tagtsang Senge usw., Maras, Dämonen und Ketzer mit seinem Phurbu und weiht alle Berge und Felsen zu Meditationsstätten, wo er auch zahlreiche große Schätze versteckt für die Menschheit der Zukunft	stag-tzaṅ-seṅge-sogs-kyi-don-bdud-dam-sri-mu-stegs-rnams-phur-pas-rtul-ri-brag-thams-ćad-sgrubs-gnas-daṅ-gter-chen-sbas-pa-sogs-kyi-phyi-rab-gyi-don-mdzad
50	Seine fünf Lieblingsschülerinnen tragen alle seine Werke von Körper, Rede und Geist zusammen und auch fünf ihn darstellende [stellvertretende] Bildnisse	sku-tzab-gter-lṅa-sogs-kyi-don-gu-ru'i-sku-'dra-lha-daṅ-sku-gsuṅ-thugs-yon-tan-phrin-las-kyi-chos-gter-rnams-thugs-byon-gyi-jo-mo-lṅas-bka'-sdu-ba-mdzad-pa
51	Über das ›Drehen des Rades der Lehre‹ und das Vermächtnis seines Herzens für Prinzen und Gefolge in Tibet und für alle Menschenrassen	lha-sras-rje-'baṅs-bod-kyi-mi-rigs-thams-ćad-la-sñiṅ-gtam-shal-chems-sogs-chos-kyi-'khor-lo-skor-tzul
52	Er hinterläßt an der Felswand von Monkha in Südtibet seinen Körperabdruck	lho-phyogs-mon-kha'i-brag-la-sku-rjes-bshag-tzul-sogs
53	Padmasambhava meditiert auf vier großen Schneebergen und in acht Felsenhöhlen Tibets. Auf vier Felswänden in den vier Himmelsrichtungen hinterläßt er seinen Fußabdruck, und auf vier berühmten Seen hinterläßt er seinen Handabdruck	bod-kyi-gaṅs-chen-bshi-daṅ-brag-phug-brgyad-phyogs-bshi'i-brag-la-shabs-rjes-brags-pa'i-mtzo-chen-bshi-la-phyag-rjes-bshag-tzul-sogs
54	Bulelu-Schneeberg	bu-le-klu'i-gaṅs
55	Targotsen-Schneeberg	star-sgo-btsan-gyi-gaṅs
56	Gangzang Nödjin-Schneeberg	gaṅ-bzaṅ-gnod-sbyin-gyi-gaṅs
57	Śampolha-Schneeberg	śam-po-lha'i-gaṅs
58	Yarlung Śer-Höhle	yar-kluṅ-śer-gyi-brag-phug
59	Kharchu Phugring-Höhle	mkhar-chu-phug-riṅ-gi-brag-phug
60	Śampo Gangdab-Höhle	śam-po-gaṅs-'dab-kyi-brag-phug
61	Gyang Yonpolung-Höhle	rgyaṅ-yon-po-luṅ-gi-brag-phug
62	Chubo Ripal-Höhle	chu-bo-ri-dpal-gyi-brag-phug
63	Tagyang Dzong-Höhle	sgrags-yaṅ-rdzoṅ-gi-brag-phug
64	Yerpa Dawa-Höhle	yer-pa-zla-ba'i-brag-phug
65	Samye Chimphu-Höhle	bsam-yas-chims-phu'i-brag-phug
66	Yang Tselha-See im Osten	śar-na-yaṅ-rtse-lha'i-mtzo
67	Rombudü-See im Süden	lho-na-rom-bu-bdud-kyi-mtzo
68	Targotsen-See im Westen	nub-na-star-sgo-btsan-gyi-mtzo
69	Gangzang Nödjin-See im Norden	byaṅ-na-gaṅ-bzaṅ-gnod-sbyin-gyi-mtzo
70	Fußabdruck von Gangla Serdab im Osten	śar-du-gaṅs-la-gser-'dab-gyi-shabs-rjes
71	Fußabdruck von Lhotagkharchu im Süden	lho-brag-mkhar-chu'i-shabs-rjes
72	Fußabdruck von Mangyül im Westen	nub-maṅ-yul-gyi-shabs-rjes
73	Fußabdruck von Targo Gangdab im Norden	byaṅ-star-sgo-gaṅs-'dabs-kyi-shabs-rjes
74	Während des großen Rituals von Kandu in Tadug trägt Mandāravā das Lob des Ḍākinī-Liedes von den 30 hervorragenden Merkmalen Guru Padmasambhavas vor und schildert das Verdienst, das durch die Errichtung einer Statue erworben wird	khra-'brug-tu-bka'-'dus-sgrub-chen-mdzad-dus-manda-ra-bas-mkha'-'gro-bḍa'-stod-daṅ-mtzen-bzaṅ-sum-bću-i-stod-pa-daṅ-gu-ru'i-sku-'dra'i-phan-yon-gsuṅ-pa
75	Auf dem Paß von Gungthang beim Verlassen des Landes war Padmasambhava begleitet von dem Prinzen Muti Tsänpo und gab ihm alle wunscherfüllenden, dem Cintāmaṇi vergleichbaren 13 Unterweisungen	guṅ-thaṅ-la-thog-tu-rje-'baṅs-rnams-kyi-phebs-sar-lha-sras-mu-khri-tsan-po-la-bsam-pa-lhun-'grub-yid-bshin-nor-bu-lha-bu'i-man-ṅag-bću-gsum-gnaṅ-ba-sogs
76	Der Guru geht fort ins Land der Sinpo	gu-ru-srin-yul-du-gshud-tzul

Rückseitige Inschrift

Guru Padma Gyalpo umgeben von den Darstellungen nach dem Gebet »sindhu-rol-chuṅ ...« (2. Hälfte der Biographie)	gu-ru-padma-rgyal-po-la-sindhu-rol-chuṅ-gis-bskor-ba/sindhu-rgyu-mtzo'i-smad-cha-yaṅ-yod

Guru Nyima Öser ›Der Sonnenstrahl-Guru‹

Thangka VI

Die verschiedenen Szenen dieses Thangka weisen insgesamt 17 Inschriften auf, die sich auf das letzte, das siebente, Kapitel des »Le-u'dünma« beziehen. Einleitend wird über die Entstehung dieses notlindernden und wunscherfüllenden Gebets berichtet: Padmasambhava muß Tibet verlassen und auf dem Gebirgspaß Gungthang Abschied nehmen von seinem Schüler, Prinz Lhase Muti Tsänpo – seit dem kurz zurückliegenden Tod seines Vaters König von Tibet. Da Lhase Muti Tsänpo nun unter zweifacher Trennung leidet, nimmt Padmasambhava das Haupt des jungen Königs auf seinen Schoß und spricht das Gebet in sein Ohr, um ihm Trost zu spenden.

Die Symbolik der Erscheinung Nyima Ösers

(Ziffer 1)

Hauptfigur des Bildes ist Guru Nyima Öser (ñi-ma-'od-zer), der ›Sonnenstrahl-Guru‹ (1). Seine äußere Erscheinung entspricht der eines Siddha und Yogi. Er sitzt in lockerer Haltung auf einem schwebenden Lotosthron, den eine Sonnen-Mondscheibe bedeckt. Er trägt sein Haar wie ein Yogi zu einem Knoten aufgebunden und eine fünffache Schädelkrone, die mit Lotosblüten und flammenden Juwelen geschmückt ist. Das mittlere, rote Juwel zeigt an, daß er zur Padma-Familie des Buddha Amitābha gehört, der oben in den roten Wolken thront. Amitābha ist sowohl der Buddha des unermeßlichen Lichtes als auch – auf meditativer Ebene – die Verkörperung der alles durchdringenden Weisheit zur Unterscheidung sämtlicher Aspekte des Daseins. Nyima Öser erscheint als ein bedürfnisloser Asket, nackt bis auf ein durchsichtiges grünes Schultertuch mit wehenden Schleiern, die den Bewegungen seiner Arme Leichtigkeit geben, und einen Schurz aus frischem Tigerfell, auf dessen Prankenenden seine Knie ruhen. Diese Attribute verleihen seiner Erscheinung Anmut und männliche Kraft. Er ist fünffach geschmückt wie ein Bodhisattva: mit Krone, Ohrringen, Halsband, Arm- und Fußspangen sowie – anstelle des sonst üblichen Gürtels – mit einer langen, aus Knochen bestehenden Kette, deren Enden fünf Juwelen zieren. Die breiten goldenen Ohrringe Nyima Ösers verdeutlichen seine besondere Beziehung zu Amitābha. All diese Ornamente werden in der tantrischen Literatur als ›Siegel‹ *(mudrā)* bezeichnet, welche die fünf Weisheiten der fünf Tathāgatas symbolisieren:

1 Die Krone offenbart die spiegelgleiche Weisheit Akṣobhyas;

2 die Ohrringe offenbaren die Weisheit der Unterscheidung Amitābhas;

3 das Halsband offenbart die Weisheit der Wesensgleichheit Ratnasambhavas;

4 Arm- und Fußspangen offenbaren die universelle Weisheit Vairocanas;

5 die Kette schließlich offenbart die alles vollendende Weisheit Amoghasiddhis. Ihr Abschluß in den fünf Juwelen faßt alle Siegel zusammen und charakterisiert Nyima Öser als einen Tantriker, der diese fünf Weisheiten verwirklicht hat.

Übrigens versteht eine andere Klassifizierung diese leiblichen Ornamente als Ausdruck der sittlichen und geistigen Vollkommenheit eines Bodhisattva. Sie sind also nicht nur Schmuck, sondern zugleich Hinweis auf das innere Wesen. Vor allem in der tantrischen Meditation spielen die Weisheitssiegel eine wichtige Rolle: Der Meditierende läßt sie nacheinander an sich selbst sichtbar werden, strebt so schrittweise die innere Verwirklichung der Weisheiten an, bis er schließlich mit der geistig vorgestellten Initiationsgottheit (yidam), die er sich erwählt hat, wesenseins wird – symbolisiert dann durch das entsprechende Siegel.

Ein himmelblauer Nimbus sowie eine dunkelblaue und rötliche Körperaura, die ihn als Trikāya-Lama charakterisiert, umgeben Nyima Öser. Goldene Lichtstrahlen gehen von seinem Körper aus, die sein inneres, Buddha-gleiches Wesen zum Ausdruck bringen. Nyima Ösers Gesichtsausdruck ist halb zornig, halb lächelnd und dennoch hoheitsvoll. Die zusammengezogenen Augenbrauen drücken Zorn auf die Leidenschaften aus, welche das klare Bewußtsein trüben, sein lächelnder, halb geöffneter Mund dagegen wirkt

7 (VI) Guru Nyima Öser – ›Der Sonnenstrahl-Guru‹

ermutigend und zeigt Verständnis für die Schwächen des Menschen.

In seiner rechten Hand hält Nyima Öser sein tantrisches Würdezeichen, einen Khaṭvāṅga. Im esoterischen Sinne seine ihm zugewandte Weisheitspartnerin *(prajña)*, ist der Khaṭvāṅga in seinem oberen Teil zugleich ein abstrakt symbolisches Spiegelbild des jenseitigen Paradieses, Zangdog Palri, während der achtkantige Stab auf den achtgliedrigen Pfad hinweist, der zur Aufhebung des Leidens führt. Der halbe, kreuzförmige Vajra steht für die undurchdringliche Ringmauer und für das Fundament des Palastes; die mit Lebenswasser *(amṛta)* gefüllte Vase *(kalaśa)* ist ein Symbol für den Palast selbst, den strahlenden Shelye Khang (gshal-yas-khaṅ). Die drei Köpfe bezeichnen die drei Stockwerke des Palastes und sind so ein Zeichen für die von Padmasambhava verwirklichten drei Stufen der Existenz – Nirmāṇakāya, Sambhogakāya und Dharmakāya. Die dreifache Spitze schließlich ist Sinnbild für die Einheit und Identität dieser drei ›Körper‹ oder Seinsstufen im Svabhāvakāya, im ›aus sich selbst existierenden Sein‹, sowie für den dreifachen Aspekt des Absoluten: Leerheit, Strahlung und Unveränderlichkeit. (Bisweilen wird diese Spitze auch nur durch einen aufrecht stehenden Vajra dargestellt.)

Diese vier kosmischen Stufen, die der tantrische Yogi meditativ durchschreitet, entsprechen auf psychisch-physischer Ebene den vier Zentren oder Cakras, dem Kopf-, Kehl-, Herz- und Nabelzentrum, die als die Stätten der vier Kāyas im Menschen angesehen werden und die es zu läutern gilt, um schließlich Erleuchtung zu erlangen. So ist der Khaṭvāṅga, den Nyima Öser umfaßt hält, nicht nur ein Zeichen höchster Weisheit, sondern auch das Symbol für Inhalte und Ablauf des mehrstufigen meditativen Lernprozesses der Tantriker.

Vieldeutigkeit und Austauschbarkeit der Symbolik – äußeres Würdezeichen und geheime Partnerin, himmlischer Palast der Freude und Meditationsweg zur Erleuchtung –, wie sie hier am Beispiel des Khaṭvāṅga sichtbar werden, gehören zu den faszinierendsten Aspekten tibetischer Ikonographie. Hier kommt die tantrische Weltanschauung von der Verwobenheit und Transparenz aller Dinge zum Ausdruck.

Mit seiner linken Hand erfaßt Nyima Öser drei Sonnenstrahlen und hält so die Sonne für drei Tage fest, eine Anspielung auf jene in Südindien spielende Legende, die in Thangka III (147; s. S. 47) geschildert wird und freilich auch Erklärung seines Namens – ›Sonnenstrahl-Guru‹. Die spielerisch wirkende Geste des Festhaltens ist Zeichen der übernatürlichen Kraft *(siddhi)*, die Nyima Öser durch seine Erleuchtung erlangt hat. Die Strahlen der Sonne verschmelzen gleichsam mit seiner eigenen Strahlenaura, es scheint fast, er habe die Sonnenscheibe heruntergeholt, um auf ihr Platz zu nehmen.

Zur Konzeption des Meditationsbildes

Die Zentralfigur eines Bildes ist für den Meditierenden immer Ausgangs- und Zielpunkt zugleich, wobei jedem Detail ihrer Darstellung besondere Bedeutung zukommt. Hieraus ergibt sich ein gestalterischer Anspruch, der vom Maler äußerste Achtsamkeit und Sorgfalt erfordert. Um das Bild lebendig erscheinen zu lassen, muß der Künstler eigene meditative Erfahrung einbringen, die durch keine noch so große Geschicklichkeit ersetzt werden kann.

Nyima Öser ist hier umgeben von seinen wunschgewährenden Erscheinungen, wie eine Inschrift auf der Rückseite des Thangka besagt. Diese Gottheiten sind ebenfalls Emanationen Padmasambhavas, die dem andächtigen Betrachter als Mitarbeiter und Helfer vorgestellt werden, damit er sich in schwierigen Zeiten mit seinen Nöten an sie wenden kann. Die vielfältige Wirksamkeit Guru Nyima Ösers als Tröster und Retter ist auch der systematische Schlüssel für die kreisförmige Bildanordnung rings um die Zentralfigur: Ein Gebet wird dargestellt, dessen einzelne Abschnitte und Anrufungen jeweils bestimmten Szenen zugeordnet sind. So entsteht keine Bilderzählung im Sinne einer fortlaufenden Handlung, sondern eine facettenartige Widerspiegelung des Zentralmotivs einer tröstenden Zuwendung Padmasambhavas, der in jeweils anderer Gestalt erscheint.

Vor dem Betrachter breitet sich eine imaginäre Gebirgslandschaft aus, die ihn nach Tibet, zum Schauplatz des künftigen Wirkens Padmasambhavas, lenken soll. Die Inschriften auf dem Thangka beginnen stets mit einer Anrufung Padmasambhavas in der Kurzform seines Namens als Oḍyan, entsprechend seiner Herkunft aus der indischen Landschaft Uḍyāna (oder Oḍyana).

Die Anrufung Padmasambhavas in seinen verschiedenen Erscheinungsformen

Padmasambhavas Wiederkehr am Neumondstag

(Ziffer 2; Ausschnitt VI/1)

Die erste Anrufung bezieht sich auf die rechts bzw. Mitte unten wiedergegebene Doppelszene (2). Ein vornehmer Tibeter mit zwei Reittieren und einem Diener zieht durch gebirgige Landschaft zu einem Tempel. Der Blick in diesen Tempel und den Innenhof zeigt eine Zeremonie, die von einem Tertön mit Ḍamaru und Ghaṇṭā geleitet wird. Ein großes Torma, zwei Kapālas (menrak) und fünffache Opfergaben sind auf dem Altar aufgebaut. Weißgewandete Yogis und Yoginīs sowie zwei Laien bilden das Orchester. Ein Regenbogen führt hinüber zur visionären Erscheinung von Zangdog Palri, dem jenseitigen Paradies Padmasambhavas (s. Thangka II). Padmasambhava, begleitet von Ḍākinīs, beschreitet ihn wie eine Brücke. Im Hintergrund des Tempels sehen wir den tibetischen König mit seinem Gefolge – vom Palast Ausschau haltend und das Kommen Padmasambhavas freudig begrüßend. Damit macht Padmasambhava eine Prophezeiung und ein Versprechen wahr, das er vor seinem irdischen Abschied gegeben hat: Er werde am zehnten Tag jeden Monats vor Neumond leibhaft in Tibet erscheinen (2). Entsprechend feiert der tibetische Festkalender (s. S. 140) jeweils diesen zehnten Tag als Ehrentag Padmasambhavas (Abb. 18). Die hier gezeigte besondere Zeremonie (tzogs) gilt der Vorbereitung seines Einzuges und seiner Begrüßung. Sobald Padmasambhava im Tempel Platz genommen hat, werden ihm die symbolischen fünf Gaben überreicht, die jeder Gast erhält: Blumen und Weihrauch, Licht in einer Butterlampe sowie je eine Schale mit Wasser und mit Speisen.

Padmasambhava als machtvoller Yidam und Beschützer des Landes

(Ziffer 3)

Im himmlischen Bereich tritt Padmasambhava als neunköpfiger, zornvoller brauner Yidam auf, umgeben von lodernden Flammen und den acht Klassen der Geister, die sich mit drohender Gebärde um ihn geschart haben. Er selbst hält in seinen neun rechten Händen jeweils einen Vajra-Hammer und in den neun linken Händen jeweils eine Fangschlinge *(pāśa)*, mit der er Feinde gefesselt hat. In dieser Gestalt wird Padmasambhava im Falle großer Gefahr vom Volk als Beschützer des Landes vor feindlichen Eindringlingen angerufen.

Padmasambhava als Medizin-Buddha Bhaiṣajyaguru und Heiler

(Ziffer 4)

In den Wolken schwebend erscheint Padmasambhava als blauer Medizin-Buddha Bhaiṣajyaguru, umgeben von sieben weiteren Medizin-Buddhas sowie zwei Yidam-Gestalten in Yab-Yum, dem roten Hayagrīva und einem blauen Yidam, der in seiner Linken eine Schädelschale mit dem Weltenberg Meru hält. Über dieser Gruppe thronen ein Medizin-Lama, der rote Amitāyus (Buddha des unermeßlichen Lebens) und der weiße Ādibuddha Vajrasattva. In der kleinen, irdischen Szene darunter erkennen wir ein Haus, in dem ein Kranker liegt. An seinem Lager sitzt ein Arzt, der

VI/1

ihm den Puls fühlt. (Die Pulsdiagnostik spielt in der tibetischen Medizin eine wichtige Rolle.) Offenbar wird der Patient durch den vielfältigen Segen von oben von seiner Krankheit geheilt, denn plötzlich kann er wieder aufstehen und vergnügt umhergehen, wie die kleine Szene daneben beweist.

Padmasambhava als Reichtumsgott Vaiśravaṇa

(Ziffer 5)

Im himmlischen Raum reitet Padmasambhava als Vaiśravaṇa, als Gott des Reichtums, auf einem Schneelöwen einher. Er hält ein Siegesbanner und einen juwelenspeienden Mungo in Händen. Fünf Thatāgatas in Yab-Yum sowie ein großes Gefolge begleiten Vaiśravaṇa, der auch als Wächter der nördlichen Region gilt. So sehen wir acht reitende Reichtumsgottheiten (nödjin tadag/gnod-sbyin-rta-bdag) in kriegerischem Aufzug, die ihn in den acht Himmelsrichtungen umgeben, ferner zwei Dreiergruppen: eine hellblaue Reichtumsgöttin mit einem goldenen Schatz, den schwarzen Kālajambhala, eine gelbe Göttin (Norgyünma/nor-rgyun-ma), die eine Ähre hält, sowie eine rote Gruppe von Reichtumsgottheiten – Gaṇapati, Kurukullā und Raktayamārī. Sie alle lassen kostbare Schätze und wunscherfüllende Juwelen auf die Erde herabregnen, die von den versammelten Menschen freudig aufgelesen werden. Im Text des »Siebenkapitel-Gebets« heißt es hierzu: »In Zeiten, in denen die Elemente des Menschen Feinde werden, beten wir Padmasambhava an als Vaiśravaṇa. Er wird alle Nöte lindern.«

Padmasambhava als Guru Senge Dadog ›Der Guru mit der Löwenstimme‹

(Ziffer 6)

Unterhalb eines schneebedeckten Berges erscheint Padmasambhava wie auf Thangka VII als Guru Senge Dadog. Padmasambhava wird in der Inschrift als Yidam-Lha, als meditative Gottheit des Eides charakterisiert, der man sich mit seinem Herzen verspricht. Das gleiche sucht der Maler noch einmal darzustellen mittels des hinzugefügten Maṇḍala, aus dem der zornvolle Yidam im Laufe des meditativen Prozesses hervortritt. Ein Tertön und ein Mönch stehen beschwörend vor der Erscheinung Senge Dadogs, der eine weibliche und eine männliche Gestalt Rutras mit zwei Schlingen gefesselt hat. Padmasambhava wird hier angerufen als Retter aus geistiger Not, als Beseitiger innerer Hindernisse und zugleich als Helfer bei der Entdeckung von verborgenen ›Schätzen‹ (terma), wie die kleine Szene daneben zeigt.

Padmasambhava als Guru Dorje Dolö

(Ziffer 7)

In der gegenüberliegenden Szene zeigt sich Padmasambhava auf einem Tiger reitend als Guru Dorje Dolö (s. Thangka VIII). Das Gebet nennt ihn Shidag Nyenpo, ›Herr über die Bergdämonen‹, die er in Dienst gestellt hat, damit sie keinen Schaden – etwa durch Hagel und Unwetter – mehr anrichten können; hier symbolisiert dies die abziehende dunkle Wolke. Padmasambhava als Dharmapāla erscheint hier speziell als Beschützer der Reisenden und Pilger in Tibet, kann aber in Notzeiten auch Hüter derjenigen sein, die in den einsamen Bergen Zuflucht suchen. (Der Gebetsteil des »Le'udünma«, das Padmasambhava als Shidag Nyenpo anruft, wird übrigens vor allem bei Gewitter rezitiert.)

Padmasambhava als Senge Dadog, als Hayagrīva und als Beschützer vor wilden Tieren

(Ziffer 8)

In dieser Szene erscheint Padmasambhava in doppelter Gestalt: als blauer Yidam Senge Dadog und als roter Yidam Hayagrīva, der mit seinen Füßen acht Schlangen zertritt. Vor beiden stehen jeweils zwei weißgewandete Yogis in Bittgeste.

Davor sehen wir eine bewegte Szene, ein Ritual zur Vertreibung gefährlicher Raubtiere: Ein Yogi bläst dröhnend auf einem Langhorn (radong), ein Mönch schlägt schallend zwei Zimbeln (silnyen) gegeneinander, während zwei mit Federhauben geschmückte heldenhafte himmlische Tänzer (ging) einen ekstatischen Tanz zum Klang ihrer Trommeln vollführen, so daß ein Tiger und ein Leopard eilig davonlaufen und im Urwald verschwinden.

Padmasambhava als Senge Dadog und als Beschützer vor Naturgewalten

(Ziffer 9)

Noch ein drittes Mal erscheint Padmasambhava hier als Yidam Senge Dadog mit Vajra und Fangschlinge in Händen. In seinem Gefolge erkennt man vier Elementgöttinnen, mit drohender Geste aus seinem Flammennimbus hervortretend. Sie haben die Aufgabe, die Menschen zu schützen, wenn sich die Naturelemente – insbesondere in Form von Feuersbrunst, Überschwemmung, Steinschlag oder Sturm – gegen sie wenden. Es ist ihnen offenbar bereits gelungen, die Elemente zu zügeln und die bedrohten Menschen zu beruhigen.

Padmasambhava als Beschützer von Heiligtümern

(Ziffer 10)

Padmasambhava – in seiner üblichen irdischen Gestalt – ist umgeben von vier Ḍākinīs unterschiedlicher Körperfarbe, die im Text als die vier Mudrās bezeichnet werden. Es handelt sich um vier Türwächter des Maṇḍala. Sie halten verschiedene Instrumente in Händen, mit denen sie Räuber und Gewalttäter einfangen, fesseln und vertreiben können. Wir sehen, wie zwei solcher – in Tibet einst häufigen – Räuber, sich erschreckt aus dem Staube machen, während fromme Pilger in Ruhe zu einsamen Stūpas (chörten/mchodrten) ziehen. (Formal und sinngemäß könnte sich der Pilgerzug auch auf die darüber dargestellte Szene 8 beziehen.)

Padmasambhava als Pañjara Mahākāla
Beschützer der Zelte

(Ziffer 11)

Padmasambhava tritt uns hier als Pañjara Mahākāla oder Daṇḍa Mahākāla mit einem Klangstab *(gaṇdi)* in Händen entgegen. Dieser zornvolle Beschützer der Zelte wird besonders bei den Mongolen und Sakyapas verehrt. Padmasambhava thront noch einmal über der Gottheit, zum Zeichen dafür, daß auch sie als seine Emanation anzusehen ist. Dafür sprechen auch die beiden ehrfürchtigen Gestalten an seiner Seite. Im Vordergrund der Szene werden Krieger sichtbar, denen die Waffen entgleiten; sie stürzen zu Boden und werden davongetragen: Padmasambhava als Erretter Tibets aus Kriegsgefahr – der unbesiegbare Feldherr in einem mit Vajras geschmückten Diamantzelt, bereit und in der Lage, sein Volk zu jeder Zeit zu schützen, weil aus seinem großen magischen Stab eine ganze Armee hervorbrechen kann.

Padmasambhava als Amitābha
und Herr des Westlichen Paradieses

(Ziffer 12; Ausschnitt VI/2)

Noch einmal, wie oben im Bilde, erscheint Padmasambhava als roter Jina Amitābha, als Buddha des unermeßlichen Lichtes. Umgeben von den beiden Bodhisattvas Padmapāṇi (links) und Vajrapāṇi (rechts), thront er in seinem himmlischen Palast im Sukhāvatī. Das Westliche Paradies ist von Wolken umhüllt, doch für den Sterbenden, der hilflos am Boden liegt, wird es visionär sichtbar, und vom Herzen Amitābhas gehen Segenskräfte als weiße Lichtkugeln zu ihm über. Mit dieser innerlichen Stärkung vertraut sich der Sterbende im Gebet Amitābha an. Er überreicht ihm seine

VI/2

fünf Sinne als symbolische Opfergaben und nimmt freudig Abschied von seinem Körper. Auch er findet einen Platz im Herzen des Buddha.

Padmasambhava als Helfer der Sterbenden
mit den Gottheiten des Bardo

(Ziffern 13–16; Ausschnitt VI/3)

Während Szene 12 die Aufnahme des Gläubigen im Sukhāvatī schildert, führt uns nun eine Doppelszene die innere Vorbereitung auf das Sterben, den mühsamen Abschied vom Leben, den Eintritt des Verstorbenen ins Bardo und seinen Weg zur Erleuchtung vor Augen. Padmasambhava erscheint in doppelter Gestalt: stehend als lehrender Lama (13) und thronend im Kreis der Gottheiten des Bardo (14). Beide Male nennt ihn die Inschrift den ›Drei-Zeiten-Wissenden‹, d. h. er kennt Vergangenheit, Gegenwart und Zukunft. Dementsprechend treten drei Menschen auf, die mit dem am Boden liegenden Sterbenden identisch sind. Die Begegnung mit Padmasambhava als Lama spielt gleichsam in der Vergangenheit, die Flucht vor der Auflösung der Elemente, die den Vorgang des Sterbens einleiten (15), in der Gegenwart und das visionäre Erscheinen Padmasambhavas mit begleitenden Gottheiten (15) in der Zukunft. Für den Sterbenden selbst freilich drängt sich die Erinnerung, das Erleben

VI/3

des Dahinscheidens und das erste Erblicken der Gottheiten im Bardo auf einen kurzen Zeitraum zusammen.

Im Vordergrund steht Padmasambhava als König der großen Glückseligkeit vor der andächtig knienden Gestalt. In seiner Rechten hält er das Diamantzepter, während er mit seiner Linken auf das Spiegelbild des Mondes im Wasser zeigt (s. Thangka IV, 94) und damit zum Ausdruck bringt, daß die sichtbare Welt nur ein Trugbild *(māya)*, und das einzig Unzerstörbare die Leerheit ist, erkennbar im Vajra-Symbol. Padmasambhava vermittelt hier gewissermaßen eine Kurzform der buddhistischen Lehre, weil der vor ihm Kniende aus karmischen Gründen falsche Gedanken hegt, die ihn an diese Welt fesseln.

Als nächstes sehen wir den Menschen wie in einem Angsttraum auf der Flucht vor den Elementen Erde, Wasser, Feuer und Wind sowie einem schwarzen Dämon. Hiermit ist kein äußeres Geschehen gemeint wie in Szene 9, sondern ein innerer Auflösungsprozeß, den der Sterbende bildhaft erlebt und qualvoll empfindet.

Der dritten Gestalt schließlich erscheint in einem fünffarbigen Lichtstrahl die Versammlung der Gottheiten (15). In der obersten Reihe thronen als friedvolle Mächte die fünf Tathāgatas in Yab-Yum, denen der Verstorbene auf seiner Wanderung im Bardo als ersten begegnet. In der mittleren Reihe sehen wir sie erneut, diesmal in ihrem zornvollen Aspekt, so wie sie dem Verstorbenen später erscheinen. In der unteren Reihe stehen sodann die fünf Rigzin (rig-'dzin; *vidyādhara)* mit ihren Ḍākinīs – wissenshaltende Gottheiten, welche die Halluzinationen beseitigen, die den Verstorbenen im Bardo quälen und in die Irre führen. Doch die unschlüssig dastehende menschliche Gestalt ist immer noch im Irdischen befangen. Erst das Erscheinen Padmasambhavas selbst setzt dem ein Ende. Der Sterbende, der wie ein Bündel vor ihm liegt (16), erblickt mit seinem rechten Auge am Fuße des Thrones einen blauen Spiegel mit dem Buchstaben »A«, der Leerheit bedeutet, sowie einen goldenen Vajra, während sein linkes Auge in sein eröffnetes Herz schaut. Das Zeichen, das er dort erblickt, ist das Siegel der großen Vollendung (dzogchen), das ihm schon einmal in seinem Leben von Padmasambhava vor Augen gehalten worden ist und das er jetzt wiedererkennt, weil es sich in sein Herz eingegraben hat. Das Ganze ist gleichsam ein letztes stummes Zwiegespräch zwischen dem Sterbenden und Padmasambhava. Es bildet die Vorstufe für das nicht mehr Schaubare, das Erlangen der Buddhaschaft. Über dem Haupt Padmasambhavas im Zentrum der Gottheiten erscheint, fast unsichtbar, der blaue Ādibuddha Samantabhadra als Symbol dieses höchsten Ziels.

Mit dieser Szenenfolge innerhalb des Bildes ist es dem Maler gelungen, den Prozeß des Sterbens und des Eingehens ins Nirvāṇa anschaulich zu machen und die verschiedenen Ebenen des Geschehens so miteinander zu verbinden, daß die bildliche Darstellung der nur schwer umzusetzenden literarischen Vorlage voll entspricht.

Padmasambhava als Beschützer der sechs Welten der Wiedergeburt

(Ziffer 17; Ausschnitt VI/2)

Die letzte Szene des Thangka zeigt Padmasambhava in sechsfacher Auffächerung als weißen Ādibuddha Vajrasattva und als die fünf Tathāgatas in den kosmischen Farben des Maṇḍala. Er ist hier Beschützer aller Lebewesen in den sechs Welten des Lebensrades *(bhavacakra)*. Schemenhaft erkennt man vor den Wolken diese sechs Bereiche der möglichen Wiedergeburt (von oben nach unten): die Welt der Devas, der Asuras, der Menschen, der Tiere, der Pretas und die Hölle. Padmasambhava übernimmt die Funktion des Bodhisattva Avalokiteśvara, der in sechsfacher Gestalt im Bhavacakra erscheint, um den dort Leidenden Trost und Hilfe zu spenden und ihnen eine günstigere Wiedergeburt zu ermöglichen.

In der Komposition des Bildes, können wir jetzt deutlicher die gleitenden Übergänge zwischen den einzelnen Szenen und ihren Bezug zur Zentralfigur des

Thangka erkennen, zu Nyima Öser, dem ›Sonnenstrahl-Guru‹. Vergegenwärtigen wir uns gleichzeitig, daß die Szenerie ein Gebet darstellt und das Versprechen Padmasambhavas illustriert, in Notzeiten täglich mit den Strahlen der Morgen- und Abendsonne in Tibet zu erscheinen, dann erklärt sich der religiöse Rang eines solchen Meditationsbildes.

Das »Le'udünma«, dessen bildliche Wiedergabe mit diesem Thangka endet, beschließt sein letztes Kapitel mit den Worten: »Nachdem der König dieses Gebet von Padmasambhava erhalten hatte, verbeugte er sich tief, warf sich vor ihm nieder und umwandelte ihn.« Sodann entschwebte Padmasambhava, wie es heißt, zu Pferde auf einem Sonnenstrahl.

Inschriften

1	Guru Nyima Öser	gu-ru-ñi-ma-'od-zer
2	An jedem zehnten Neumondstag erscheint er leibhaft	yar-ṅo-tzes-bc̓u-dus-su-dṅos-su-byon
3	Oḍyan mit den acht Klassen der Götter und Geister	o-rgyan-lha-srin-sde-brgyad
4	Oḍyan als Medizinmeister	o-rgyan-sman-bla
5	Oḍyan mit Ḍākinīs und Reichtumsgöttern	o-rgyan-mkha'-'gro-nor-lha
6	Oḍyan als Yidam	o-rgyan-yi-dam-lha
7	Oḍyan mit mächtigen Lokalgottheiten	o-rgyan-gshi-bdag-gñen-po
8	Oḍyan mit Helden und Tänzern	o-rgyan-dpa'o'i-giṅ
9	Oḍyan mit heldenhaften Kraftmenschen	o-rgyan-dpa'o'i-gyad
10	Oḍyan mit den Ḍākinīs der vier Mudrās	o-rgyan-phyag-rgya-bshi
11	Oḍyan im Diamantzelt	o-rgyan-rdo-rje'i-gur
12	Oḍyan als Unermeßliches Licht *(Amitābha)*	o-rgyan-snaṅ-ba-mtha'-yas
13	Oḍyan als Kenner der drei Zeiten	o-rgyan-dus-gsum-mkhyen-pa
14	Oḍyan als Kenner der drei Zeiten	o-rgyan-dus-gsum-mkhyen-pa
15	Erscheinungen im Bardo	bar-do'i-snaṅ-tzul
16	Erscheinen von Merkmalen des Dzogchen (›Große Vollendung‹) vor den angstvollen Augen eines Sterbenden	tze-'das-mig-skrag-nas-rdzogs-chen-gyi-rtags-śar-ba
17	Beschützer der sechs Welten vor Leiden	'gro-drug-sdug-sṅal-skyob-pa

Rückseitige Inschrift

Guru Nyima Öser umgeben von den Darstellungen nach dem Gebet »bsam-pa-lhun-grub ...«

gu-ru-ñi-ma-'od-zer-la-bsam-pa-lhun-grub-kyis-bskor-ba

Guru Senge Dadog
›Der Guru mit der Löwenstimme‹

Thangka VII

Dieses unbeschriftete Thangka zeigt Padmasambhava als ›Guru mit der Löwenstimme‹; Senge Dadogs (seṅ-ge-sgra-sgrogs) Erscheinen ist ebenso dramatisch wie erschreckend. Im Ausfallschritt nach rechts *(pratyālīḍha)* gewandt, kommt er daher als zornvoller Yidam, von einer lodernden Flammenaureole umhüllt. Er steht auf einem golden umlohten Lotosthron und stampft mit den Füßen auf den Körper eines Mannes, der seinen Kopf erhoben hat. Es ist ein Rolang (ro-laṅs) – eine Leiche, besessen von einem Geist –, den Senge Dadog sich unterworfen hat. Sein Haupt schmückt eine fünffache, lotosbekränzte Schädelkrone mit flammenden Perlen und Girlanden. In seiner erhobenen Rechten hält er das Diamantzepter, seine Linke streckt er drohend gegen seine Feinde *(tarjanī-mudrā)*. Senge Dadog ist von auffällig muskulöser Gestalt und wirkt bedrohlich wie ein wildes Tier. Auch der Tigerfellschurz und das Schneelöwenfell mit dem grimmigen Haupt zeugen von seiner Kraft. Er trägt eine Knochenschürze, goldene Ohrringe, breite goldene Ketten um Hals, Arme und Beine sowie – als Zeichen seines Sieges über Rutṛa (s. S. 21) – eine Muṇḍamālā. Eine giftige Schlange windet sich um seinen fülligen Leib.

Für den Eingeweihten freilich verliert die Erscheinung ihren Schrecken, weil er sie zu deuten und ihr wahres Wesen zu erkennen vermag. Hierzu verhilft ihm vor allem das Weisheitsauge auf der Stirn des Yidam und der Lotosthron mit der Sonnenscheibe, auf dem er steht. Durch die über Senge Dadog thronende Gestalt Padmasambhavas (1) wird die grimmige Gottheit vollends entschlüsselt als eine der vielen Emanationen des verehrten Meisters, als der ›Guru mit der Stimme des Löwen‹, der in Tibet die Lehre des Buddha machtvoll verkündet und sich schützend vor ihre Anhänger gestellt hat.

Um Senge Dadog scharen sich einer seiner Lehrer, Śāntigarbha (2), sowie seine 25 Schüler (3–27), welche jeweils in kleinen Szenen dargestellt sind, während die Gebirgslandschaft Tibets die gemeinsame Kulisse bildet. (Zu den Biographien der Schüler und Schülerinnen s. S. 116 ff.)

Jeden dieser 25 Schüler Padmasambhavas, ob Mönch, Gelehrter oder Laienbekenner, zeichnen besondere, übernatürliche Fähigkeiten *(siddhi)* aus, letztlich Ausfluß und symbolische Umschreibung der jeweils erlangten höchsten Erkenntnis. ›Verwirklichungszeichen‹ (dubtag/grub-rtag) nennen die Tibeter daher diese Errungenschaften, die nicht für den Träger selbst von Nutzen sind, sondern gleichsam verschlüsselte Botschaften für andere enthalten. Die 25 Schüler des tantrischen Meisters lassen sich typologisch mit den berühmten indischen Mahāsiddhas vergleichen, deren tibetische Nachfolger sie sind. Ihre Gruppierung auf dem Bild führt vor Augen, daß sie durch ihre Initiation zu Bewahrern und Beschützern des Dharma in Tibet geworden sind.

Den unteren Bereich des Bildes beherrscht ein prominenter Nyingmapa Tertön (28). Er hält eine Handtrommel in der Rechten und eine Glocke in der Linken. In seinem Gürtel steckt ein goldener Phurbu, der ihn als Tantriker ausweist. Bei diesem Lama könnte es sich – so läßt ein alter Blockdruck vermuten – um Terdag Lingpa (gter-bdag-gliṅ-pa; 1646–1714) handeln, einen berühmten Überlieferungsträger der Nyingma-Schule, der ein dreizehnbändiges Werk hinterließ und einer der spirituellen Lehrer des V. Dalai Lama (1607–82) war. Die Darstellung des Buddha Amitāyus (29) über Terdag Lingpa weist auf das lange Leben – 68 Jahre – des Tertön hin. In Begleitung Terdag Lingpas befinden sich wahrscheinlich der Tertön Jigme Lingpa (1729–98; 30), ein weiterer wichtiger Überlieferungsträger der Nyingmapa – er trägt sein Haar wie ein Yogi zu einem Knoten hochgebunden, in dem eine goldene Buchrolle steckt – sowie der Sakya-Lama Kunga Tashi (kun-dg'a-bkra-śis; 31) – im frühen 18. Jh. ein Schüler Terdag Lingpas – und Desrid Sangye Gyatso (sde-srid-saṅs-rgyas-mtzo; 1653–1705; 32), vermutlich ebenfalls dessen Schüler und nach dem Tode des V. Dalai Lama einer der Regenten Tibets. Zu Füßen Terdag Lingpas, ihn verehrend, hat sich eine zahlreiche Laienschülerschaft versammelt.

Dieser eher biographische Teil des Bildes ist eine Ergänzung des Malers, für die sich in den liturgischen Textvorlagen zu dieser Serie kein Beleg findet. Zur Datierung der Thangkas trägt die Szene jedoch bei: Möglicherweise ist der Sakya-Lama Kunga Tashi (31)

8 (VII) Guru Sənge Dadog – ›Der Guru mit der Löwenstimme‹

der Maler dieses Thangka, eines Meditationsbildes mit ausgeprägten Eigenheiten des Stils der Sakya-Schule. Vermutlich ist er sogar der Auftraggeber der gesamten Bildfolge (s. S. 112).

In den beiden Ecken des Thangka erscheinen jeweils vor einer Wolkenaureole zwei Richtungsbeschützer. Es handelt sich links um Dikpāla Virūḍhaka (33) mit dem gezückten Schwert, den Beschützer der südlichen Gefilde; rechts um Dikpāla Dhṛtarāṣṭra (34) mit der Laute, Beschützer der östlichen Gefilde. (Die beiden anderen Dikpālas, Virūpākṣa und Vaiśravaṇa, finden wir auf Thangka VIII.)

Dargestellte Schüler und Nebenfiguren

Da die Vorderseite des Thangka unbeschriftet ist, bezeichnen die Ziffern hier Szenen

1 Padmasambhava
2 Śāntigarbha
3 Namkhai Nyingpo
4 Sangye Yeshe
5 Gyalwa Chogyang
6 Yeshe Tsogyal
7 Palgyi Yeshe
8 Palgyi Senge
9 Bairocana
10 Trisong Detsen
11 Yeshe Shönnu
12 Dorje Dudjom
13 Yeshe Yang
14 Sogpo Lhapal
15 Yeshe De
16 Palgyi Wangchug
17 Denma Tsemang
18 Kawa Palseg
19 Shudbu Palseng
20 Gyalwä Locrö
21 Drogben Chewuchung Lotsā
22 Drenpa Namkha
23 Woden Palgyi Wangchug
24 Rinchen Chog
25 Palgyi Dorje
26 Konchog Djungne
27 Gyalwa Changchub
28 Terdag Lingpa
29 Buddha Amitāyus
30 Jigme Lingpa
31 Kunga Tashi
32 Desrid Sangye Gyatso
33 Dikpāla Virūḍhaka
34 Dikpāla Dhṛtarāṣṭra

Rückseitige Inschrift

Guru Senge Dadog umgeben mit den Darstellungen nach dem Gebet »rje-'bańs-ñer-lṅa ...«

gur-ru-seṅ-ge-sgra-sgrogs-la-rje-'bańs-ñer-lṅas-bskor-ba

Guru Dorje Dolö
›Der Dämonenbezwinger‹ und ›Trost-Guru‹

Thangka VIII

Das letzte Thangka der Serie ist ebenfalls unbeschriftet. Es zeigt uns Padmasambhava als zornvollen Beschützer und Dämonenbezwinger auf einer Tigerin. Der Name Dorje Dolö (rdo-rje-gro-lod) ist eigentlich unübersetzbar, er stammt aus der sogenannten Ḍākinī-Sprache. – In dieser Erscheinungsform bezeichnet man Padmasambhava auch als ›Trost-Guru‹, weil ihn Gottheiten des Totenbuches umgeben, über die er gebietet.

Die Komposition des Bildes läßt deutlich eine vertikale Mittelachse sowie eine zweifache Gliederung des Hintergrundes erkennen. Die machtvolle Zentralgestalt Padmasambhavas, die über ihm erscheinende Gottheit sowie das große weiße Kapāla im Vordergrund bilden die Mittelachse: So wird Dorje Dolö hier zum Empfänger von Opfergaben aus dem himmlischen wie dem irdischen Bereich.

Die Kulisse des Thangka, eine von oben geschaute Gebirgslandschaft, bewacht von zwei Weltenwächtern (*dikpāla;* 17, 18), stellt den – imaginären – Handlungsort dar. Die zahlreichen kleineren Figuren und Szenen verteilen sich fast gleichmäßig über das Bild, so daß sie eine fortlaufende Erzählung wiedergeben. Die einzelnen Begebenheiten sind dem oberen oder dem unteren Bereich zugeordnet, während die zentrale Gestalt Dorje Dolös gleichsam zwischen Himmel und Erde schwebt.

Halb verhüllt, von Flammen und Rauch umgeben, steht Dorje Dolö im Ausfallschritt *(pratyālīḍha)* wie ein Tänzer furchtlos auf einer brüllenden Tigerin. Kraft seiner übernatürlichen Fähigkeiten *(siddhi)* reitet er in einem Land mit hohen Bergen und wilden Gebirgsbächen durch die Lüfte – ein geographischer Hinweis: Es wird berichtet, Padmasambhava sei im Flug auf einer Tigerin nach Bhutan gelangt, um auch hier, im Land des Drachen, die buddhistische Lehre zu verkünden. (Später errichtete man über der Felsenhöhle bei Paro – wo er meditiert haben soll – ein Kloster, das bis heute erhaltene sogenannte ›Tigernest‹ (Tagtzang/stag-tzaṅ; s. S. 137.)

Dorje Dolö trägt ein königliches Gewand und eine Girlande mit abgeschlagenen Dämonenköpfen *(muṇḍamālā).* Die erhobene Rechte schwingt einen eisernen Vajra und die zur Drohgebärde *(tarjanī-mudrā)* ausgestreckte Linke einen eisernen Phurbu. (Eiserne Kultgeräte werden nicht zur Meditation, sondern stets zu aktiver Tätigkeit verwendet.) In dieser aufwärts wie abwärts weisenden Doppelgeste Dorje Dolös drückt sich seine Gewalt über die oberen und die unteren Gefilde, über Götter und Dämonen aus. Auch sein Gesicht zeigt dem Eingeweihten einen Doppelaspekt als Charakteristikum vieler Yidam-Gestalten – Zorn und Weisheit, dargestellt durch die gebleckten Zähne, mit denen er wütend auf seine Unterlippe beißt, und das Stirnauge. Die grimmige Erscheinung ist nicht Ausdruck von Bosheit, sondern von Mitleid, das sich allerdings in Zorn verwandeln kann.

Die Gottheiten des Bardo

(Ziffern 1–4)

Eine Vielzahl flammenumgebener Gottheiten bevölkert die obere, himmlische Zone. Es handelt sich um jene schreckensvollen, oft tierköpfigen Gottheiten, die im »Tibetischen Totenbuch« (»Bardo Thödol«/ bar-do-thos-grol) genau beschrieben werden.

Die zentrale Gestalt in der oberen Reihe, der zornvolle Heruka Degpa Kundül (1) in Yab-Yum mit seiner Partnerin, ist hier neunköpfig und achtzehnarmig dargestellt, in seinen linken Händen je eine blutgefüllte Schädelschale haltend. Er zählt zu den bluttrinkenden Gottheiten, die dem Verstorbenen als schreckensvolle Visionen im Bardo erscheinen. Degpa Kundül führt zugleich jene drei – jeweils in eine rechte und eine linke Abteilung geordneten – Gruppen weiblicher Gottheiten oder Ḍākinīs im Gefolge.

Die erste Gruppe (2), in der linken und rechten Ecke postiert, bilden die vier Torhüterinnen (goma shi/sgo-ma-bshi): Links oben sehen wir die gelbe eberköpfige Ḍākinī Phagdongma (phag-gdoṅ-ma), Hüterin des südlichen Tores, darunter die weiße pferdeköpfige Ḍākinī Tadongma (rta-gdoṅ-ma), Hüterin des östlichen Tores; rechts oben die weiße löwenköpfige Ḍākinī Sengdongma (seṅ-gdoṅ-ma), Hüterin des westlichen Tores, darunter die grüne schlangenköpfige

9 (VIII) Guru Dorje Dolö – ›Der Dämonenbezwinger‹ und ›Trost-Guru‹

Ḍākinī Düldongma (sbrul-gdoṅ-ma), Hüterin des nördlichen Tores. Diese schreckenerregenden Erscheinungen des Bardo sind für den Verstorbenen im Grunde nichts anderes als vierfache Spiegelungen seines eigenen Bewußtseinshorizontes.

Die zweite Gruppe besteht aus den acht Keurimas (3), wilden menschenköpfigen Ḍākinīs. Sie sind den vier Haupt- und den vier Zwischenrichtungen des kosmischen Maṇḍala zugeordnet. In ihnen manifestiert sich jeweils der schreckensvolle Aspekt der acht großen, helfenden Bodhisattvas. Es handelt sich in der oberen Reihe (von links nach rechts) um die grüne Vaitālī mit Vajra und Kapāla, die gelbe Caurīma mit Pfeil und Bogen, die blaßgelbe Caṇḍālī mit Herz und Leichnam in Händen, die rote Pramohā mit dem Siegesbanner in der Rechten, ferner um die schwarzgrüne Ghasmarī mit Vajra und Kapāla, die blauschwarze Śmaśanī mit Kopf und Leichnam in Händen. In der unteren Reihe links trägt die rotgelbe Pukkasī Innereien, rechts eine weiße Keurima Leichnam und Kapāla.

Als dritte Gruppe (4) der schreckensvollen Göttinnen sehen wir die tierköpfigen Ḍākinīs, die Thamenma (phra-men-ma; 4). In der linken Abteilung erscheinen oben die blaue wolfsköpfige Śvamukhī und die rauchfarbige löwenköpfige Siṃhamukhī, darunter die rote tigerköpfige Vyāghramukhī und die schwarze fuchsköpfige Sṛgālamukhī. In der rechten Abteilung findet sich eine Gruppe vogelköpfiger Ḍākinīs: oben die weiße geierköpfige Gṛdhamukhī und die rote totenvogelköpfige Kaṅkamukhī, darunter die dunkelblaue eulenköpfige Ūkamukhī und die schwarze rabenköpfige Kākamukhī. In diesen acht Thamenma, auch Mamo-Göttinnen genannt, tritt das jeweilige schreckenerregende Moment der acht friedvollen Bodhisattva-Ḍākinīs hervor, die den acht Bewußtseinsbereichen zugeordnet sind. So darf der im Bardo Wandelnde sich nicht durch die vielfältigen Visionen der hier dargestellten Gottheiten in Angst versetzen lassen. Er soll sie vielmehr als Trugbilder entlarven, als dunkle Spiegelungen des eigenen getrübten Bewußtseins. Das »Tibetische Totenbuch« – mit seinen ausführlichen Beschreibungen dieser Gottheiten und der verschiedenen Wegstationen des Bardo – ermahnt zur Klarsicht und zur Unterscheidung der Geister.

Die niederen Gottheiten

(Ziffern 5–16)

Gruppen von Gottheiten bevölkern auch den irdischen Bereich, dargestellt im oberen Mittelteil und in der unteren Zone des Thangka. Während die Gottheiten des Bardo als Emanationen des Ādibuddha Samantabhadra nur verschiedenartige geistige Aspekte des Absoluten darstellen, sind die darunter angeordneten Gottheiten dem vergänglichen materiellen Bereich zugehörig, zwar übermenschlich, aber noch unerlöst. (Einer religionsgeschichtlich älteren Stufe entstammend, wurden sie später in das buddhistische Pantheon integriert.) Diese Unterscheidung innerhalb der Götterwelt zeigt sich nicht zuletzt in der kreisförmigen Verteilung der Gottheiten um die Zentralfigur des Bildes. Die szenische Abfolge aber läßt sich, da keine Textvorlage vorhanden ist, nur aus dem Sinnzusammenhang klären. Wir erkennen bei näherer Betrachtung, daß das Geschehen im oberen Bereich sich unten fortsetzt. So wie auf das Verweilen des Verstorbenen im Zwischenreich seine Wiedergeburt oder seine endgültige Befreiung folgt, so schließen sich an die Gottheiten des Bardo nun jene an, die den sechs Lokas oder Bereichen zugeordnet sind, in denen diese Wiedergeburt stattfinden kann, nämlich – im Sinne des Lebensrades *(bhavacakra)* – die Reiche der Götter und Titanen, der Menschen und Tiere, der Hungergeister und des Höllenfürsten. Zugleich aber bilden diese sechs Gruppen mit den beiden folgenden genau jene acht Kategorien der Götter und Geister, die dem Heruka Degpa Kundül gleichsam als Vasallen untergeordnet sind. – Die Acht repräsentiert – als symbolische Zahl – die jeweilige Gesamtheit.

Die erste Kategorie bilden die acht im Reich der Menschen herrschenden Rūpa- und Kāmadevas (5), welche, wie ihr Name besagt, die Formkräfte und die Leidenschaften verkörpern. Verehrt werden sie vor allem in Indien: Brahmā, Indra, Kartika, Gaṇeśa, Bringiritī, Kāmadeva, Upaindra und Rāhula. Nur einige von ihnen sind hier an ihren Farben und Attributen zu erkennen, da sie nicht in der üblichen Ikonographie erscheinen, sondern entsprechend den rituell-meditativen Vorschriften, die dem vorliegenden Thangka zugeordnet sind.

Die zweite Kategorie besteht aus den acht Nāgarājas (6), halb menschlichen, halb schlangenartigen Wesen, die als Könige im Reich der Nāgas gebieten. Ihnen zugewiesen ist das feuchte, die Fruchtbarkeit der Erde sichernde Element, das Wasser. Sie repräsentieren das dem Menschen untergeordnete Reich der Tiere. Die Nāgarājas erscheinen jeweils mit verschiedenartigen Schätzen und Gaben aus ihrem unterirdischen Reich: Muscheln, Perlen, heißen Quellen, Pflanzen und Früchten.

Die dritte Kategorie umfaßt die Gruppe der vier Devas (7), die in den Lüften herrschen. In den Farben der vier Himmelsrichtungen leuchtend, schweben sie als Repräsentanten des Götterreichs auf Lotosthronen.

Auf der rechten Seite, ihnen genau gegenüber, steht – hinter ihren König geschart – eine Gruppe von Asuras mit gezückten Schwertern (8) – kriegerische

Halbgötter, die den Göttern ihr Glück neiden. Sie repräsentieren das Reich der Titanen und die vierte Kategorie der Geister.

Auf der linken Seite, in Wolken herbeistürmend, erscheint die fünfte Gruppe, die Mamos (9) – wilde, nur mit einem Tigerschurz bekleidete Geister, die alle einen Krug in Händen halten. Sie entsprechen im Bhavacakra den ewig hungrigen und durstigen Geistern, den Pretas.

Auf der rechten Seite schließlich sehen wir den Totenrichter Yama mit seiner Zwillingsschwester Yamī (10). Er schwingt eine Leiche als Keule in seiner Rechten und sie eine Menschenhaut; in der Linken halten beide eine mit Blut gefüllte Schädelschale. Sie repräsentieren als sechste Kategorie der Geister das Reich der Hölle.

Links unten reitet auf einem schwarzgrauen Pferd der rote Sogdag Yangleber (srog-bdag-yaṅ-le-ber; 11) einher. Er trägt Rüstung und Helm eines Kriegers. Mit der Lanze in seiner Rechten sticht er in das Herz eines Dämonen, den er mit der Schlinge *(pāśa)* in seiner Linken gefangen hat. Er selbst gehört zur siebenten Kategorie der Geister, zur Gruppe der Yakṣa-Dämonen.

Auf der rechten Seite schließlich ist als achte Kategorie die Gruppe der sieben teils kriegerischen, teils friedvollen Tsän-Dämonen (btsan; 12) dargestellt, die auf unterschiedlichen Tieren durch die Wolken reiten.

Rund um die große Schädelschale gruppieren sich vier einzelne Gottheiten, die als Dharmapālas bestimmte Schutzfunktionen wahrnehmen. Links steht – umrahmt von einer Mandorla – die Karmo Nyida (dkar-mo-ñi-zla; 13), Herrin des Kosmos, eine friedvolle Erscheinungsform der Lhamo. Sie hält eine goldene Schale mit Perlen in Händen. Vor ihr reitet auf einem Schneelöwen, von einem Muschelturban bekrönt, der friedvolle Sogdag Düngithor (srog-bdag-dun-gi-thor; 14), Herr des Lebens. Er hält einen juwelenspeienden Mungo in seiner Linken, in seiner Rechten schwingt er einen goldenen Vajra. Ihnen gegenüber auf der rechten Seite erscheinen zwei von Flammen und Rauch umgebene zornvolle Berggottheiten: auf einem Falben der rote Kriegsgott Begtse (beg-tse; 15), der ein Herz zum Munde führt, und – auf einem Rappen – Dorje Shugden (rdo-rje-shug-dan; 16). Dorje Shugden, der hier über das Meer der Leidenschaften reitet, gilt vor allem als Schutzgottheit der tibetischen Klöster.

VIII/1

Das Opfer der ›Blumen der fünf Sinne‹

(Ausschnitt VIII/1)

Inmitten dieser vier Schutzgottheiten nimmt die große weiße Schädelschale *(kapāla)* mit den Opfergaben für Dorje Dolö einen zentralen Platz ein. Sie symbolisiert eine tantrische Zeremonie: Wangpo Ngä Metog (dbaṅ-po-lṅa'i-me-tog), ›Blumen der fünf Sinne‹, genannt. Aufgetürmt zu einem surrealen Gebilde werden hier in einem mit Blut gefüllten Kapāla das Herz eines Menschen und seine fünf Sinnesorgane – Augen, Nase, Ohren, Zunge und Haut – als höchstes Opfer dargebracht. Die fünf Sinne, verstanden als Tore, durch die äußere Eindrücke eindringen können, sind insgesamt Ausdruck für das Verhaftetsein des Menschen mit der Welt, die ihn gleichsam gefangennimmt. Das Blut in der Schale ist Sinnbild der Leidenschaft, das Herz symbolisiert das Innerste des Menschen. So erlangt das eigentümliche Ritual des Bildes dreifache Bedeutung: als ein Schließen der Türen nach außen, als absolute Konzentration des Geistes und als mystisches Selbstopfer. Das randvoll gefüllte Kapāla steht auf einer Feuerstelle und wird derart stark erhitzt, daß sein Inhalt wie in einem offenen Kessel zum Sieden kommt. Darüber schweben neun kleinere Schädelschalen mit den gleichen Ingredienzen vor einem Strahlennimbus, der ebenso wie die zentrale Opferschale von einem fünffarbigen Regenbogen umschlossen wird. Er steht für die fünf transzendenten Weisheiten oder die gereinigte Form des Bewußtseins. Insgesamt wird hier also ein Schmelzvorgang, ein innerer Läuterungsprozeß, symbolisch dargestellt, den der Meditierende stufenweise nachvollziehen soll. Meist begibt sich derjenige, der das Ritual der ›Blumen der fünf Sinne‹ praktizieren möchte, in die Einsamkeit oder in die Stille eines Klosters, um sich vollständig auf die Visualisierung des Vorganges zu konzentrieren: Mit dem Schwert der Erkenntnis spaltet er eigenhändig seinen Schädel, ergreift das Schädeldach, wendet es, um diesen kostbaren Besitz als Opferschale vor sich zu stellen. Daraufhin nimmt er seine Sinnesorgane, legt sie gebündelt wie ein Blumengebinde mit dem Herzen in die Schale und bringt das Ganze als Opfer dar, indem er es auf den Feueraltar stellt. Während er nun durch Atemübungen und geistige Konzentration ein inneres Feuer entfacht, welches die Opfergaben gleichsam verdampfen läßt, verwandelt sich das Blut vor seinen Augen in klaren wohlriechenden Nektar *(amṛta)*, in Lebenswasser. So wird die Schädelschale zu einem strahlenden Schatzbehälter für die in Weisheit verwandelte Leidenschaft.

Wer sich in dieser tantrischen Meditation übt, muß die zornvollen Götter des Bardo nicht mehr fürchten. Durch die sichtbar gemachte Vervielfältigung der Opfergaben wird der Bezug zu dem oben im Bild (1) dargestellten Yidam Degpa Kundül erkennbar, der die gleiche Anzahl von Schädelschalen in Händen hält – eine wichtige Initiationsgottheit und zugleich symbolische Verbildlichung eines Tantra, das vor allem medizinische Anweisungen enthält. Auch Dorje Dolö, dem mächtigen Beschützer der oberen und unteren Gefilde, wird ein zehnfaches Opfer der ›Blumen der fünf Sinne‹ geistig dargebracht, damit sich dem Opfernden weder im irdischen Bereich noch im Bardo Hindernisse in den Weg stellen. Das blendend weiße, von allen irdischen Farben gereinigte Kapāla wird hier selbst zum Sinnbild der Befreiung.

Der tantrische Pfad ist im Grunde eine Selbstherausforderung und Selbstprüfung des Meditierenden. Je höher er steigt, desto steiler und gefährlicher wird der Weg. Deshalb warnen die erfahrenen Lehrmeister den Schüler davor, seine Kräfte zu überschätzen und geben ihm genaue Anweisungen für die Meditationsübungen, die entsprechend den verschiedenen Tantra-Klassen nach Schwierigkeitsgraden geordnet sind. Unabdingbar für das Beschreiten des tantrischen Pfades ist daher die Initiation, die dem Adepten erst das geistige Rüstzeug übermittelt. Zu den wichtigen Meditationswerkzeugen gehört auch ein Thangka wie das hier vorliegende, dessen Mittelachse eine Leitlinie für den meditierenden Betrachter bildet.

In den beiden unteren Ecken des Thangka erscheinen wieder (s. Thangka VII) Weltenwächter *(dikpāla)*: links der rote Virūpākṣa (17), Hüter des Westens, und rechts der grüne Vaiśravaṇa (18), Hüter des Nordens. Virūpākṣa hält einen weißen Stūpa und eine Schlange in Händen. Er gilt als Beschützer der Buddha-Reliquien und als Herr der Nāgas. Vaiśravaṇa, auch Gott des Reichtums und der Schätze, trägt eine Siegesstandarte und einen juwelenspeienden Mungo.

Die Einbeziehung dieser schon auf ältesten buddhistischen Bildern dargestellten Richtungsbeschützer hat nicht nur formale oder traditionelle ikonographische Gründe. Damit werden vielmehr der Wunsch und die Hoffnung zum Ausdruck gebracht, das Werk Padmasambhavas möge sich nicht auf die Orte seines bisherigen Wirkens beschränken, sondern sich über den ganzen Erdkreis ausbreiten.

Guru Dorje Dolö ›Der Dämonenbezwinger‹ und ›Trost-Guru‹

Als Beispiel anderer Gestaltung sei auf eine volkstümliche, kultisch bemalte Bronzefigur aus dem 17. Jh. hingewiesen, die Padmasambhava ebenfalls als Dorje Dolö (rdo-rje-gro-lod), als ›Trost-Guru‹ und ›Dämonenbezwinger‹ (Abb. 16) zeigt.

Dorje Dolö steht tanzend auf einer schreitenden Tigerin. Sein Gesicht, das wilden Grimm ausdrückt, ist dem Betrachter zugewendet. Vor seiner Brust hält er das Diamantzepter, das er auf sein Herz richtet. In seiner nach unten weisenden Linken hält er drohend den magischen Dolch, mit dem er die Dämonen bändigt.

Eine sehr ähnliche, größere Figur des Dorje Dolö befindet sich im Felsenkloster von Tagtzang in Bhutan, wohin Padmasambhava – auf einer Tigerin durch die Lüfte reitend – gelangt sein soll (s. S. 136).

Dargestellte Gottheiten und Dämonen

Da die Vorderseite des Thangka unbeschriftet ist, bezeichnen die Ziffern hier Szenen

1 Heruka Degpa Kundül
2 Vier Torhüterinnen (goma shi)
Phagdongma, Tadongma, Sengdongma, Düldongma
3 Acht menschenköpfige Ḍākinīs (keurima)
Vaitālī, Caurīma, Caṇḍālī, Pramohā, Ghasmarī, Śmaśanī, Pukkāsi, *(unidentifiziert)*
4 Acht tier- bzw. vogelköpfige Ḍākinīs (thamenma)
Śvamukhī, Siṃhamukhī, Vyāghramukhi, Sṛgālamukhī Gṛdhamukhī, Kaṅkamukhī, Ūkamukhī, Kākamukhī
5 Acht Rūpa- und Kāmadevas
Brahmā, Indra, Kartika, Gaṇeśa, Bringiritī, Kāmadeva, Upaindra, Rāhula
6 Vier Nāgarājas
7 Die vier in den Lüften herrschenden Devas
8 Vier Asuras
9 Sieben Mamos
10 Totenrichter Yama mit seiner Zwillingsschwester Yamī
11 Sogdag Yangleber
12 Sieben Tsän-Dämonen
13 Karmo Nyida
14 Sogdag Düngithor
15 Kriegsgott Begtse
16 Dorje Shugden
17 Virūpākṣa
18 Vaiśravaṇa

Rückseitige Inschrift

Guru Dorje Dolö, umgeben mit den Darstellungen der Götter, denen die Gabe der Heilung und Versöhnung dargebracht wird

gu-ru-rdo-rje-gro-lod-la-mchod-mdos-bskor-ba

Zur Herkunft der Bildfolge

Die großformatige, kostbar gefaßte Serie von acht Thangkas mit den Darstellungen der berühmten acht Erscheinungsformen Padmasambhavas gab wahrscheinlich eine hochgestellte Persönlichkeit für ein größeres Kloster in Tibet in Auftrag. Ein kleines Klostersiegel auf der Rückseite der Thangkas konnte bisher nicht identifiziert werden. Für den hohen Rang der Bilder spricht nicht nur ihr feiner Malstil, der osttibetische Einflüsse zeigt, sondern vor allem das ihnen zugrunde liegende genau durchdachte und groß angelegte ikonographische Konzept. Vergleicht man den Stil der einzelnen Bilder, entsteht der Eindruck, daß drei Maler mit eigener künstlerischer Handschrift gleichzeitig an der Thangka-Serie gearbeitet haben.

Der Auftraggeber der Bildfolge könnte identisch sein mit einem auf Thangka VII dargestellten Lama aus der Sakya-Tradition namens Kunga Tashi (kun-dga'-bkra-śis; s. S. 103 f.). Vermutlich war er selbst einer der Künstler. Da seine genauen Lebensdaten unbekannt sind (er lebte im 18. Jh.), läßt sich die Entstehungszeit der Thangka-Serie nicht mit Sicherheit festlegen; ihr Stil allerdings weist eindeutig ins 18. Jh.

Den Maler von Thangka VII – der übrigens nur dieses eine Bild der Serie schuf – charakterisiert eine gewisse Strenge des Bildaufbaus und eine flächige Anordnung der Figuren, deren Gesichter alle eine längliche Form aufweisen. Einzelheiten der Darstellung Senge Dadogs, wie etwa die Form des Halsschmucks oder die Betonung der Nase, sind typisch für die Sakya-Schule.

Ein zweiter, unbekannter Künstler malte die Thangkas IV, VI und VIII. Sein Bildaufbau zeigt bei ähnlicher Strenge mehr perspektivische Konzeption. Der Maler hatte die Aufgabe, einen vorwiegend *lehrhaften* Gehalt anschaulich darzustellen, was ihm trotz der Vielzahl der Gottheiten gelungen ist. Auf formale Wiederholungen und Zusammenfassungen konnte er dabei nicht verzichten. Die Farbigkeit seiner Bilder ist – verglichen mit jener der erzählerischen Thangkas – weniger differenziert.

Einem dritten, ebenfalls unbekannten Maler sind die Thangkas I, II, III und V zuzuschreiben: Hier ergab sich der besondere Schwierigkeitsgrad aus der Fülle von *erzählerischem* Stoff, die er bewältigte, indem er eine gestaffelte Landschaftskulisse zum Handlungsrahmen machte, ohne dabei den Bezug zur Zentralfigur zu verlieren. Seine Malweise ist geprägt von großer Liebe zum Detail, einer feinen Strichführung und einer abgestuften Farbigkeit; von den drei Malern ist er als der bedeutendste einzustufen.

Trotz der unterschiedlichen künstlerischen Handschriften erscheint der Entwurf der gesamten Thangka-Serie einheitlich, so daß die Grundidee für alle acht Lehr- und Meditationsbilder von *einem* Lama stammt, der aufgrund seiner großen meditativen Erfahrung bevollmächtigt war, ein so anspruchsvolles und umfassendes Thema zu gestalten. Dieser Lama könnte Kunga Tashi gewesen sein.

Ein weiteres Problem liegt in den verschiedenfarbigen Inschriften (golden, rot, schwarz) auf den Thangkas. Sollten damit verschiedene Schreiber oder unterschiedliche Quellen deutlich gemacht werden? Dienten die Farben einer inhaltlichen Differenzierung oder schlicht einer deutlicheren Abhebung der Inschrift vom jeweiligen Untergrund? Auch bei genauerer Prüfung ergibt sich keine eindeutige Klärung, sondern lediglich die Vermutung, daß der Schreiber – sowohl mit einer Bambusfeder als auch mit feinem Pinsel arbeitend – auf den Thangkas nach einer gewissen Rangfolge, in drei verschiedenen Arbeitsgängen zuerst die goldenen, dann die roten und zuletzt die schwarzen Inschriften anbrachte. (Die schwarzen Inschriften beziehen sich vor allem auf die bösen Taten Rutṛas.)

Guru Tsengye
Padmasambhava mit seinen acht Erscheinungsformen

Thangka

Der Maṇḍala-artige Bildaufbau und die Farbgebung machen dieses aus dem 18. Jh. stammende Thangka des ›Guru mit den acht Erscheinungsformen‹ (Guru Tsengye/gu-ru-mtzan-brgyad) zu einem typischen Meditationsbild. Das Werk als eine Visualisierung der verschiedenen Erscheinungsformen Padmasambhavas soll dem Betrachter ermöglichen, die einzelnen Stufen des Meditationsweges schrittweise nachzuvollziehen.

Eine imaginäre Seenlandschaft, aus der zahlreiche Lotosblüten emporwachsen, bildet die Kulisse, eine Anspielung auf Padmasambhavas wunderbare Geburt aus dem Dhanakośa-See. Bei aller Sorgfalt, die der Maler auf die Charakterisierung der Figuren verwendete, und bei aller Feinheit der Linienführung beschränkte er sich hinsichtlich der Kolorierung auf die symbolischen Grundfarben. Das Blau des Hintergrundes ist die Farbe des Wassers und des Absoluten, aus dem alles entsteht; das Grün des üppigen Rankenwerkes, das alle Figuren wie auf einem Lebensbaum miteinander verbindet, ist die Farbe der Luft; Weiß, die Hauptfarbe der Lotosblüten-Throne, ist die Farbe der Reinheit und des Äthers; das flammende, die zornvollen Erscheinungen bezeichnende Rot, die Farbe des Feuers, steht hier zugleich für Weisheit; Gold schließlich, das geläuterte Element Erde, charakterisiert alle visionär erscheinenden Gestalten. Die Gesamtheit des Kosmos ist somit auf dem Thangka symbolisch präsent.

Ausgangspunkt für die Betrachtung des Bildes ist der kleine, rechts unten dargestellte weißgewandete Yogi (20), ein sogenannter Repa, der möglicherweise identisch ist mit dem unbekannten Maler oder Stifter des Thangka. Bevor der Betrachter mit der Meditation beginnt, nimmt er im Geiste den Platz dieses Yogi ein, der hier gewissermaßen stellvertretend das Ritual der Anrufung Padmasambhavas vollzieht, neben einem Altar sitzend, auf dem Kultgeräte und Opfergaben aufgebaut sind. – Verfolgen wir nun den Meditationsvorgang im einzelnen:

Der Meditierende läßt zunächst vor seinem geistigen Auge aus dem dunklen See, in dem sich das Unterirdische und Unreine manifestieren, eine fünffarbige Lotosblüte emporwachsen, auf der Padmasambhava als Guru Rinpoche (1), als ›kostbarer, juwelengleicher Lehrer‹, umglänzt von einer Strahlenaura, Platz nimmt. Zugleich visualisiert er ihn, indem die Gestalten von Amitābha (2) und Samantabhadra (3) über Padmasambhava erscheinen, in aufsteigender Linie als Trikāya-Lama in seiner dreifachen Gestalt auf den drei Seinsebenen. Zur irdischen Verkörperung des Padmasambhava gesellen sich seine beiden tantrischen Schülerinnen, zu seiner Rechten Mandāravā (8), seine Haupt-Yoginī, zu seiner Linken die Tibeterin Yeshe Tsogyal (9). Während sie sich zu Füßen des Meisters niederlassen, sitzen zwei weitere Schüler zu Häupten Padmasambhavas, der seine kostbaren Zeremonialgewänder und einen roten Lotoshut trägt. Sein Gesicht zeigt ein freundliches, gewinnendes Lächeln. Goldene Strahlen der Weisheit gehen in alle Richtungen von ihm aus. Sie verbinden ihn nicht nur mit seiner Schülerschar, sondern auch mit dem Meditierenden, der nun Padmasambhava mit dessen verschiedenen Einweihungsnamen anruft und so die acht Erscheinungsformen des Meisters entstehen läßt. Diese acht Gestalten (10–17) sind rings um die Zentralfigur angeordnet: Padma Gyalpo (padma-rgyal-po), der lotosgeborene König (10), Nyima Öser (ñi-ma-'od-zer), der Siddha und Yogi (11), Pemasambha (padma-sam-bha), der buddhistische Gelehrte (12), Loden Chogse (blo-ldan-mchog-sred), der Verkünder der Weisheit (13), Senge Dadog (seṅ-ge-sgra-sgrogs), der mächtige Yidam (14), Tzokye Dorje (mtzo-skyes-rdo-rje), der Ādibuddha in Yab-Yum (15), Dorje Dolö (rdo-rje-gro-lod), der ›Trost-Guru‹ und ›Dämonenbezwinger‹ (16), sowie Śākya Senge (śākya-seṅ-ge), der Mönch und zweite Buddha (17).

Der Kreis der acht Emanationen Padmasambhavas setzt sich formal fort in den vier Übermittlern seiner Lehre, die am oberen Bildrand ebenfalls auf Lotosblüten thronen: der Bodhisattva Padmapāṇi (5), ein tantrischer Gelehrter (6) sowie zwei Yogis (4, 7), von denen der rechte ein weißes Gewand trägt, was nahelegt, daß er ein Repa (ras-pa) ist, ein Yogi aus der Kagyü-Schule.

Der Meditierende darf sich bei seinen individuellen Übungen nicht vom vorgeschriebenen Weg abbringen lassen; die Erinnerung an geistliche Autoritäten, in

10 Guru Tsengye – Padmasaṃbhava mit seinen acht Erscheinungsformen

deren Nachfolge er selbst als Ordensmitglied steht, soll ihm dabei helfen. Der Sicherung des inneren Zwiegesprächs mit dem Meister dient ferner das Herbeirufen der beiden zornvollen Erscheinungsformen Padmasambhavas, des Guru Dragpo (18), des ›Wilden‹, der einen Skorpion in seiner Linken hält, und des löwengesichtigen Siṃhamukhā (19), die von Flammen umloht in den unteren Ecken des Bildes dargestellt sind. Sie bilden zusammen mit der Zentralfigur ein Dreieck und repräsentieren Padmasambhava in seiner tantrischen Dreiheit – als Lama, Yidam und Ḍākinī. Die beiden zornvollen Gestalten sind hier zugleich auch als Beschützer des Meditierenden zu verstehen.

Der Höhepunkt des Meditationsprozesses wird durch das symbolische Darbringen von Opfergaben an Padmasambhava eingeleitet. Sie erscheinen als goldenes Dharmacakra und als Wunschjuwelen auf einer großen roten Lotosblüte, die vor seinem Thronsitz aufsteigt. Diese rituellen Gaben sind eng verbunden mit der an den Meister gerichteten Bitte um Belehrung. Sie wird gewährt, wenn der Meditierende seinen Blick erneut auf die Zentralgestalt des Bildes richtet. Padmasambhava hält in seiner erhobenen Rechten das goldene Diamantzepter *(vajra)*, dessen eine Spitze als Ausdruck seines unendlichen Mitleids zum Herzen zeigt; in seiner auf dem Schoß ruhenden Linken hält Padmasambhava die mit Blut gefüllte Schädelschale *(kapāla)* als Sinnbild für die Überwindung der Leidenschaft. Beide Gesten *(mudrā)* gehören zusammen und symbolisieren die Einheit von Weg und Ziel, d. h. das Erlangen höchster Weisheit. Auf der Schädelschale erscheint noch einmal ein Gefäß mit Lebenswasser *(amṛta)*, aus dem eine Blüte emporwächst. Damit wird demjenigen, der den tantrischen Pfad bis zum Ziel durchlaufen hat, Befreiung vom Kreislauf der Wiedergeburten und ewiges Leben verheißen. Für den Meditierenden ist diese Begegnung mit Padmasambhava kein Spiel mit verteilten Rollen, sondern ein Vorgang der stufenweisen Identifizierung. Nur so ist es möglich, die im Selbst ruhenden Kräfte zu wecken, sich seiner eigenen Buddha-Natur bewußt zu werden. – Die im tantrischen Denken angestrebte mystische Einswerdung mit der vorgestellten Gottheit hat ihre philosophische Voraussetzung in der Annahme einer nur im Geist existierenden Realität, wie von der indischen Yogācāra-Schule vertreten. Diese idealistische Weltanschauung hat seit dem 4. Jh. in die verschiedenen tantrischen Schulen Eingang gefunden. Die Befreiung vom Leiden wie in Buddhas Lehre wird hier zur Befreiung von einer karmisch bedingten Illusion mit Hilfe des eigenen Geistes.

Kehren wir noch einmal zu dem meditierenden Repa am unteren Bildrand zurück. Er hebt ein Reis-Maṇḍala in die Höhe, um damit Padmasambhava symbolisch das gesamte Universum als Dank für die empfangene Belehrung zu überreichen – in der Hoffnung, möglichst bald eine glückliche Wiedergeburt im Paradies des Padmasambhava zu erlangen, wie sie die gegenüber dargestellte Szene (21) vorwegnimmt. Anbetend sitzt dort ein Knabe auf einer Lotosblüte, die sich soeben geöffnet hat.

Der Maler wendet sich nicht nur an den Eingeweihten, dem es um ein schnelles Erreichen seines Zieles geht, sondern auch an den schlichten Gläubigen, der durch das Ansammeln von Verdiensten dereinst in das Paradies des Padmasambhava aufgenommen zu werden hofft, um ihm dann dort leibhaftig zu begegnen.

Ein Meditationsbild wie dieses beinhaltet also, wenn man es richtig versteht, ein vollständiges ›Lernprogramm‹ und gibt zugleich Raum für ein andächtiges Verweilen.

Dargestellte Gottheiten und Personen

Da das Thangka unbeschriftet ist, bezeichnen die Ziffern hier Szenen

1 Padmasambhava als Guru Rinpoche
2 Amitābha
3 Samantabhadra
4 Yogi
5 Padmapāṇi
6 Tantrischer Gelehrter
7 Yogi (vermutlich ein Repa)
8 Mandāravā
9 Yeshe Tsogyal
10 Padma Gyalpo
11 Nyima Öser
12 Pemasambha
13 Loden Chogse
14 Senge Dadog
15 Tzokye Dorje
16 Dorje Dolö
17 Śākya Senge
18 Guru Dragpo
19 Siṃhamukhā
20 Repa
21 Wiedergeborener

Die Schülerschaft Padmasambhavas

Padmasambhava mit seinen Schülern und Schülerinnen

Thangka

Dieses Thangka aus dem frühen 19. Jh. ist im Laufe der Zeit nachgedunkelt, dennoch sind Figuren und Inschriften erkennbar geblieben. Aus einem See, der von einer tiefgestaffelten Gebirgslandschaft umschlossen wird, ragt ein gewaltiger Lotos empor, auf dem der große Meister Padmasambhava in königlicher Robe thront (1) – flankiert von seinen beiden engsten Schülerinnen und Yoginīs: rechter Hand die Inderin Mandāravā (5), die ihm eine Schale mit Früchten darbietet, linker Hand die Tibeterin Yeshe Tsogyal (6), die ihm eine mit Nektar gefüllte Schädelschale *(kapāla)* überreicht. Padmasambhava selbst hält in seiner Linken ebenfalls ein Kapāla mit dem Nektar der Unsterblichkeit *(amṛta)*. Seine Rechte zeigt die Geste des Besprengens (thebsin/theb-srin), wobei die Fingerspitze des Ringfingers den Daumen berührt – Zeichen dafür, daß Padmasambhava hier als Vermittler höchster Erkenntnis aufgefaßt wird. Ein fünfstrahliger goldener Vajra schmückt seine Brust.

Während seines vermutlich zwölfjährigen Aufenthaltes in Tibet hat Padmasambhava eine Vielzahl von Schülern gefunden; hier sind in kleinen Szenen rings um den Meister jedoch nur diejenigen dargestellt, die durch Einweihung und tantrische Meditationsübungen übernatürliche Kräfte *(siddhi)* erlangt haben. Man kann diese Gruppe der 26 Schüler des Meisters (in manchen Texten: 25; s. S. 103) typologisch mit den berühmten 84 indischen Mahāsiddhas vergleichen, deren tibetische Nachfolgeschaft sie bilden.

Padmasambhavas Anhänger stammten, ebenso wie ihre indischen Vorläufer, aus unterschiedlichen gesellschaftlichen Schichten und Berufen. Acht Schüler – unter ihnen auch der tibetische König Trisong Detsen (9) – genießen besonderes Ansehen – weil sie als erste und von Padmasambhava selbst Initiation erhielten. Der Überlieferung nach wurden sie alle gemeinsam in Samye Chimpu (bsams-yas-'chims-phug) in die acht wichtigsten Initiationsgottheiten des Maṇḍala eingeweiht.

Zu dieser Gruppe, zugleich Ausgangspunkt der Nyingma-Traditionslinie, gehören: Namkhai Nyingpo (2), Sangye Yeshe (3), Gyalwa Chogyang (4), die Yoginī Yeshe Tsogyal (6), Palgyi Yeshe (7), Palgyi Senge (8), Bairocana (9) sowie der König Trisong Detsen (10). Die anderen erhielten ihre Initiationen zu einem späteren Zeitpunkt – wenn nicht durch Padmasambhava selbst, dann durch Visionen oder Träume im Laufe ihrer Meditationsübungen oder durch die bevorzugten ersten Schüler.

Die Gebirgslandschaft Tibets bildet die Kulisse, vor der die Schüler Padmasambhavas ihre wundersame Wirksamkeit entfalten. Die übernatürlichen Kräfte, die in einzelnen Szenen aufscheinen, dürfen nicht als praktische Fähigkeiten verstanden werden; vielmehr muß man sie als ›Verwirklichungszeichen‹ (dubtag/grub-rtag) betrachten, als Ausdruck eines radikalen Wandels im Verhältnis des Menschen zu sich selbst und zur Welt. Wer darüber verfügt, kennt weder Zweifel noch Furcht und vermag sich aus jeglicher weltlichen Befangenheit zu lösen.

Die Demonstration der eigenen geistigen Überlegenheit sowie die Bannung und Umstimmung all derer, die der Ausbreitung des Buddhismus entgegentraten, war ja eine der wichtigsten Aufgaben Padmasambhavas in Tibet. Die verschiedenartigen Praktiken, die dazu dienten, wandten auch seine Schüler erfolgreich an. Bei aller Unterschiedlichkeit der Fähigkeiten, die den einzelnen Personen zugeschrieben werden, ist ihnen doch eines gemeinsam: Sie alle haben das Ziel ihrer Meditationsübungen, die Erkenntnis der Śūnyatā, der ›Leerheit aller Erscheinungen‹, erreicht.

Die 26 Schüler Padmasambhavas sind entweder als Mönche und Gelehrte oder als Yogis dargestellt und ikonographisch vor allem durch ihre Attribute und die ihnen zugeschriebenen Wundertaten gekennzeichnet; ähnlich, nur bisweilen in anderer Umgebung, findet man sie auch sonst abgebildet. Zur Beschreibung ihrer Persönlichkeiten mögen – soweit überliefert (»Düdjom Chödjung«/bdud-'joms-chos-'byuṅ) – einige biographische Angaben dienen. Im folgenden beginnt die Transkription mit dem – hier aus historischen Quellen ergänzten – Familiennamen, der in den Bildinschriften fehlt.

Namkhai Nyingpo (gnubs-nam-mkha'i-sñiṅ-po; 2) stammt aus dem Geschlecht der Nub in Lhodag und erhielt durch Śāntarakṣita die Mönchsweihe. Als einer der ersten tibetischen Mönche *(bhikṣu)* überbrachte

11 Padmasambhava mit seinen Schülern und Schülerinnen

er Padmasambhava im Auftrag König Trisong Detsens die Einladung nach Tibet. Namkhai Nyingpo hatte durch tantrische Meditationen die Fähigkeit erworben, auf einem Sonnenstrahl zu reisen, wie man im Bilde sieht. Er soll schließlich die ›Regenbogenverkörperung‹ erlangt haben, d.h. seine Leiblichkeit löste sich bei seinem Tode vollständig auf.

Sangye Yeshe (gnubs-chen-saṅs-rgyas-ye-śes; 3) wurde in Westtibet geboren und erhielt wie viele andere seine philosophische Ausbildung in Indien. Er ist dargestellt als Yogi mit langem geknotetem Haar. Gemäß der Überlieferung lebte er als Einsiedler in einer Gebirgshöhle und meditierte dort insbesondere über Yamāntaka, den Überwinder des Todes. Als Zeichen seiner Siddhaschaft sticht er mit seinem magischen Dolch (phurbu) in die Felsen, die ihm keinen Widerstand leisten.

Gyalwa Chogyang (ṅan-lam-rgyal-ba-mchog-dbyaṅs; 4) gehört ebenfalls zu jenen Tibetern, die ihre Mönchsweihe durch Śāntarakṣita erhielten. Er erscheint als Mönch ohne Kopfbedeckung, meditierend und lehrend. Durch seine intensiven Meditationen über den Yidam Hayagrīva identifizierte er sich so stark mit dieser innerlich vorgestellten Gottheit, daß er bisweilen wie diese wieherte. Ähnlich dem Hayagrīva wächst ihm ein kleiner Pferdekopf aus dem Haupt als Zeichen der Siddhaschaft. Durch Gyalwa Chogyang sind vor allem die Lehren des Hayagrīva in der Nyingma-Tradition verankert worden.

Yeshe Tsogyal (mkhar-chen-ye-śes-mtšo-rgyal; 6) war als junges Mädchen eine der Gemahlinnen des Königs Trisong Detsen. Später wurde die Tibeterin zur Yoginī Padmasambhavas. Sie ist hier auf dem Thangka zweimal abgebildet: rechts neben Padmasambhava und noch einmal links oben in einer Waldlandschaft. Damit wird auf ihre Doppelrolle hingewiesen: Während der ersten Verbreitung der Lehre Buddhas durch Padmasambhava in Tibet war sie seine ständige Begleiterin. Nachdem er das Land verlassen hatte, blieb sie in einer besonders waldreichen Gegend Osttibets, um dort selbst als Lehrerin des Dharma zu wirken. – Sie thront auf einem Sitzkissen. In der Rechten hält sie eine Schädelschale, während sie mit dem Phurbu *(kīla)* in ihrer Linken eine Leiche zum Leben erweckt. Da sie ihre Siddhaschaft durch Einweihung in das Vajrakīla-Maṇḍala erworben hat, ist der Phurbu zugleich ihr besonderes Initiationszeichen.

Yeshe Tsogyal gilt darüber hinaus als Verfasserin der Biographie Padmasambhavas, des »Pemakathang« (s. S. 8), die sich durch besondere kalligraphische Schönheit auszeichnet und auf blauer Seide geschrieben wurde.

Palgyi Yeshe ('brog-mi-dpal-gyi-ye-śes; 7), berühmter Lehrer und Übersetzer buddhistischer Schriften aus dem Sanskrit ins Tibetische, ist hier mit Kīla und Ghaṇṭā dargestellt. Während seiner Meditationsübungen erscheint vor ihm in einer dunklen Wolke die schreckensvolle Göttin Lhamo, die Herrin der Mamos. Bannung und Unterwerfung der Dämonen, wie von Padmasambhava und seinen Schülern praktiziert, führen schließlich dazu, daß diese angestammten Gottheiten des Landes sich fortan in den Dienst der Buddha-Lehre stellen.

Palgyi Senge (glaṅ-dpal-gyi-seṅ-ge; 8) war als einer der ersten buddhistischen Mönche Tibets besonders eng vertraut mit seinem Meister Padmasambhava, der ihn ›Sohn meiner Gedanken‹ nannte. Später lebte Palgyi Senge – wie auch Padmasambhava selbst – in Bhutan. Er soll die Fähigkeit besessen haben, in die unteren Weltsphären einzudringen, um den dort Leidenden ihr karmisches Los zu erleichtern. – Man sieht ihn auf einem Felsenthron sitzen im Kreise von ihm huldigenden Wesen. Ganz links erkennen wir den dunklen neunköpfigen Rāhula. In seiner linken Hand hält Palgyi Senge einen Stachelstock *(aṅkuśa)*, wie er zum Antreiben von Elefanten verwendet wird, hier verstanden als Instrument, die Unwissenden und Widerstrebenden an die Lehre Buddhas heranzuführen. Auffällig sind die enggestellten Augen Palgyi Senges, die wir auch bei anderen Schülern häufig finden: Der stechende Blick soll wie ein Lanzenstich in die Herzen eindringen und die Wesen von ihrer Trägheit und Unwissenheit befreien.

Bairocana (pa-gor-bai-ro-tsa-na; 9), ein bedeutender Gelehrter, empfing seine philosophische Ausbildung bei verschiedenen Lehrern in Indien. Nach Tibet zurückgekehrt, widmete er sich vor allem der Übersetzertätigkeit; so übertrug er etwa Lehrbücher der Prajñapāramitā ins Tibetische. Das Thangka zeigt ihn auf einem Sitzkissen inmitten einer Gebirgslandschaft. Im Hintergrund erkennt man Häuser und ein Kloster, möglicherweise ein Hinweis darauf, daß er nach Jahren stiller Gelehrtenarbeit eine Reise nach China unternommen hat, um auch dort die tantrischen Lehren zu verbreiten. Bairocana trägt den für ihn typischen Paṇḍita-Hut nach vorne umgeklappt. Hier fehlt sein übliches ikonographisches Kennzeichen, das dritte Auge auf der Stirn.

Trisong Detsen (mṅa'-bdag-khri-sroṅ-lde'u-btsan; 742–798; 10), der tibetische König, nimmt einen wichtigen Platz innerhalb der Darstellung der Schüler Padmasambhavas ein. Er bestieg im Jahre 754 den Thron. Seine chinesische Mutter hatte früh sein Interesse an den Lehren Buddhas geweckt. Trisong Detsens Versuche, den Buddhismus in Tibet einzuführen, waren zunächst wenig erfolgreich. Auf Anraten Śāntarakṣitas lud er schließlich Padmasambhava, den kaschmirischen Gelehrten, nach Tibet ein und unterstützte offiziell dessen vielfältiges Wirken im Lande. Im Jahre 787 stiftete der König südöstlich von Lhasa das erste buddhistische Kloster, Samye (im Vordergrund des Bildes zu sehen). Trisong Detsen ist hier, begleitet von seinen beiden Gemahlinnen, inmitten der Klosteranlage dargestellt. Die zugehörige Inschrift nennt den König mit seinem Siddha-Namen Ngadag Gyalpo. Er hat auf seinem Thron innerhalb des Haupttempels Platz genommen und die Hände in Meditationsgeste *(dhyānā-mudrā)* zusammengelegt (es fehlen seine üblichen Attribute Schwert und Buch). Er soll, während er über Chechog Heruka meditierte, die höchste Stufe der Erkenntnis erlangt haben. Die freundliche Landschaft, welche die Tempelanlage umgibt, und die Symbolik des dreistöckigen Bauwerks selbst erinnern an das Paradies Padmasambhavas, Zangdog Palri (zans-mdog-dpal-ri), in das der Betrachter durch das geöffnete Tor (ganz vorn im Bild) eintreten soll.

Yudra Nyingpo (rgyal-mo-gYu-sgra-sñiṅ-po; 11), als Waise schon früh in die Gemeinschaft der Gläubigen *(saṅgha)* aufgenommen, studierte bei dem berühmten Gelehrten Bairocana (9). Abweichend von der gängigen Darstellung, die ihn mit einem Buch zeigt, sieht man ihn hier meditierend auf einem Leopardenfell. Er schaut auf die Finger seiner rechten Hand, die etwas Unsichtbares festhalten. In seiner Linken trägt er einen verschlossenen Behälter, der die geheimen Schätze der Ḍākinīs birgt.

Yeshe Shönnu (gñag-ye-śes-gshon-nu; 12), Meister in den Sūtras und Tantras, erhielt seine Initiation durch Padmasambhava persönlich. Hier ist er als Gelehrter zu erkennen, der in einer Höhle Nektar aus dem Felsen fließen läßt, indem er das Gestein mit seinem Vajra berührt. Ein Schüler, der vor ihm kniet, fängt den Nektar der Unsterblichkeit in einem Zeremonialgefäß auf. Diese Begebenheit zeigt nicht nur die übernatürliche Kraft des Meisters, sondern auch den esoterischen Charakter des Wissens.

Dorje Dudjom (sna-nam-rdo-rje-bdud-'joms; 13), einer der Minister des Königs Trisong Detsen, überbrachte Padmasambhava dessen Einladung, die Lehre Buddhas in Tibet zu verbreiten. Mittels tantrischer Yoga-Techniken erlangte er die Schwerelosigkeit. Auf dem Thangka hält er, als Schwarzhuttänzer auf den Wolken mit Trommel und Schlegel tanzend, alle bösen Kräfte vom Lande fern. Er soll die Fähigkeit besessen haben, wie ein tibetischer ›Schnelläufer‹ (rkaṅ-mgyogs) in Windeseile zu fernen Plätzen zu gelangen.

Yeshe Yang (sba-mi-ye-śes-dbyans; 14), begabter Interpret der buddhistischen Lehre und zugleich ein Tertön, thront hier in einem himmlischen Palast, von Wolken getragen und von einem Regenbogen umgeben. In seiner Linken hält er das Juwel der Lehre *(dharmaratna)*, während die Rechte zur Geste der Lehrdarlegung *(dharmacakra-mudrā)* erhoben ist.

Sogpo Lhapal (sog-po-lha-dpal; 15) war Schmied von Beruf und besaß gewaltige Körperkräfte. Er erhielt seine Einweihung durch Yeshe Shönnu (12) und lernte, die Widerstände des unkontrollierten Geistes zu überwinden. Das Thangka zeigt ihn in der Wildnis, mit zwei Wölfen oder Schakalen, die er durch seinen Blick und seine Berührung gezähmt hat. (In anderen Darstellungen sind es Löwen.)

Yeshe De (sna-nam-shaṅ-ye-śes-sde; 16), ein bedeutender Übersetzer der Nyingma-Schule, erhielt seine Ausbildung in Indien. Aufgrund seiner tantrischen Übungen hatte er, so heißt es, die Fähigkeit gewonnen, einem Vogel gleich zu fliegen. Mit beiden Händen hält er sein Mönchsgewand wie Flügel ausgebreitet und gleitet schwerelos durch die Lüfte.

Palgyi Wangchug (mkhar-chen-dpal-gyi-dbaṅ-phyug; 17), der Bruder von Yeshe Tsogyal (6), war ein Lieblingsschüler Padmasambhavas. Man sieht ihn hier, wie er ein feindliches Wesen oder einen nackten Dämon unterwirft. Mit seiner weit ausholenden Linken scheint er einen Phurbu auf ihn zu schleudern, während seine Rechte die Drohgeste *(tarjanī-mudrā)* vollführt. Es heißt, daß jeder, auf den er seinen magischen Dolch richtete, tot umfiel.

Denma Tsemang (ldan-ma-rtse-maṅ; 18), ein weiterer bedeutender Gelehrter und Übersetzer, für seine kalligraphische Handschrift berühmt, ist dargestellt beim Schreiben eines Buches; vor ihm steht ein Tintenfaß. Durch seine meditativen Übungen hat er die Fähigkeit erlangt, nichts zu vergessen.

Kawa Paltseg (ska-ba-dpal-brtsegs; 19), lebte im Kloster Samye und widmete sich der Übersetzung indischer Werke; auch als Kommentator trat er hervor. Aufgrund seiner besonderen Begabung hielt man ihn für die Wiedergeburt eines großen indischen Paṇḍita. Darüber hinaus besaß er die Gabe, Gedanken zu lesen. – Er thront hier auf einem Sitzkissen, die Rechte zur Geste der Lehrdarlegung erhoben, wobei Daumen und Zeigefinger symbolisch das Rad der Lehre formen. Vor ihm sitzt ein Schüler mit vor der Brust erhobenen Händen, der allgemein üblichen Verehrungsgeste *(añjali-mudrā)*. Ein Nimbus umgibt das Haupt Kawa Paltsegs. – Auffällig ist, daß die meisten Schüler Padmasambhavas, sofern sie in meditativer Ruhe und Gelassenheit abgebildet sind, einen Nimbus besitzen, während er bei den aktiv Handelnden fehlt.

Shudbu Palseng (śud-bu-dpal-gyi-seṅ-ge; 20) war, wie so viele Schüler Padmasambhavas, ein Gelehrter, der durch seine Übersetzertätigkeit dazu beitrug, die tantrischen Lehren in Tibet zu verbreiten und damit die Grundlage der Nyingma-Tradition zu schaffen. Das vorliegende Thangka zeigt ihn unter einem Baum auf einem Felsenthron. In seiner vorgestreckten rechten Hand hält er einen goldenen Vajra; die Wasser des Gebirgsbaches unter ihm fließen bergauf. Diese Umkehrung der Strömung zurück zum Ursprung kann symbolisch als Aufhebung aller Begierden verstanden werden.

Gyalwä Lodrö ('bre-rgyal-ba'i-blo-gros; 21) diente als Beamter am Hofe des Königs Trisong Detsen. Aufgrund einer Verleumdung durch die Bön-Priester, die seinen großen Einfluß fürchteten, wurde er zeitweilig nach Khotan verbannt. Man sieht ihn hier zurückgezogen in einer einsamen Gebirgslandschaft. Vor ihm kauert in Gestalt einer nackten Frau ein Rolang (ro-laṅs) – nach tibetischer Anschauung ein Leichnam, in dem ein Geist haust. Während Gyalwä Lodrö das Gesicht des Rolang mit einem magischen Stab berührt, verwandelt er ihn allmählich in Gold; der Oberkörper glänzt bereits golden. Der Überlieferung zufolge soll er auf diese Weise seine Mutter kurz nach deren Tod vor einer ungünstigen Wiedergeburt bewahrt haben.

Drogben Chewuchung Lotsä ('brog-ban-che'u-chuṅ-lo-tsā; 22) wurde, da er schon als Kind Sanskrit sprechen konnte, als Wiedergeburt eines indischen Gelehrten betrachtet. Er schreitet auf Wolken und fängt Vögel, um sie im Dharma zu unterrichten – wobei er sich, wie es heißt, ihrer Sprache bedient.

Drenpa Namkha (dran-pa-nam-mkha'; 23) soll lange Zeit unschlüssig gewesen sein, welcher Lehre er sich zuwenden sollte, dem Bön-Glauben oder der Lehre Buddhas. Durch den Einfluß Padmasambhavas vertiefte er sich jedoch immer mehr in die tantrischen Schriften und erlangte schließlich höchste Erkenntnis. Links unten zeigt das Thangka, wie er allein durch Bedrohungsgesten ein wildes Yak bezwingt, das wütend herbeigestürmt ist. Die linke Hand richtet sich dabei auf das Yak, indem die beiden vorgestreckten Finger die Zangen eines Skorpions imitieren. Diese Fähigkeit ist sowohl Ausdruck von Furchtlosigkeit als auch von Mitleid.

Woden Palgyi Wangchug ('o-bran-dpal-gyi-dbaṅ-phyug; 24), ein Laienschüler Padmasambhavas, hat in Indien studiert. Er ist hier mit erhobenen Armen gegen den Strom schwimmend dargestellt. Es heißt, er sei »in den Strom der Nicht-Dualität eingetreten und im großen Fluß des Spontanen Wissens zu Hause«[1]. Diese bildhafte Beschreibung für das Erlangen höchster Erkenntnis liegt offenbar der ikonographischen Darstellung zugrunde. Wort wie Bild können die Paradoxie des inneren Zustandes der Erleuchtung freilich nur andeuten.

Rinchen Chog (rma-thog-rin-chen-mchog; 25), durch Śāntarakṣita zum Mönch geweiht, erwarb große Gelehrsamkeit. So schrieb er Kommentare zu den Schriften Padmasambhavas, Vimalamitras und Buddhaguhyās. Er ist hier als Einsiedler inmitten einer kargen Gebirgslandschaft dargestellt. Während seiner langjährigen Meditationsübungen hat er sich der Überlieferung zufolge von Steinen ernährt, die sich in seinen Händen in Brot verwandelten – wieder einmal wird der symbolische Aspekt eines Verwandlungswunders deutlich.

Palgyi Dorje (lha-luṅ-dpal-gyi-rdo-rje; 26) stammte aus Zentraltibet und war von Beruf Soldat. Der frühe Ruhm des Klosters Samye veranlaßte ihn, dort Mönch zu werden. Durch Padmasambhava in die Lehren und Praktiken des Tantra eingeweiht, erlangte Palgyi Dorje übernatürliche Kräfte, so daß ihn kein Hindernis mehr aufhielt und er, wie im Bild wiedergegeben, sogar mitten durch Felsen hindurch fliegen konnte.

Die – hier nicht dargestellte – historische Tat Palgyi Dorjes aber war die Beseitigung des Königs Langdarma (glaṅ-dar-ma), der im Jahre 836 in Tibet an die Macht gelangte und die alte Bön-Priesterschaft unterstützte. Den Buddhisten und ihren Heiligtümern war er feindlich gesinnt. Als Bön-Priester verkleidet, tötete Palgyi Dorje während einer religiösen Tanzzeremonie den König mit einem Pfeil und konnte in der allgemeinen Verwirrung aus der Hauptstadt entkommen. Obwohl nach buddhistischer Anschauung ein schweres Verbrechen, versuchte man diese Tat damit zu verteidigen, daß Palgyi Dorje den König Langdarma so vor der Anhäufung weiteren unheilsamen Karmas bewahrt habe.

Konchog Djungne (laṅ-gro-dkon-mchog-'byuṅ-gnas; 27), Minister am Hofe des Königs Trisong Detsen, demonstriert hier seine übernatürlichen Kräfte mit Hilfe des Phurbu: Durch Regenzauber erzeugt er ein schweres Gewitter, bei dem nicht nur rote Blitze, sondern auch goldene Donnerkeile wie Pfeile vom Himmel fallen, während ein wütender Drache in den Wolken erscheint. Mit Hilfe seines magischen Dolches soll Konchog Djungne auch Felsen gespalten und Wesen aus der Unterwelt befreit haben.

Gyalwa Changchub (la-gsum-rgyal-ba-byaṅ-chub; 28), einer der ersten Schüler Padmasambhavas, wurde von diesem persönlich initiiert. Vor der Abreise des Meisters aus Tibet erhielt Gyalwa Changchub darüber hinaus eine spezielle Einweihung (dbaṅ), die ihn befähigen sollte, während des Meditierens Levitation zu erlangen. Gyalwa Changchub hat, nur mit einer Schürze bekleidet, im Vajra-Sitz *(vajrāsana)*, die Hände in Meditationsgeste, auf dem sogenannten ›Thron des leeren Raumes‹ Platz genommen, ein Symbol dafür, daß ihm die volle Erkenntnis der Śūnyatā zuteil geworden ist.

Padmasambhava (1) selbst erscheint noch ein zweites Mal auf dem vorliegenden Thangka, diesmal nicht als thronender Meister, sondern als aktiv Handelnder, gleichsam als Vorbild und Vorläufer seiner Schüler (29). Wir sehen ihn allein in einer gebirgigen Landschaft, die Linke ausgestreckt, während ein Dorf gerade von einem Erdrutsch bedroht wird. Durch das Aussprechen der mantrischen Silbe »Huṃ« läßt er das Gestein rückwärts rollen. Hier tritt er also noch einmal als Schutzpatron Tibets auf.

Ein solches Thangka mit seinen fortlaufenden Szenen will nicht als historischer Bericht über Wunder und Ruhmestaten aus der Vergangenheit verstanden werden. Für den Meditierenden einst und heute wird die Bildmitteilung zu einem zeitlosen mythischen

[1] Zitiert nach: H. W. Schumann, Buddhistische Bilderwelt, S. 345

Geschehen, das die eigenen meditativen Bemühungen anfachen und zugleich die vielfältigen Möglichkeiten der Selbstverwirklichung aufzeigen soll. All diese Wege haben ihren Anfang und Mittelpunkt im großen tantrischen Meister Padmasambhava, der sich lächelnd dem Betrachter zuwendet.

Inschriften

In eckigen Klammern stehen die aus historischen Quellen ergänzten Familiennamen

1	Guru Rinpoche [Padmasambhava]	gu-ru-rin-po-che
2	Namkhai Nyingpo	[grubs]-nam-mkha'i-sñiṅ-po
3	Sangye Yeshe	[grubs-chen]-saṅs-rgyas-ye-śes
4	Gyalwa Chogyang	[ṅan-lam]-rgyal-ba-mchog-dbyaṅs
5	Mandāravā Lhacham	lha-lcam[-man-da-ra-ba]
6	Yeshe Tsogyal	[mkhar-chen-ye-śes]-mtzo-rgyal
7	Palgyi Yeshe	['brog-mi]-dpal-gyi-ye-śes
8	Palgyi Senge	[glaṅ]-dpal-gyi-seṅ-ge
9	Bairocana	[pa-gor]-bai-ro-tsa-na
10	Trisong Detsen	[mṅa'-bdag]-khri-sroṅ-lde'u-btsan
11	Yudra Nyingpo	[rgyal-mo]-gYu-sgra-sñiṅ-po
12	Yeshe Shönnu	ye-śes-gshon-nu
13	Dorje Dudjom	[sna-nam]-rdo-rje-bdud-'joms
14	Yeshe Yang	[sba-mi]-ye-śes-dbyaṅs
15	Sogpo Lhapal	sog-po-lha-dpal
16	Yeshe De	[sna-nam-shaṅ]-ye-śes-sde
17	Palgyi Wangchug	[mkhar-chen]-dpal-gyi-dbaṅ-phyug
18	Denma Tsemang	ldan-ma-rtse-maṅ
19	Kawa Paltseg	ska-ba-dpal-brtsegs
20	Shudbu Palseng	śud-bu-dpal-gyi-seṅ-ge
21	Gyalwä Lodrö	['bre]-rgyal-ba'i-blo-gros
22	Drogben Chewuchung Lotsā	'brog-ban-che'u-chuṅ-lo-tsā
23	Drenpa Namkha	dran-pa-nam-mkha'
24	Woden Palgyi Wangchug	'o-bran-dpal-gyi-dbaṅ-phyug
25	Rinchen Chog	[rma-thog]-rin-chen-mchog
26	Palgyi Dorje	[lha-luṅ]-dpal-gyi-rdo-rje
27	Könchog Djungne	[laṅ-gro]-dkon-mchog-'byuṅ-gnas
28	Gyalwa Changchub	[la-gsum]-rgyal-ba-byaṅ-chub
29	›Der Lehrer aus Uḍyāna [Padmasambhava]	o-rgyan-rin-po-che

Padmasambhava als Friedensstifter

Guru Dudul Dragpo Tsal
›Der wilde, Māra vernichtende Guru‹

Thangka

Der Betrachter dieses geheimen Meditationsbildes wird in eine weiträumige, unwirklich anmutende Gebirgslandschaft versetzt. Hier spielt sich ein visionäres Geschehen ab, das Himmel und Erde miteinander verbindet. Dunkle Wolken und ein merkwürdig unbestimmtes Licht tragen zu einer spannungsgeladenen Atmosphäre bei. Die Szenerie läßt sich als Visualisierung und innere Schaubildentfaltung des meditierenden Yogi verstehen, den wir rechts unten inmitten von wilden Tieren auf einem Leichenacker bei einem Stūpa erkennen. Dem meditativen Zweck des Bildes entsprechend sind die verschiedenen Ereignisse wie in einem Maṇḍala angeordnet. Zugleich wird dadurch die kosmische Dimension des dramatischen Geschehens sichtbar gemacht.

Im Zentrum des Bildes steht flammenumloht der machtvolle dunkelblaue Guru Dudul Dragpo Tsal (gu-ru-bdud-'dul-drag-po-rtsal), der ›wilde, Māra vernichtende Guru‹, wie er in der rückseitigen Inschrift genannt wird, eine zornvolle Erscheinungsform Padmasambhavas, die drei Aspekte umschließt: den aller Lamas, aller Yidams und aller Ḍākinīs. Diese drei ›Wurzeln‹ (tsawa sum/rtsa-ba-gsum) des Vajrayāna entsprechen den drei ›Kostbarkeiten‹ (könchog sum/dkon-mchog-gsum) des Hīnayāna und Mahāyāna. Die Vereinigung aller buddhistischen Schulen in der Gestalt dieses Guru verdeutlichen auch seine verschiedenen Gewänder. Über einem weißen Unterkleid, dem ›geheimen Gewand‹, trägt er eine blaugrüne königliche Robe, die ihm einst der König von Zahor aus Dankbarkeit geschenkt hat. Sie kennzeichnet ihn als Lehrer des Mahāyāna. Ferner ist er in eine orangefarbene und eine rote Mönchskutte gehüllt, die ihn als Lehrer des Hīnayāna kennzeichnen. Darüber schließlich trägt er drei verschiedene Häute: die eines Menschen, eines Elefanten und ein Tigerfell. Sie weisen ihn als tantrischen Yidam und als Vertreter des Vajrayāna aus.

Seine Schädelkette, auf blutiges Gedärm gezogen, von einer grünen Schlange umwunden, ist Zeichen für die Überwindung der drei Gifte – Unwissenheit (Gedärm), Leidenschaft (Blut) und Haß (Schlange).

Die unterschiedliche Färbung der Menschenköpfe symbolisiert – ähnlich wie der tantrische Stab *(khaṭvāṅga)*, den er meistens mit sich führt – seine Rolle als Herr und Beschützer aller Lebewesen der drei Zeiten. Die Spitze seines Lotoshutes zieren drei Pfauenfedern, die wegen ihres vielfarbigen Glanzes als Reinigungssymbole gelten und noch einmal auf das Freisein von den drei Giften hindeuten.

Guru Dudul Dragpo Tsal bewegt sich in wildem Tanz auf einer Sonnenscheibe, während goldene Weisheitsstrahlen von seinem Körper ausgehen, deren Hitze alles Übel verbrennt. In jeder Hand hält er einen Phurbu, den magischen Dolch der Tantriker. Mit dem linken vernichtet er verschiedene Geister und entzündet den Wald, in dem sie hausen, mit dem rechten Phurbu, der einen dreigesichtigen Knauf trägt, führt er regenbogenfarbige Strahlen zur Erde herab, um die Menschen innerlich zu reinigen. Gleichsam als Bestätigung schwebt ein feuriger Garuḍa als Verkörperung der transzendenten Weisheit vom Himmel herab. Er zerbeißt eine Schlange, die Verkörperung von Haß und Feindschaft. (Auch Padmasambhava wird als einer, ›der sich in den Himmel erhebt wie ein Garuḍa‹, bezeichnet.) Dieser mythische Vogel, auf dem Weltenberg Meru bzw. dem heiligen Berg Kailāsa beheimatet, ist Sendbote der himmlischen Welt, in der Padmasambhava als Buddha Śākyamuni von einem kosmischen Strahlenkranz umgeben thront. Der goldene Kreis über Śākyamuni symbolisiert Amitābha, der blaue darüber Samantabhadra. Padmasambhava wird hier zugleich als Trikāya-Lama visionär geschaut. Die fünf blauen und die drei roten Kreise um ihn bedeuten seine acht Manifestationen.

Wenden wir uns dem unteren Bereich des Bildes zu. Die machtvolle Erscheinung des Guru Dudul Dragpo Tsal hat sich auf einem eisernen Berg von der Gestalt eines Phurbu niedergelassen. Das Massiv erhebt sich aus dem blutroten Muleting-See (s. Abb. 15), dessen Ufer Schädel und Gedärm säumen. Die Farbe ist Sinnbild für Krieg und Blutvergießen. Wir sehen, wie der eiserne Berg gleich einem von Weisheitsflammen entzündeten Phurbu an den Rändern zu glühen beginnt, um den aufschäumenden See zum Verdunsten zu bringen. Auf dem dreieckigen Gipfel-Plateau wird ein weiterer Blutsee sichtbar, in dem bleiche menschliche Skelette treiben. Sie liegen unter einer vielzackigen

12 Guru Dudul Dragpo Tsal – ›Der wilde, Māra vernichtende Guru‹

Wurfscheibe – gefallene Krieger, die ihr eigener Haß vernichtet hat. Oberhalb erblicken wir eine ähnliche Szene: Verschiedene Dämonen, welche die Menschen zu Unfrieden anstiften, werden vom weißen Lotos der Reinheit, der von allem schlechten Karma befreit, zerdrückt. Darüber leuchtet eine goldene Sonnenscheibe, auf der, unter den Füßen Dudul Dragpo Tsals, vier Teufel *(māra)* liegen, die Verursacher allen Übels. – Diese vier übereinander gestaffelten Szenen führen uns erneut das machtvolle, friedenstiftende Wirken des ›wilden, Māra vernichtenden Guru‹ vor Augen.

Gleichzeitig mit der Erscheinung des Guru Dudul Dragpo Tsal werden zwei hohe tantrische Lamas visionär sichtbar. Links oben thront – auf dem roten Maṇḍala der Vajrayoginī – Karma Pakṣi, der II. Karmapa (1204–82), eine Zeitlang Lehrer von Khublai Khan (1215–94). Rechts erkennt man auf einem gekreuzten Zepter *(viśvavajra)* den Schatzentdecker (tertön) Yungdung Lingpa (gyuṅ-druṅ-gliṅ-pa). Beide halten jeweils ein goldenes Zepter in der Rechten und einen eisernen Zeremonialdolch in ihrer Linken. Diese Ritualgeräte veranschaulichen wieder den Doppelaspekt des tantrischen Rituals – befreiende wie bannende Kraft. Die beiden Lamas sind nicht nur Vermittler der hier dargestellten tantrischen Riten und Meditationspraktiken, sondern – ebenso wie Padmasambhava selbst – Wächter des Friedens, was auch die Wolken, auf denen sie thronen, andeuten. Mit der Berglandschaft ringsum ist insbesondere Tibet gemeint. Der feuerspeiende Himmelsdrache mit den beiden Perlen in seinen Klauen gilt als Hüter der Geheimnisse und zugleich als Glücksbringer. Als Beschützer des Landes erscheinen säbelschwingend links unten auf einem Pferd der Mahākāla Bernagchen (ber-nag-čan) und rechts der löwenköpfige Dharmapāla Shingkyong Sengi Dongchen (shiṅ-skyoṅ-seṅ-ge'i-gdoṅ-čan), beide mit Partnerin. Drei gefüllte Schädelschalen sind als symbolische Opfergaben des Meditierenden vor Guru Dudul Dragpo Tsal aufgestellt.

Durch die Meditation über dieses Maṇḍala-ähnliche Bild soll ein Weg zur Befreiung aus der vergänglichen Welt des Saṃsāra aufgezeigt werden – der Meditierende soll sich mit der im Zentrum abgebildeten Gestalt identifizieren. Der besondere Zweck dieses ikonographisch ungewöhnlichen Bildes und des ihm zugrunde liegenden tantrischen Rituals liegt aber offenbar darin, kriegerische Gefahren für ein Land zu bannen, das in seiner Geschichte häufig von Feinden bedroht war. Der ersehnte Friede wird symbolisch dargestellt durch die Schneelöwin mit ihrem Jungen auf dem hohen Berg links im Bild.

Dieses osttibetische Thangka aus dem 18. Jh. gehört, wie die beiden Lamas erkennen lassen, in die Tradition der Kagyü-Schule. Es beruht möglicherweise auf einem Terma – einem wiedergefundenen, geheimen Ritualtext – des Padmasambhava.

Das Paradies des Padmasambhava

Zangdog Palri
Das Südwestliche Paradies des Padmasambhava

Thangka des 17. Jh.

Dieses südtibetische Thangka geht in seinem gestaffelten, symmetrischen Bildaufbau und der Frontalansicht auf ältere indische Bildvorstellungen zurück, während stilistisch in der reichen Ornamentik Einflüsse der Ṅor-Schule sichtbar werden. Die Darstellung konzentriert sich hauptsächlich auf den himmlischen Palast Padmasambhavas und die ihn umgebenden Paläste der transzendenten Buddhas, während der kupferfarbene Berg (s. S. 128) nur angedeutet ist.

Ausgangspunkt für die meditative Betrachtung des Bildes sind die vier kleinen anbetenden Gestalten auf den vier Lotosblüten (41) im See um das Bergmassiv. Der Meditierende identifiziert sich auf diese Weise innerlich mit seiner Wiedergeburt im Paradies des Padmasambhava, dem Zangdog Palri (zaṅs-mdog-dpal-ri). Er befindet sich gleichsam selbst auf einer dieser heiligen Blüten, die sich aus dem dunklen See erheben, um ihn in das reine Land des Padmasambhava hinüberzutragen. Sobald sich die Lotosblüte öffnet, breitet sich eine unermeßliche Lichtfülle aus, und vor ihm steht der himmlische Palast mit der thronenden Gestalt Padmasambhavas (1), umgeben von seinen Schülerinnen (2, 3) und seinem Gefolge (4–9). Überwältigt von einem Glücksgefühl, sucht er nach einem Weg vorbei an den Richtungsbeschützern *(dikpāla;* 11–13). Die Tore öffnen sich, himmlische Musik erschallt (10) und wunderbare Blüten entfalten ihren Duft. Während er alles staunend wahrnimmt, sieht er, wie auch andere andächtig vor dem großen Meister verharren. Ohne Worte vermag dieser die Gedanken der Anwesenden zu lenken und läßt sie so an seiner Weisheit teilhaben.

Das innere Verweilen vor dem Angesicht Padmasambhavas führt den Meditierenden hinauf in die vier Stockwerke des himmlischen Palastes, wo sich ihm unendliche Horizonte eröffnen. Die Gestalt Padmasambhavas verwandelt sich dabei von dem irdischen Meister in den von Adoranten umringten Bodhisattva Avalokiteśvara (14), der hier im Bilde über ihm thront. Während der Meditierende auf diesen erhabenen und zugleich ›gnädig herabblickenden Herrn‹ schaut, der ein wunscherfüllendes Juwel *(cintāmaṇi)* in Händen hält, nimmt er teil an dessen innerstem Wesen. Er fühlt sich nun von aller irdischen Schwere, von allen Bindungen und Bedürfnissen befreit, spürt nur das Verlangen, sich allen Lebewesen in Mitleid zuzuwenden.

Avalokiteśvara entschwindet seinen Blicken, und es öffnen sich Türen, hinter denen Buddha Amitāyus (15), der Buddha des langen Lebens, erscheint. Er hält seine Weisheitspartnerin *(prajñā)* umfangen, und zugleich umfaßt er ein Gefäß mit dem Nektar der Unsterblichkeit *(amṛta)*, das er den beiden Jüngern neben ihm darreicht. Auch diese Palastszene, die dem Meditierenden das vollkommene Glück des Sambhogakāya vor Augen stellt, ist nur Zwischenstufe auf dem Weg zur obersten Stufe des Palastes, wo Padmasambhava in seiner goldenen Dharmakāya-Gestalt als Buddha Amitābha (16) thront, als Buddha des unermeßlichen Lichtes, umgeben von zwei Pratyeka-Buddhas. Hier erblickt der Meditierende wie in einem Spiegel sein eigenes innerstes Wesen, wird sich seiner eigenen strahlenden Buddha-Natur bewußt und begreift, daß er am Ende des Erkenntnisweges nun selbst ein Erleuchteter ist, dem die aus allen Himmelsrichtungen herbeischwebenden Gottheiten (52) huldigen und wie einem Buddha Opfergaben darbringen.

Auf dem Gipfel des Weltenberges vermag er nun kraft der erworbenen Weisheit, die sich wie eine tausendblätterige Lotosblüte entfaltet, alles zu überschauen. So erblickt er ringsum die zahllosen himmlischen Paläste der Ādibuddhas (18–20), der fünf hier ungekrönt dargestellten Tathāgatas (21–25), der drei Buddhas (26–28), der Bodhisattvas (29, 30, 35–37) und anderer Gestalten (31–34), während weiter unten im irdischen Bereich die Paläste der Yogis (39) und der Schutzgottheiten (40) auftauchen. Auch Padmasambhava erscheint hier noch mehrfach als Guru Rinpoche in einem irdischen Palast (50), umgeben von seinen acht Erscheinungsformen (42–49), sowie als König der Rākṣasas (51). In dieser raum-zeitlichen Zusammenschau wird das weitgespannte Wirken Padmasambhavas als Lehrer des Dharma erkennbar.

Der Maler hat das Ergebnis der Meditation, die Welt mit neuen Augen anzuschauen, gleichsam vorweggenommen. Was zunächst als künstlerischer Mangel erscheinen mochte – die Flächigkeit des Bildes – erschließt eine neue Dimension: Es ist eine verwandelte und verklärte Wirklichkeit, die hier aufleuchtet.

13 Zangdog Palri – Das Südwestliche Paradies des Padmasambhava

Dargestellte Personen und Gottheiten

Da die Vorderseite des Thangka unbeschriftet ist, bezeichnen die Ziffern hier Szenen

1 Padmasambhava
2 Mandāravā
3 Yeshe Tsogyal
4 Guru Dragpo
5 Siṃhamukhā
6 Hayagrīva
7 Chagshipa, vierarmiger Mahākāla
8 Śamvara Yab-Yum
9 Vajrayoginī
10 Zehn Chöpi Lhamo, opferdarbringende Göttinnen

Dikpālas (11–13)
11 Virūḍhaka (Süden)
12 Dhṛtarāṣṭra (Osten)
13 Vaiśravaṇa (Norden)

14 Avalokiteśvara-Ṣaḍakṣari mit zwei Adoranten
15 Amitāyus Yab-Yum mit zwei Begleitern
16 Amitābha mit zwei Pratyeka-Buddhas
17 Padmasambhava

Ādibuddhas (18–20)
18 Samantabhadra
19 Vajrasattva
20 Vajradhara

Ungekrönte Tathāgatas (21–25)
21 Vairocaṇa
22 Akṣobhya
23 Ratnasambhava
24 Amitābha
25 Amoghasiddhi

Buddhas (26–28)
26 Śākyamuni
27 Bhaiṣajyaguru
28 Amitāyus

Zwei Bodhisattvas (29, 30)
29 Maitreya
30 Bodhisattva

31 Mönch
32 Nāgārjuna
33 Sitatārā
34 Vajravārāhī

Drei Bodhisattvas (35–37)
35 Mañjuśrī
36 Avalokiteśvara
37 Vajrapāṇi

38 Zweiarmiger Avalokiteśvara
39 Yogi mit Gefolge
40 Dreifache Schutzgottheiten der Nyingmapa (von links nach rechts)
Rāhula, Ekajaṭī, Damchen Dorje Legpa
41 Vier im Paradies des Padmasambhava Wiedergeborene

Die acht Erscheinungsformen Padmasambhavas mit je einem gebändigten Rākṣasa (42–49)
42 Tzokye Dorje
43 Śākya Senge
44 Loden Chogse
45 Padma Gyalpo
46 Senge Dadog
47 Dorje Dolö
48 Nyima Öser
49 Padmasambhava als Paṇḍita

50 Padmasambhava
51 Lanka Drinchu, Padmasambhava als König der Rākṣasas
52 Opferdarbringende Devas und Devīs

Rückseitige Inschriften

Auf der Rückseite des Thangka befinden sich eine Weiheinschrift mit dem buddhistischen Bekenntnis und verschiedene Mantras.
Gerne wird das buddhistische Bekenntnis (»Tendel Nyingpo«/rten-'grel-sñin-po), »Essenz der Ursache und Wirkung« auf der Rückseite eines Thangka niedergelegt – häufig sowohl in Sanskrit als auch in Tibetisch.

Die sinngemäße Übersetzung lautet:
Alle Dinge haben eine Ursache, und diese Ursache wurde von Tathāgata [dem, der ans andere Ufer gegangen ist] gezeigt. Das Anhalten dieser Ursache ist es [worauf es ankommt], so sagt der große Śrāmaṇa [Wandermönch].

chos-rnams-thams-čad-rgyu-las-byuṅ
de-rgyu-de-bshin-gśegs-pas-bstan
rgyu-la-'gog-pa-gaṅ-yin-pa
dge-sbyoṅ-chen-pos-'di-skad-gsuṅs

Höchste Askese ist Geduld, der beste Weg zum vollkommenen, großen Nirvāṇa ist Geduld, sprach Buddha. Ein Mönch, der anderen Leiden zufügt und ihnen schadet, ist kein buddhistischer Śrāmaṇa [Wandermönch]

bzod-pa-bka'-thub-dam-pa-bzod-pa-ni
mya-ṅan-'da'-ba-mchog-čes-saṅs-rgyas-gsuṅ
rab-tu-byuṅ-ba-gshan-la-gnod-pa-daṅ
gshan-la-'tze-ba-dge-sbyoṅ-ma-yin-no

Zangdog Palri
Das Südwestliche Paradies des Padmasambhava

Thangka des 18. Jh.

Dieses Thangka, bereits bei Tucci[1] publiziert, weist zahlreiche tibetische Inschriften auf, welche die bildliche Darstellung erläutern. Sie gehen auf Bücher der Nyingma-Überlieferung zurück – auf das »Siebenkapitel-Gebet«, das »Pemakathang« (s. S. 8f.) sowie das »Darnag Berchen« (dar-nag-ber-chen) – und ermöglichen es, den gesamten Bildaufbau wie auch die manchmal schwer erkennbaren kleineren Szenen genau zu bestimmen.

In den für alle tibetischen Schulen verbindlichen Gebetstexten wird der Ort des Paradieses mitsamt dem Palast des Padmasambhava ausführlich beschrieben. Es handelt sich um eine mythische Geographie und bei dem Bauwerk Shelye Khang (shal-yas-khaṅ) um die ideale Palastkonstruktion auf dem Grundriß eines Maṇḍala. So folgt auch die Bildgestaltung bei aller Treue zum Text mehr archetypischen Grundmustern wie dem des Weltenberges, der als Zentrum die drei Reiche der Unterwelt, der Menschen und der Götter miteinander verbindet.

Ausgangspunkt für die Betrachtung des Thangka ist eine kleine, in der Bildmitte unten dargestellte Szene (31), welche den Abschied Padmasambhavas von seinen Schülern und seinen Aufbruch in die himmlischen Gefilde des Zangdog Palri zeigt. (Von seinem Tode wird in den tibetischen Schriften nichts berichtet.) Padmasambhava steht tanzend als Heruka, als geflügelte, bluttrinkende Gottheit, auf einer Lotosblüte. In seiner Linken schwingt er eine Sanduhrtrommel *(ḍamaru)*, seine Rechte ruht segnend auf dem Haupt seiner engsten Schülerin, Yeshe Tsogyal (mkhar-chen-ye-śes-mtzo-rgyal). Während Padmasambhava von Tibet aus nach Südwesten schaut, in die Richtung seines Paradieses, spricht er ein Gebet, in dem dieser jenseitige Ort visionär beschrieben wird. Vier weitere Schüler lauschen andächtig seinen Abschiedsworten. Ferner ist eine Gruppe von sieben lokalen Schutzgottheiten Tibets (mamo/ma-mo), verschiedene Opfergaben darbringend, versammelt, um ihn zu verabschieden.

Der Maler des Bildes läßt auch den Betrachter von Tibet aus einen fernen, mächtigen Gipfel schauen, der ›kupferfarbenen Herrn der Berge‹, wie er genannt wird. Er liegt auf einer Insel namens Ngayab Ling, fächerartig von acht weiteren Inseln (14–21) umgeben, die sich entsprechend den acht Himmelsrichtungen ausbreiten, jeweils vier im oberen und vier im unteren Bereich, und in den Inschriften namentlich genannt werden – ebenso wie die von Padmasambhava eingesetzten acht Könige (s. S. 132). Sie sind nicht nur weltliche Statthalter, sondern als Emanationen von Padmasambhava auch geistliche Regenten, d.h. Verkünder des Dharma. Die Inseln, die in der Lebensgeschichte Padmasambhavas als Orte meditativer Abgeschiedenheit eine wichtige Rolle gespielt haben, weisen Ähnlichkeiten in der Darstellung auf. Wir sehen jeweils Friedhöfe (23–30), wo Dämonen hausen, ferner einen Stūpa und einen meditierenden oder Dämonen bannenden Wissenshalter (rigzin/rig-'dzin). Es handelt sich dabei um die acht berühmten indischen Lehrer Padmasambhavas. Auf die acht Inseln, die jeweils von einem Richtungsbeschützer bewacht werden, sollen die zerstückelten Glieder Rutṛas (s. S. 21), der Verkörperung alles Bösen, herabgestürzt sein. Historische, legendäre und mythische Elemente verschmelzen bei der Beschreibung dieser fernen Länder. Die Hauptinsel (13) mit dem heiligen Berg, an dessen Fuß Einsiedler in Felsenhöhlen leben, ist vom Festland durch einen dunklen See getrennt, aus dem Wasserdrachen *(makara)* und schlangenschwänzige Nāgas auftauchen. Bewohnt wird sie von den Rākṣasas, wilden, dunkelhäutigen Menschen, die hier eine Art Wächter- und Leichenträgerdienst versehen. Man sieht, wie sie Tote auf dem Rücken über die schmalen Brücken schleppen oder auf Fährbooten übersetzen. Sie scheinen auch schwimmen oder fliegen zu können.

Im »Le'udünma« heißt es, der rötlich glänzende Berg habe die Form eines menschlichen Herzens, reiche tief hinab bis in das Reich der Nāgas, berühre im mittleren Abschnitt das Reich der Ḍākinīs und rage mit seiner Spitze in das Reich der Götter. Wir erblikken dort den viergesichtigen Gott Brahmā in seinem Palast (2), während sich Scharen himmlischer Ḍākinīs (10) von allen Seiten wie Wolken um den Berggipfel sammeln. Devas und Devīs halten Banner und Ehren-

[1] G. Tucci, Tibetan Scrolls, Pl 221–223

14 Zangdog Palri – Das Südwestliche Paradies des Padmasambhava

schirme, musizieren oder bringen Opfergaben dar. Gings (giṅ; 11), himmlische Tänzer, erscheinen mit Trommeln zur Begrüßung Padmasambhavas, während duftende Blumen, einem Regen gleich, vom Himmel herabfallen.

Der dreistöckige Himmelspalast auf der Spitze des Berges ähnelt mit seinen geschwungenen goldenen Dächern, seinem reichen Zierwerk, seinen Türmchen und Balustraden einer chinesischen Pagode. In der horizontalen Ausrichtung bildet er ein Maṇḍala, das auf einem vierfarbigen gekreuzten Viśvavajra ruht und sich nach den vier Haupthimmelsrichtungen orientiert –, ebenso wie die vier Tore des Palastes, die von den vier Dikpālas (9) bewacht werden. (Nur drei sind zu sehen, der westliche Richtungsbeschützer ist rückseitig vorzustellen.) Der ›Palast der reinen Lichtsphäre‹ (shelye khang/gshal-yas-khaṅ), vollkommen durchsichtig (ähnlich dem himmlischen Jerusalem der Offenbarung des Johannes), besteht aus Edelsteinen, weißem Bergkristall, gelbem Beryll, rotem Granat und blauem Lapislazuli, die ihn in den kosmisch-symbolischen Farben des Maṇḍala schimmern lassen. Wie den Berg selbst, umgibt ihn ein zweiter farbiger Regenbogen. In der Umgebung des Palastes wachsen, wie es heißt, wunscherfüllende Bäume, und den Quellen in den Nischen des Felsplateaus entströmt Nektar der Unsterblichkeit *(amṛta)*.

Der Meditierende tritt ein durch das mittlere, das östliche Tor, bewacht von dem Laute spielenden Dhṛtarāṣṭra, dem Herrn der himmlischen Musikanten. Über dem Eingang erinnert das goldene Dharmacakra mit seinen acht Speichen an den achtfachen Pfad, der zur Befreiung führt. Nachdem er das Tor durchschritten hat, gelangt der Meditierende, umringt von einer großen Schar tanzender Götter (ging) und Göttinnen (chöpi lhamo/mchod-pa'i-lha-mo; 7), die jeweils unterschiedliche Opfergaben darbringen, in einen Innenhof, wo sich 16 Schüler Padmasambhavas versammelt haben. Durch eine zweite nur halb geöffnete Tür gelangt er schließlich ins Innere, wo ihm acht machtvolle Herukas (6) als Verkörperungen der acht Tantras entgegentreten. Im unteren Saal erscheint Padmasambhava auf einer Tigerin als Dorje Dolö (rdo-rje-gro-lod; 5) – ›Trost-Guru‹ und ›Dämonenbezwinger‹. Gleichzeitig treten zu beiden Seiten des Palastes rauchumhüllt die acht Kategorien der Götter und Geister (12) auf, die ihm, dem tantrischen Meister, zu Diensten stehen. Im Saal darüber residiert Padmasambhava als König der Rākṣasas (Yalgam Chen/yalgam-čan; 4). Er steht im Ausfallschritt auf vier Māras, die kreuzweise wie ein Viśvavajra ausgestreckt sind. In seiner Rechten hält er ein Kreuz-Vajra, in seiner Linken einen Phurbu. Diese Erscheinungsform Padmasambhavas trägt auch den Namen Guru Karma Dragpo.

Im obersten Saal thront Padmasambhava (3), umgeben von seinen beiden Gemahlinnen und tantrischen Schülerinnen Mandāravā und Yeshe Tsogyal. Die tibetischen Texte schildern ihn folgendermaßen: »Sein Lotosthron steht auf einem achteckigen Edelstein, den Sonne und Mond bedecken. Seine Gestalt ist eindrucksvoller als der Berg Meru, und seine Ausstrahlung ist heller als tausend Sonnen.« Hier verschmilzt offenbar die Erscheinung Padmasambhavas mit der Vision des kostbaren kupferfarbenen Berges, der in der Abendsonne glüht. Für den Meditierenden bedeutet der Eintritt in den himmlischen Palast, wie er hier geschildert wird, nicht nur ein überwältigendes Erlebnis, sondern auch eine Wendung nach innen. Nicht umsonst hat der heilige Berg die Form eines Herzens, das der Meditierende in immer erneuten Bemühungen als das seinige entdecken muß, um im Paradies des Padmasambhava wiedergeboren zu werden und Befreiung zu erlangen.

Oben im Bilde (1), in rötlichen Wolken schwebend, sehen wir einen berühmten Schüler Padmasambhavas, Konchog Djungne (laṅ-gro-dkon-mchog-'byuṅ-gnas; s. S. 120). Er hält rechts einen Phurbu, links eine Glocke und ist wie ein Schwarzhuttänzer gekleidet. Auf diesen Schüler geht die hier vorliegende spezielle Konzeption des Zangdog Palri mit der Darstellung von Dorje Dolö (5) und Yalgam Chen Karmo Dragpo (4), zornvollen Erscheinungsformen Padmasambhavas, zurück.

Der Meditierende ist bestrebt, die Mittelachse mit ihren spiralig ansteigenden Ebenen immer wieder zu umkreisen, um so ins Innerste des himmlischen Palastes, der auch als Palast der großen Befreiung bezeichnet wird, einzutreten und sein Geheimnis zu entdecken.

Szenen und Inschriften

Das Thangka weist zahlreiche Inschriften auf, dennoch bezeichnen die Ziffern hier Szenen. Dort, wo eine Inschrift die numerierte Szene bezeichnet, fügen wir ihre tibetische Transkription bei

1	Konchog Djungne	laṅ-gro-kon-mchog-'byun-gnas
2	Brahmāloka	
3	Padmasambhava	
4	Guru Yalgam Chen Karma Dragpo	
5	Guru Dorje Dolö	
6	Acht Herukas (mit einzelnen Inschriften)	
7	16 Chöpi Lhamos	
8	25 Schüler Padmasambhavas	
9	Vier Dikpālas	
10	Ḍākinīs	
11	Gings	
12	Acht Kategorien der Götter und Geister (mit einzelnen Inschriften)	
13	Hauptinsel	
14	Südöstliche Insel Jati (›Körper und Leben fressende Insel‹)	śar-lho-dza-ti-nags-gliṅ
15	Südöstliche Insel Barba (›Brennende Insel‹)	śar-lho-'bar-ba'i-gliṅ
16	Südliche Insel Zangtel Keri Tsegpa	lhɔ-zaṅ-thal-ke-ri-brtsegs-pa'i-gliṅ
17	Südwestliches Rākṣa Trugpa (›Insel des kämpfenden Rākṣa‹)	lhɔ-nub-rakśa-'khrugs-pa'i-gliṅ
18	Westliche Insel Tragtso Kyilpa	nub-khrag-mtzo-'khyil-pa'i-gliṅ
19	Nordwestliche Insel Lungnag Trugpa (›Insel des tobenden schwarzen Sturms)	nub-byaṅ-rluṅ-nag-'khrugs-pa'i-gliṅ
20	Nördliche Insel Norbu (›Edelsteininsel‹)	nor-bu'i-gliṅ
21	Nordöstliche Insel Münpa Trugpa (›Insel der tobenden Dunkelheit‹)	byaṅ-śar-mun-pa-'khrugs-pa'i-gliṅ
22	*unleserlich*	
23	Rigzin Hūṃkara	rig-'dzin-hūm-ka-ra
24	Rigzin Bimalamitra	rig-'dzin-bi-ma-la-mi-tra
25	Rigzin Jampal Shenyen	rig-'dzin-'jam-dpal-gśes-gñen
26	Rigizin Dhanasaṃskṛita	
27	Rigzin Nāgārjuna	rig-'dzin-na-gar-dzu-na
28	Rigzin Rombu Guhyecandra	*unleserlich*
29	Rigzin Prabhāha(s)ti	rig-'dzin-pra-bha-hasti
30	Rigzin Śāntigarbha	rig-'dzin-śān-ti-gar-bha
31	Abschiedsszene	

Rückseitige Inschrift

Diese bemerkenswerte Weiheinschrift wurde auf Wunsch des hochrangigen Stifters des Bildes, Dorje Dadul, von einem Karmapa-Hierarchen in Gedichtform und in tibetischer Schreibschrift, U-me, verfaßt. Der zweite Teil der Inschrift, das Kolophon, ist in Prosa abgefaßt. Ferner ist in altindischer Lantsa-Schrift das Mantra des Padmasambhava »oṃ aḥ hūṃ vajra Guru padma siddhi hūṃ« aufgetragen

Es sei Glück! O Du Padmasambhava, vereinigte Verkörperung aller Jinas, der Du die Unsterblichkeit des Diamantkörpers erlangt hast, mögen Dein Körper, Deine Rede und Deine Gedanken, die Herrlichkeit [Deiner Tugenden] und Deine Wirkmächtigkeit, ebenso wie alle Deine Verkörperungen in allen Paradiesen und Welten in Form von Weisheit in diesem Bild Platz nehmen. Mögen alle, die dieses Bild sehen, von ihm hören, sich daran erinnern und es [ehrfurchtsvoll] berühren, dadurch Befreiung von allen karmischen Verschleierungen erlangen. [Mögen sie] alle Verdienste erwerben, innerhalb dieses Lebens alle [drei] Kāya-Stadien verwirklichen und Erleuchtung erlangen. Insbesondere möge das Bild viel Glück und Segen bringen, wo auch immer es sich befindet. Außerdem gilt Dein

oma-swa-sti/rab-'byams-rgyal-ba-thams-ćad-'dus-pa'i-dpal/'chi-med-rdo-rje'i-sku-brñes-padma-'byuṅ/gaṅ-gi-sku-gsuṅ-thugs-yon-phrin-las-kyi/mdzad-pa'i-phrin-las-sku-daṅ-shiṅ-khams-kun/ye-śes-ma-lus-snaṅ-brñen-'dir-bshugs-nas/mthoṅ-thos-dran-regs-'gro-kun-ji-bsñed-pa/tzogs-rdzogs-sgrib-sbyaṅs-sku-bshi-mṅon-gyur-nas/mchog-daṅ-thun-moṅs-dṅos-grub-yoṅs-thob-ćiṅ/khyad-par-brten-'di-gaṅ-du-bshugs-pa'i-phyogs/brka-śis-bde-legs-phun-sum-tzogs-par-mdzod/bslu-med-rdo-rje'i-gsuṅ-ni-'gyur-ba-med/dus-kyi-rgyal-po'i-tzes-bću-ñi-śar-tze/mṅon-gsum-byon-par-shal-gyis-bshes-na-yaṅ/mṅon-sum-mjal-ba'i-skal-ba-med-pas-na/dkar-'jam-daṅ-ba'i-log-la-ñid-kyi-sku/ri-mor-bris-nas-phyag-daṅ-mchod-pa'i-brten/bshug-su-gsol-lo-thugs-rje-spyan-gyi-gzigs/dpal-ri-padma'i-shiṅ-nas-bdag-

diamantenes Wort, das unvergängliche Versprechen, [das Du gegeben hast], daß Du an jedem zehnten Tag eines Monats leibhaft [nach Tibet] kommen wirst, obwohl ich nicht das Glück hatte, Dir leibhaftig zu begegnen. Daher ist Dein Körper hier gemalt auf einer weißen, weichen und feinen Leinwand als Objekt der Verehrung. So bitte ich Dich, hierin Platz zu nehmen und mit Deinen liebevollen Augen herabzublicken vom Zangdog Palri. Bitte, segne mich von dort und verhilf mir/uns zur Erleuchtung in Deinem Paradies. Wenn du jetzt nicht hilfst durch Deine große Liebe und Dein Mitleid, [so besteht die Gefahr], daß Deine Liebe und Dein Mitleid für mich/uns zu spät sein könnten. Von diesem Augenblick an [so schwöre ich], wo ich auch immer wiedergeboren werde, will ich nicht zögern, mein Leben für den Dharma aufzugeben. Möge ich von Dir, Padmasambhava, nie getrennt und mit großer Herzenskraft anderen zu Diensten sein.

ċag-la/thugs-rje-brtse-bas-dus-'dir-ma-gzigs-na/nam-shig-raṅ-gi-'bras-bu-thob-gyur-tze/pad-'byuṅ-thugs-rjes-ċi-tzal-don-ma-mchis/da-sta-ñid-du-byin-gyis-brlabs-tu-gsol/'di-nas-gzuṅ-ste-gaṅ-skye-thams-ċad-du/chos-phyir-srog-la-'phaṅs-pa-med-pa-daṅ/pad-'byuṅ-yid-daṅ-nam-yaṅ-mi-'bral-shiṅ/sñiṅ-stob-chen-po'i-gshan-don-byed-par-śog

Diese Widmung und Segnung war der Wunsch des ehrfürchtigen und verdienstvollen ›Herrn der Menschheit‹, Dorje Dadul, für sein Meditations- und Verehrungsobjekt. Auf der Rückseite der Darstellung des Paradieses Ngayab Palri habe ich seine Bitte beherzigt. Ich armer Weltbürger, Träger des guten Namenstitels Karma, habe dies geschrieben in einer kontemplativen Ruhepause in meinem Aufenthaltshaus in [Kloster] Duphu Dolchöding. Leider besitze ich als Gabenempfänger des dunklen Zeitalters nicht die Fähigkeiten, die Weisheitsverkörperungen aus den Paradiesen durch Meditation zu empfangen und sie in das Bild einzuschmelzen. Gleichwohl habe ich das Bild ordnungsgemäß gesegnet durch ein vollständiges, in allen Abschnitten genau durchgeführtes Maṇḍala-Ritual bis hin zum abschließenden Segensspruch.

Mögen durch dieses Verdienst alle Lebewesen im Zangdog Palri-Paradies miteinander versammelt werden. Es sei Glück für alle!

ċes-dad-stobs-bsod-nams-gyi-phul-du-phyin-pa-mi-dbaṅ-dam-pa-rdo-rje-dgra-'dul-gyis-thugs-dam-dad-pa'i-brten-mchog-rṅa-yab-dpal-ri'i-shiṅ-bkod-gi-rgyab-sbyaṅ-brten-bshugs-rab-gnas-bċas-dgos-shes-phebs-pa'i-bka'-brtsal-thod-du-bċiṅs-ste-sñigs-dus-kyi-dkor-zan-'bo-'khrul-gñis-med-seṅge-bskyed-rdzogs-don-gyi-dben-ċiṅ- ye-śes-spyen-'dren-stim-bshugs-kyi-nus-pas-dben-ruṅ-'on-kyaṅ-dkyil-'khor-cho-ga-sbyor-dṅos-rjes-gsum-tzul-ldan-du-sgrub-ċiṅ-rjes-kyi-mtha'-rgyan-rim-pa-brten-bshugs-śis-brjod-daṅ-go-bstun-te/legs-par-bsgrub-ċiṅ-dgyis-pa-'di-yaṅ-spraṅ-rgyal-khams-pa-karma'i-mtzan-bzaṅ-gi-miṅ-'chaṅ-ba-bdag-gis-gru-phu-'dol-chos-sidṅ-gi-sti-gnas-su-mtzams-mal-gyi-thun-bar-du-bris-pa-dge-'di'i-'gro-kun-rṅa-gyab-dpal-ri'i-shiṅ-khams-su-mtzoms-bu-gċig-tu-hrug-ger-'dzam-pa'i-rgyu-gyur-ċig/sara-maṅga-laṃ

Die acht Inseln als Orte der Meditation

Die Ziffern beziehen sich auf die Inschriften

Himmelsrichtung	Insel (ling/gliṅ)	König (gyalpo/ rgyal-po)	Friedhof (durtö/ dur-khrod)	Wissenshalter (rigzin/rig-'dzin)	Rutṛa-Glied (yenlag/ru-tra'i-yan-lag)
Östlich	Jati (14)	Devarāja	Silwa Tsal	Hūṃkara (23)	Herz
Südöstlich	Barba (15)	Mawi Senge	Lhündub Tseg	Bimalamitra (24)	rechte Arme
Südlich	Zangtel Keri Tsegpa (16)	Zilnon Melong	Kula Dzog	Jampal Shenyen (25)	Haupt
Südwestlich	Rākṣa Trugpa (17)	Thöteng	Sangchen Rölpa	Dhanasaṃskṛita (26)	linke Arme
Westlich	Tragtso Kyilpa (18)	Rākṣa Thöteng	Pema Tseg	Nāgārjuna (27)	Gedärme
Nordwestlich	Lungnag Trugpa (19)	Khorchen Barwa	Hechen Dal	Rombu Guhyecandra	linke Beine
Nördlich	Norbu (20)	Lagna Dorje	Laṅka Tsegpa	Prabhāha(s)ti (29)	Phallus
Nordöstlich	Münpa Trugpa (21)	Tsugna Mebar	Jigten Tsegpa	Śāntigarbha (30)	rechte Beine

Zangdog Palri
Das Südwestliche Paradies des Padmasambhava

Thangka des 19. Jh.

Dieses Thangka zeigt noch einmal das jenseitige Paradies des Padmasambhava, Zangdog Palri (zaṅs-mdog-dpal-ri), in einer visionären Schau. Der gewaltige kupferglänzende Berg, der hoch über die Wolken hinaus in die Götterwelt aufragt und der prachtvoll geschmückte Palast sind Schauplatz eines himmlischen Festes, an dem uns der Maler ganz unmittelbar aus der Warte der auf den Wolken schwebenden Devas und Devīs teilnehmen läßt, während sich der irdische Bereich in der Ferne verliert. Nur einige Berggipfel und Inseln sowie die Dächer einiger Gebäude sind erkennbar. Ein sehr bewegtes Fest mit Tänzerinnen, Musikanten und Bannerträgern findet im Vorhof und im Innern des Palastes zu Ehren Padmasambhavas statt. Flankiert von seinen Yoginīs, hat er auf einem leuchtenden Thronsitz Platz genommen, um die Huldigungen seiner Schüler sowie die zahlreichen Opfergaben entgegenzunehmen. Selbst die Wolken unterstreichen das festliche Gepränge – wie geschmückte Schiffe schweben sie beladen mit Gästen aus allen Himmelsrichtungen herbei.

Das himmlische Schauspiel können freilich nur diejenigen genießen, die das Paradies des Padmasambhava erreicht haben; für die noch im Saṃsāra Weilenden ist der Berg allseits von Wolken verhüllt.

Eine Zone des Schweigens breitet sich rings um den Palast aus, den nach außen ein mächtiger Wall aus Totenschädeln abschirmt – Zeichen dafür, daß dieser mystische Ort nur über die Schwelle der Erleuchtung zu betreten ist und diesseits des Walles die Welt des Todes beginnt. Doch ein schmaler Pfad, der sich wie ein Nabelstrang aus dem irdischen Bereich zum Gipfel des Berges emporwindet, führt den Meditierenden langsam in die Höhe bis zur Mitte des Bildes, wo sich die goldene Pforte des Paradieses öffnet. Die Pforte weist nicht nur die Richtung für die Bildmeditation, sondern den Weg, den der Meditierende beschreiten muß, wenn er zu seiner geistigen Mitte finden will. Nur so kann er dereinst den himmlischen Palast betreten.

Der Maler gestaltet hier ein traditionelles Thema auf sehr anschauliche Weise und kann es auch dem nicht eingeweihten Betrachter verständlich machen. Durch das dunkle Gewässer sowie durch die unterschiedliche Stimmung der Landschaft und der Bewohner hier wie dort verdeutlicht er die tiefe Kluft zwischen der himmlischen und der irdischen Welt. Andererseits verbindet eine Brücke beide Gefilde miteinander. Sie führt (laut Inschrift) über den Muleting-See. Mit diesem See hat es seine eigene Bewandtnis. Er gleicht dem magischen Spiegel Yamas, des Totenrichters im Zwischenreich des Bardo, das jeder durchwandern muß. Wer in diesen spiegelnden See schaut, sieht darin seine guten wie seine schlechten Taten. Nur derjenige kann vertrauensvoll über die steinerne Brücke schreiten, der in seinem irdischen Leben Verdienste erworben hat, wie die Mönche und Einsiedler, die am Ufer des Sees leben.

Solche visionären Bilder wie die des Zangdog Palri stehen in einem inhaltlichen Zusammenhang mit jenen gleichsam apokalyptischen Bildern der über den Muleting-See reitenden Göttin Lhamo, die von Zeit zu Zeit herbeieilt, um die Reinheit des Dharma wiederherzustellen. So besitzt der dunkle Muleting-See noch eine tiefere Bedeutung (s. S. 122). Er gemahnt an die immer wiederkehrenden gesetzlosen Zeiten, wenn die Göttin als zornvolle Richterin mit ihrem Gefolge erscheint und der See sich in ein Blutmeer verwandelt, dessen Ufer von den zerstückelten Gliedern der Feinde des Dharma gesäumt sind.

Inschriften

1 Zangdog Palri, 20 Gyangdag höher als der Wasserspiegel und 60 Gyangdag im Umfang [ein Gyangdag = die Reichweite eines Muschelhornrufes]

zaṅ-mdog-dpal-ri-chu-nas-dpaṅs-su-rgyaṅ-grags-ñi-śu-daṅ/ 'khor-yug-du-rgyaṅ-grags-drug-'cu-yod-par-gsuṅs

15 Zangdog Palri – Das Südwestliche Paradies des Padmasambhava

2	Magischer Spiegel des Muleting-Sees	mtzo-mu-le-'phrul-gyi-me-loṅ
3	Mittlere Insel Lüsog Zadje (›Körper und Leben fressende Insel‹)	dbus-lus-srog-za-byed-gliṅ
4	Oberöstliche Insel Jati	sar-stod-dza-ti'i-glin
5	Niederöstliche Insel Nabün Thibpa (›Tief vernebelte Insel‹)	śar-smad-na-bun-'thibs-pa'i-gliṅ
6	Südöstliche Insel Barba (›Die Brennende Insel‹)	śar-lho-'bar-ba'i-gliṅ
7	Südliche Insel Zangtel Keri Tsegpa	lho-zaṅ-thal-ke-ri-rtsegs-pa'i-gliṅ
8	Südwestliche Insel Rākṣa (›Die Insel des kämpfenden Rākṣa‹)	lho-nub-rakśa-'khrugs-pa'i-gliṅ
9	Nordwestliche Insel Lungnag Trugpa (›Die Insel des tobenden schwarzen Sturms‹)	nub-byaṅ-rluṅ-nag-'khrugs-pa'i-gliṅ
10	Nördliche Insel Norbu (›Edelsteininsel‹)	byaṅ-nor-bu'i-gliṅ
11	Nordöstliche Insel Münag Trugpa (Abb. 3, 19: Münpa Trugpa: ›Insel der tobenden Dunkelheit‹)	byaṅ-śar-mun-nag-'khrugs-pa'i-gliṅ

Rückseitige Inschriften

Im oberen Teil wurden Mantras und das buddhistische Bekenntnis (s. S. 127) in Lantsa-Schrift festgehalten, im unteren Teil steht eine Widmungsinschrift in Versform und U-me (tibetische Schreibschrift)

Ich verbeuge mich vor Padmākara [dem Lotosentstandenen]. Ich bete Dich an aus tiefstem Herzen [und bitte Dich] um Deinen liebevollen Schutz und Deine Aufmerksamkeit für jetzt und für alle künftigen Zeiten. Ich habe die feste Gewißheit, daß Du der endgültige, schutzgewährende Zufluchtsort bist. O, Tzokye Dorje, Herr über 100 Kulas[1], Vereinigung von Weisheit, Liebe und Kraft aller Jinas der zehn Richtungen und der drei Zeiten.

Durch die Herstellung dieses vollständigen Gemäldes des südwestlichen Insel der Rākṣasas mit dem unermeßliche Herrlichkeit ausstrahlenden Ḍākinī-Paradies Pema-öd[2] [Licht des Padmasambhava] für den verstorbenen, lieben und weisen Vater Tsewang Dechen mögen hierdurch alle seine [karmischen] Verschleierungen [im Bardo] beseitigt werden. Möge es [das Gemälde] seine Wiedergeburt in diesem Paradies bewirken, um dort endgültig Buddhaschaft zu erlangen und sich ihrer zu erfreuen. Möge er in allen [künftigen] Wiedergeburten stets Uḍyāna-Vajradharas [Padmasambhavas] Schüler sein, durchdrungen von seinem Weisheitswasser, damit seine Tugenden gedeihen und er Trikāya-Früchte[3] tragen möge, um sich in kürzester Zeit der Ādibuddhaschaft zu erfreuen und befähigt zu sein, auch alle anderen Lebewesen dorthin zu führen.

na-mah-padmā-ka-ra-ya/phyogs-dus-rgyal-ba'i-mkhyen-brtse-nus-mthu-kun/gćig-bsdus-mtzo-skyes-rdo-rje-rigs-brgya'i-dpyid/gtan-gyi-skyabs-su-ṅes-pas-sñiṅ-khoṅs-nas/gsol-'debs-'phral-yun-thugs-rjes-ñer-dgoṅs-śig/lho-nub-rṅa-yab-rakśa-mi-srun-gliṅ/yon-tan-gshal-med-mkha'-spyod-padma-'od/rten-daṅ-brten-pa'i-dṅos-ris-mtzan-dpe'i-gar/mos-mtzor-'gog-med-śar-ba-'di-bskrun-mthus/lus-bskyed-bka'-drin-zla-bral-mkhyen-brtse'i-gter/yab-rje-tze-dbaṅ-bde-chen-dpal-bzaṅ-po'i/thugs-brgyud-la-gnas-sgrib-gñis-bag-chags-sbyaṅs/mṅon-mtho-ṅes-legs-dpal-yon-goṅ-'phel-śog/skye-kun-o-rgyan-rdo-rje-'chan-chen-pos/rjes-bzuṅ-rdzogs-smin-sbyaṅs-'bras-mṅon-du-gyur/don-gñis-lhun-grub-bzaṅ-smon-kun-'grub-ćiṅ/riṅ-min-gdod-ma'i-gtan-srid-zin-gyur-ćig

Kolophon

Diese rückseitige Widmungsinschrift wurde anläßlich der Herstellung dieser wunderbaren Leinwandmalerei des Ḍākinī-Paradieses Pema-öd [verfaßt] als Zeichen [der Hoffnung] auf eine [glückliche] Wiedergeburt und auf Erfüllung aller Wünsche für den verstorbenen Vater des Sāra genannten Nachfolgers von Dochenpa; geschrieben von Dagkarwa Dharmaśvara.[4]

ćes-pa'aṅ-mdo-chen-pa'i-gduṅ-tzob-sā-ra'i-mtzan-ćan-gyi-yab-rje'i-dgoṅs-rdzogs-'khruṅs-rtags-su-mkha'-sbyod-padma-'od-kyi-shiṅ-bkod-khyad-'phags-ras-bris-su-bkod-pa'i-rgyab-byaṅ-smon-tzig-tu-brag-dkar-ba-dharma-śwa-ras-spel-ba-dge

[1] ›Hundert Buddha-Familien‹ (Rigya rigs-brgya; hier als Kurzform für: Rigdang Kyilkhor Gyatso/rigs-daṅ-dkyil-'khor-brgya-mtso), Beiname Vajradharas

[2] ›Ḍākinī-Paradies‹ ist eine geläufige Bezeichnung für Zangdog Palri und bezieht sich auf die hier dargestellten Ḍākinīs

[3] Dahinter steht die Vorstellung des Menschen als eines wachsenden Baumes, der sowohl irdische als auch himmlische Früchte trägt: auf den drei Ebenen des Trikāya: Nirmāṇakāya, Sambhogakāya und Dharmakāya

[4] Bei Gedichten und literarischen Werken war es in Tibet üblich, daß der Verfasser anstelle seines tibetischen Namens diesen übersetzt ins Sanskrit verwendete oder einen Künstlernamen, was die Identifizierung oft erschwert

Padmasambhava in Bhutan und Ladakh

Das Kloster Tagtzang in Bhutan

Das Kloster Tagtzang (stag-tzaṅ) in Westbhutan, hoch in den Bergen in eine steile Felswand hineingebaut, errichtete man der Legende zufolge genau dort, wo Padmasambhava auf einer fliegenden Tigerin in Bhutan ankam. Zuvor soll an dieser Stelle eine Felsenhöhle gewesen sein, in der Tiger ihre Jungen aufzogen – die überlieferte Erklärung für den Namen des Klosters: Tagtzang – ›Tigernest‹. (In den dünnbesiedelten, unzugänglichen Bergwäldern des Landes leben auch heute noch Tiger und zahlreiche andere Wildtiere.)

Das Kloster aus dem Jahre 747 ist die einzige innen unversehrt gebliebene Kultstätte aus der Gründungszeit des tibetischen Buddhismus, die bis heute die Erinnerung an Padmasambhava bewahrt. Die Tempelanlage, in ihrer jetzigen Form aus dem 17. Jh. stammend, ist daher ein beliebter Pilgerort; jedoch leben nur noch wenige Mönche in dem kleinen Kloster. In seiner Nachbarschaft liegen einige Einsiedeleien.

Die meisten kleineren buddhistischen Klöster errichtete man abseits von Siedlungen und Straßen. Einer der Gründe lag in der größeren Sicherheit bei kriegerischen Auseinandersetzungen; wichtiger aber noch war und ist die Möglichkeit zu ungestörter Meditation für die Mönche – im Kloster selbst wie auch im Angesicht der unberührten Landschaft. So wählte man ihre Lage sorgfältig aus und schuf Orte der Stille – um den Blick ins eigene Innere zu lenken und ihn zugleich in die Ferne schweifen zu lassen, in der alles Irdische wieder entschwindet.

17 Das Kloster Tagtzang in Bhutan

Das Tsechu-Fest in Paro

18 Das Tsechu-Fest in Paro

Das größte religiöse Fest in Bhutan ist der ›zehnte Tag‹ (tsechu/tzes-bču), der Geburtstag Padmasambhavas, je nach Kloster in einem anderen Monat (s. S. 98; Thangka VI) begangen. Das Tsechu-Fest gehört zu den Cham-Spielen, die in vielen tibetischen Klöstern seit Jahrhunderten gepflegt werden und sich beim Volk großer Beliebtheit erfreuen.

Nach tibetischer Überlieferung gehen die Cham-Spiele auf Padmasambhava selbst zurück: Bei der Grundsteinlegung des ersten tibetischen Klosters, Samye (bsam-yas), vollführte er einen Vajra-Tanz zur Reinigung des heiligen Bezirkes, wie in Thangka V der Serie (s. S. 87) berichtet.

Auf dem Höhepunkt des mehrtägigen Tsechu-Festes in Paro findet die Reinigungszeremonie des großen Thangka statt, das wir hier sehen. Es handelt sich um ein Applikations-Thangka von 30 m x 20 m, das Padmasambhava als Guru Rinpoche zeigt, umgeben von seinen acht Erscheinungsformen (hier nur zum Teil sichtbar), seinen beiden Begleiterinnen sowie einigen Dugpa-Kagyü-Lamas (in der unteren Reihe).

Nachdem sich die Lamas und Mönche vor Sonnenaufgang im Vorhof des Klosters versammelt haben, wird das riesige Thangka von jungen Mönchen aus dem Kloster getragen. Viele Hände befreien es sorgsam von den großen schützenden Seidentüchern. Dann wird es an der Außenwand des Klosters aufgehängt und feierlich entrollt. Diesen Augenblick bei Sonnenaufgang hält die Photographie fest. Wer das Thangka andächtig betrachtet und Opfergaben für das Kloster darbringt, wird von aller Schuld befreit. So ziehen denn die Menschen andächtig an dem Bild vorbei und berühren es ehrfurchtsvoll mit der Stirn. Später wird ein langer Altartisch mit Butterlampen und Opferkuchen vor dem Thangka aufgestellt.

Der kultische Zweck der morgendlichen Zeremonie ist die symbolische Reinigung der auf dem Thangka dargestellten Gottheiten: man bittet sie, in einem vor dem Thangka aufgestellten Spiegel Platz zu nehmen. Nachdem die Spiegelbilder mit heiligem Wasser besprengt worden sind, werden Padmasambhava und die anderen Gottheiten gebeten, wieder in das Bild zurückzukehren.

Wenn die Sonne ihren höchsten Stand erreicht hat, wird das Thangka herabgelassen, sorgfältig eingerollt und von den Lamas in das Kloster zurückgetragen.

Das Cham-Spiel in Trakthog

Auch in Ladakh gibt es verschiedene heilige Orte, an denen Padmasambhava meditiert und Dämonenbannungen vollzogen haben soll, so in Trakthog, wo eine Höhle nach ihm benannt ist. Hier steht das einzige heute noch vorhandene Nyingma-Kloster Ladakhs, in dem etwa 50 Mönche leben. Im Klosterhof finden alljährlich Cham-Feste zu Ehren Padmasambhavas statt, die sich meist über mehrere Tage hinziehen. Die Bevölkerung strömt von weither zusammen, um an den rituellen Maskentänzen teilzunehmen.

Es handelt sich um alte Mysterienspiele. Ihr Ursprung reicht in vorbuddhistische Zeit zurück; die Tänze der Schamanenpriester und magische Beschwörungsriten sind ihre Vorläufer. Auch die genau festgelegte Choreographie der Cham-Tänze hat im wesentlichen rituellen Charakter. Nur gelegentlich verdichtet sich der Tanz zu einem dramatischen Geschehen, wenn mythische und legendäre Ereignisse geschildert werden. Meist aber bestimmen monotone Klänge und ein ständiges tänzerisches Schreiten um eine imaginäre Mitte, die wie das Zentrum eines Maṇḍala umkreist wird, den Ablauf, wobei immer wieder neue Gruppen von Tänzern in den Masken und Kostümen verschiedener Gottheiten auftreten. Nicht nur die Schritte der Tänzer, auch die Kultgeräte, mit denen sie stumm agieren, spielen eine wichtige Rolle. Bisweilen steigert sich das Mönchsorchester zum vollen Klang, etwa wenn eine der Gottheiten wirbelnd durch die Luft zu fliegen scheint und alle Zuschauer in ihren Bann zieht.

Der Einzug Padmasambhavas und seines Gefolges gehört zu den Höhepunkten der Cham-Spiele. Auf dem Bild haben sie gerade an einer Seite des festlich geschmückten Klosterhofes Platz genommen; ihnen gegenüber sitzen der Abt und das von ihm mit Becken (tingshag/tiṅ-śag) geleitete Mönchsorchester. Die meist paarweise gespielten Musikinstrumente sind Stieltrommeln (nga/rṅa), Zimbeln (silnyen/sil-sñan), Oboen (gyaling/rgya-gliṅ), Trompeten (kangling/rkaṅ-gliṅ) und Langhörner (dungchen/duṅ-chen). Padmasambhava selbst ist sozusagen nur Ehrengast, doch seine acht Erscheinungsformen treten nacheinander auf und vollziehen tanzend die großen Taten des Meisters nach. Wie so viele Riten ist auch das

19 Das Cham-Spiel in Trakthog

Cham-Spiel die kultische Wiederholung eines einmaligen, beispielhaften Geschehens: Die Erinnerung an das Ereignis wird wachgehalten, und zugleich nimmt es damit Gestalt an. Nach Beendigung der Tänze kehren Padmasambhava und sein Gefolge in einer feierlichen Prozession, der sich das Mönchsorchester anschließt, in das Kloster zurück. Wir sehen von rechts nach links:

1 den behelmten Beschützer des Ostens, Dikpāla Dhṛtarāṣtra, mit der Laute;

2 den blaugesichtigen Beschützer des Südens, Dikpāla Virūḍhaka, der eine Maske mit einem Makara-Helm trägt und ein Schwert hält;

3 einen bärtigen indischen Gelehrten;

4 Padmasambhava als zornvollen rotbraungesichtigen Dorje Dolö;

5 Padmasambhava als gelbgewandeten Śākya Senge, als zweiten Buddha;
6 Padmasambhava als tantrischen Yogi Nyima Öser;
7 den indischen Paṇḍita Śāntarakṣita, erster Abt von Samye;
8 den tibetischen König Trisong Detsen, der Padmasambhava einst eingeladen hatte, nach Tibet zu kommen;
9 Padmasambhava mit dem roten Lotoshut als Guru Rinpoche unter einem gelben Ehrenschirm, umgeben von seinen beiden Schülerinnen Yeshe Tsogyal und Mandāravā;
10 Padmasambhava als Pemasambha, Gelehrten mit rotem Gelehrtenhut;
11 (nicht mehr voll sichtbar) Padmasambhava als dunkelblaugesichtigen Senge Dadog;
12 (ebenfalls verdeckt) Padmasambhava als Loden Chogse, ›Weisheitsverkünder‹.
Die auf diesem Flügel folgenden Weltenwächter des Westens und des Nordens, Virūpākṣa und Vaiśravaṇa, sind nicht mehr sichtbar.

Der tibetische Festkalender zu Ehren Padmasambhavas[1]

Tibetischer Monat	*Tag*	*Ehrenname Padmasambhavas*	*Aufenthaltsort*	*Thangka, Inschrift*
I.	10. März	Śāntarakṣita – ›Wächter des Friedens‹	Indien	III, 54
II.	10. April Mönchsweihe	Śākya Senge – ›Löwe aus dem Śākya-Geschlecht‹	Indien	III, 64
III.	10. Mai	Chime Pema Djungne – ›Der unsterbliche Lotosgeborene‹	Zahor	III, 126
IV.	11. Juni	Pema Dorje Tsal – ›Der mit Lotos und Vajra‹	Uḍyāna	III, 154
V.	10. Juli	Senge Dadog – ›Der mit der Löwenstimme‹	Nepal	III, 81 ff., 97 ff.; VII
VI.	10. August Geburtstag	Tzokye Dorje – ›Der aus dem See geborene Vajra‹	Uḍyāna	I; III, 34
VII.	11. September Abschied von Tibet	Khading Tsal – ›Der sich in den Himmel aufschwingt‹	Nordindien	V, 75
VIII.	10. Oktober	Nyima Öser – ›Sonnenstrahl-Guru‹	Südindien	III, 67 ff.; VI
IX.	10. November	Dorje Thöten Tsal – ›Der mit Vajra und Schädelkette‹	Nepal	III, 110 ff.
X.	10. Dezember Gründung von Samye	Pemasambha – ›Der aus dem Lotos Geborene‹	Zahor	III, 86 ff.; IV; V, 35
XI.	10. Januar	Dorje Dolö – ›Dämonenbezwinger‹, ›Trost-Guru‹	Bhutan	III, 101 ff.; VIII
XII.	10. Februar	Padma Gyalpo – ›Lotoskönig‹	Uḍyāna	V

[1] Monatsangaben gemäß dem Festkalender des tibetischen Jahres 2111, hrsg. vom Rigpa Fellowship, London 1984

Padmasambhava als Buddha unseres Zeitalters

Dem großen tantrischen Meister Padmasambhava verdanken die Tibeter einen historischen Neubeginn – er griff schicksalhaft in die Geschichte ihres Landes ein. Sein Leben, früh zur Legende geworden, ist historisch kaum mehr greifbar; Anfang und Ende seiner Biographie liegen im Dunkel. Aufgrund seiner beispielhaften Taten aber, mit denen er den Grundstein des neuen Glaubens legte, wurde er zum Zentrum religiöser Verehrung in Tibet. Er gilt dort als ein zweiter Buddha – so ist zugleich die Verbindung zum Ursprung, zur heiligen Wirkungszeit des historischen Buddha Śākyamuni, hergestellt. Padmasambhava war kein mönchischer Asket, wie man es nach buddhistischer Tradition erwarten sollte, sondern ein weltzugewandter Heiliger, wie er uns in Gestalt der großen indischen Siddhas begegnet, die gleichsam jenseits von Gut und Böse einen individuellen Weg zur Erleuchtung gefunden haben. Immer wieder wird Padmasambhava auch ›der Mann aus Uḍyāna‹ genannt, um seine Herkunft aus Indien und seine von dort stammende Weisheit zu betonen.

Als Begründer ihrer eigenen religiösen Geschichte ist Padmasambhava für die Tibeter nicht nur ein Glaubensstreiter, der viele gefährliche Feinde besiegt und dem Dharma verpflichtet hat, sondern zugleich eine Symbolfigur der Geisteskraft und Stärke, ein ›Trost-Guru‹ für die Lebenden wie für die noch im Bardo Weilenden. Das zeigen besonders die lebhaft ausgeschmückten Erzählungen über Padmasambhava als Dämonenbezwinger. Mögen historisch gesehen die Missionserfolge Padmasambhavas auch nicht überall von Dauer gewesen sein, da die Gegnerschaft gegen den neuen Glauben groß war, so spielt doch die Erinnerung an ihn bei denen, die sein Werk fortsetzten und vollendeten, eine wichtige Rolle.

In der Malerei wie in den Mysterienspielen tritt uns Padmasambhava vor allem in seinen acht Erscheinungsformen – als Guru Tsengye – entgegen, die mit seinen Einweihungsnamen und seiner liturgischen Anrufung in Beziehung stehen. Endgültig zum Mythos geworden ist Padmasambhava in den Darstellungen seines jenseitigen Paradieses Zangdog Palri, wo er als Trikāya-Lama regiert. Durch sein Versprechen, zu bestimmten Zeiten, vornehmlich in Zeiten der Not, leibhaftig in Tibet zu erscheinen, wird er zugleich zu einem Grenzgänger zwischen Nirvāṇa und Saṃsāra. Auch die Gestalt dieses Südwestlichen Paradieses hat, wie wir gesehen haben, einen mythischen und archetypischen Charakter. Sowohl bei den literarischen Zeugnissen als auch bei den Bildern, die sich darauf beziehen, geht es freilich nicht um historische Fakten, sondern um Glaubenszeugnisse und ihre vielfältige Vermittlung. Neben die räumliche Fixierung im Zangdog Palri tritt eine zeitliche. Durch die Vorstellung von den drei aufeinander folgenden Zeitaltern wird Padmasambhava in einen heilsgeschichtlichen Zusammenhang gerückt, der ihm den Rang eines Buddhas unseres Zeitalters zuweist (s. S. 22 f.).

Bei der Betrachtung der Thangkas stellt man mit Erstaunen fest, daß sich ihre Aussage trotz aller Vielfalt der Gestalten und symbolischen Bezüge zu einem Ganzen fügt. Das gilt insbesondere für die visionären Bilder des Paradieses, die als Ergebnis langjähriger meditativer Erfahrung anzusehen sind. Nicht das freie Spiel der Phantasie steht hinter dieser imaginären Bildwelt, sondern eine durch Jahrhunderte gehütete künstlerische Tradition, die zu bestimmten, immer wieder neu belebten Bildmustern geführt hat.

Ist der verborgene Sinn der Bilder einmal entschlüsselt, erscheinen sie einem nicht mehr fremdartig, sondern wie Spiegelungen, die man betrachtet, um sich selbst darin wiederzuerkennen. Die Bilder selbst fördern einen schrittweisen meditativen Prozeß, der auf eine Mitte hin ausgerichtet ist. So gesehen, haben die Bildwerke, in denen Padmasambhava, in welcher Gestalt er auch immer erscheint, jeweils eine Doppelfunktion: Für den Laien besitzen sie erzählenden und belehrenden Charakter, für den Eingeweihten werden sie zu einem wichtigen Meditationswerkzeug. Sie erschließen sich in ihrer esoterischen Dimension erst, wenn man die Zentralfigur als Chiffre, als Identitätsfigur für den Meditierenden versteht, der sich seiner eigenen, geheimen Buddha-Natur bewußt werden soll. Für alle, die auf dem tantrischen Pfad wandeln, ist Padmasambhava vor allem der ›kostbare, juwelengleiche Lehrer‹, der unvergleichliche Meister, der mit vielen Namen angerufen werden kann – für jeden auf unterschiedliche Weise ein überzeitlicher Helfer.

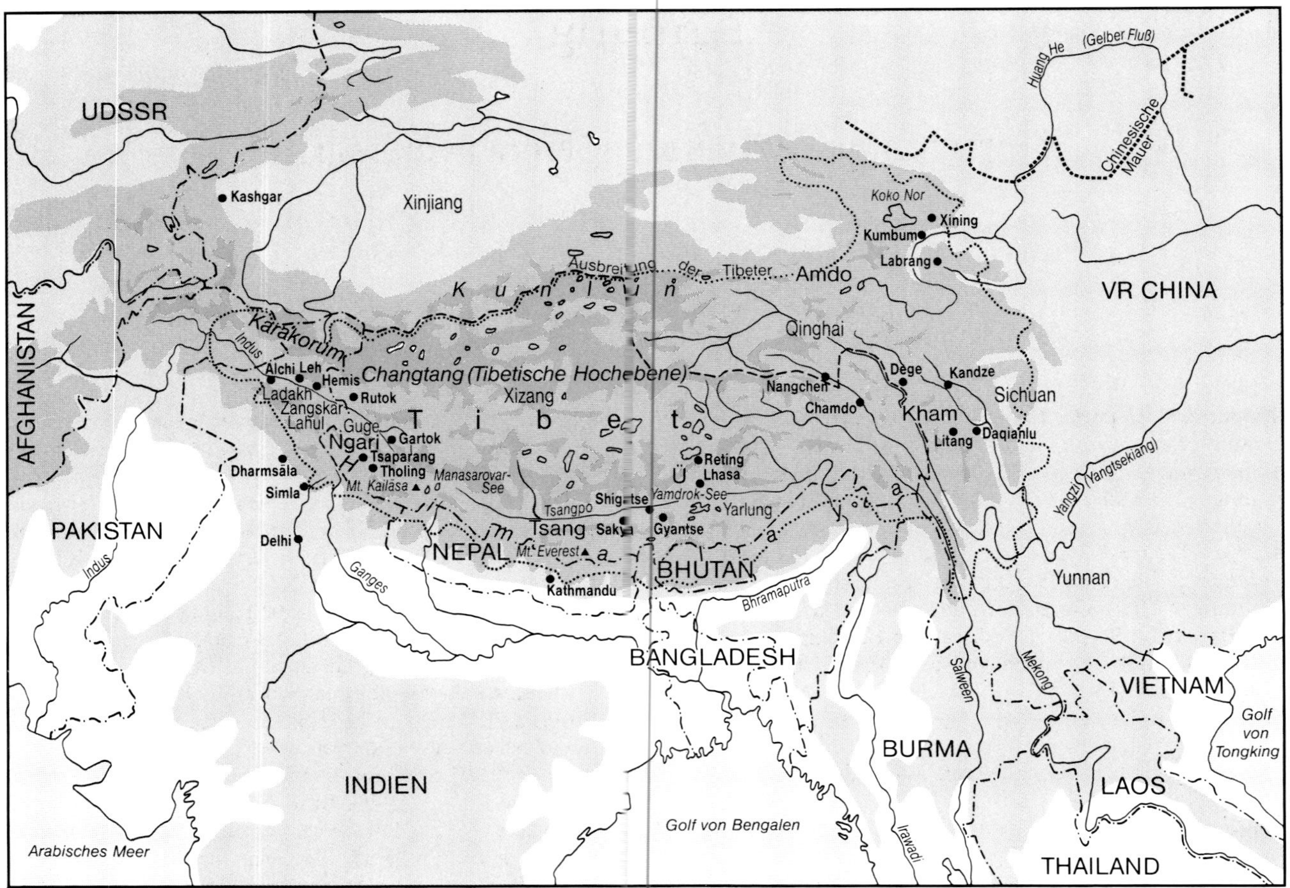

Karte des tibetischen Kulturraums

Anhang

Verzeichnis der verwendeten Fachbegriffe

Abhinanda, Abhirati (Ngonga/mṅon-dga') Östliches Paradies des → Akṣobhya
Abhaya-mudrā Geste der Furchtlosigkeit und Ermutigung: erhobene rechte Hand, deren Innenfläche nach außen weist
Ācārya Lehrer, Meister des Wissens
Ādibuddha ›Urbuddha‹; die monotheistische Vorstellung einer seit Uranfang existierenden höchsten Buddha-Gestalt; tritt im 10. Jh. im → Vajrayāna-Buddhismus hervor
Akṣobhya (Mikyöpa/mi-bskyod-pa) ›Der Unerschütterliche‹; → Tathāgata
Amitābha (Öpagme/'od-dpag-med) ›Das unermeßliche Licht‹; → Tathāgata
Amoghasiddhi (Donyö Duppa/don-yod-grub-pa) ›Der alles Vollendende‹; → Tathāgata
Amṛta Lebenswasser, Nektar der Todlosigkeit
Aṇḍa Ei; kuppelförmiger Mittelbau des → Stūpa
Añjali-mudrā Geste der Verehrung; vor der Brust gefaltete Hände
Aṅkuśa Elefantenstachel, mit dem der Zaudernde und Irrende auf den rechten Weg geführt wird
Apsarā Himmlische Nymphe
Arhat ›Würdiger‹, Heiliger; höchstes Ziel im → Hīnayāna; am bekanntesten ist die Gruppe der 16 Arhats
Asura (lhamin/lha-min) Titan, kriegerischer Halbgott, Feind der Götter; eine der sechs Existenzweisen des → Bhavacakra
Avalokiteśvara (Chenrezig/spyan-ras-gzigs) → Bodhisattva des Mitleids
Avidyā ›Unwissenheit‹, Nichterkennen der eigenen Natur

Bardo (bar-do) ›Zwischenzustand‹ zwischen Tod und Wiedergeburt
»*Bardo Thödol*« (bar-do-thos-grol) ›Befreiung durch Hören im Zwischenzustand‹; »Tibetisches Totenbuch«, auf Padmasambhava zurückgehend
Bhavacakra (sipa khorlo/srid-pa-'khor-lo) ›Lebensrad‹; Lehrtafel und Symbol des → Saṃsāra
Bhūmisparśa-mudrā Erleuchtungsgeste: die ausgestreckte Rechte weist nach unten; versinnbildlicht Buddhas Anrufung der Erdgöttin als Zeugin seiner Erleuchtung
Bīja Keim, Same, Wurzel, Kraft; magischer Buchstabe
»*Blaue Annalen*« (»Debther Ngönpo«/deb-ther-sṅon-po) Werk des Gelehrten und Übersetzers Shongnu Pal (gshoṅ-nu-dpal; 1392–1481)
Bodhicitta ›Erleuchtungsgeist‹; das selbstlose Streben nach Erleuchtung, um so zum Wohle aller Lebewesen zu wirken; eine der Haupttugenden des → Mahāyāna
Bodhisattva ›Erleuchtungswesen‹; im Hīnayāna Bezeichnung für → Buddha → Śākyamuni in seinen früheren Existenzen (→ Jātaka); im Mahāyāna werden zwei Arten von Bodhisattvas unterschieden: 1 irdische – ein Mensch, der das Bodhisattva-Gelübde abgelegt hat und sich in → Bodhicitta übt; 2 ein transzendentes Wesen, das die Buddhaschaft erlangt hat, aber zum Wohle aller Lebewesen auf das Eintreten ins → Nirvāṇa verzichtet und so als Erlösungshelfer wirkt
Bön (bon) Ursprüngliche alttibetische animistische Religion; später dem Lamaismus stark angeglichen
Brahmāloka (zangpä jigten/tzaṅs-pa'i-'jig-rten) ›Bereich des Brahmā‹; in der indischen Kosmologie der himmlische Aufenthaltsort der in Meditation versunkenen Gottheiten; Vorstufe des → Nirvāṇa
Buddha ›Der Erwachte‹; Bezeichnung für: 1 den historischen Buddha → Śākyamuni nach seiner Erleuchtung; 2 allgemein für einen Menschen, der die vollkommene Befreiung vom → Saṃsāra erreicht hat; 3 für transzendente Buddhas als verschiedene Verkörperungen des Buddha-Prinzips, vor allem für die fünf → Jinas oder → Tathāgatas; 4 Synonym für das Absolute, die letzte eigentliche Wirklichkeit, auch Buddha-Natur genannt
Buddhaḍākinī Partnerin des → Vairocana
Buddhas der drei Zeiten → Dīpaṅkara (Vergangenheit), → Śākyamuni (Gegenwart), → Maitreya (Zukunft)
Buddhistischer Kanon Die kanonischen Schriften des tibetischen Buddhismus, bestehend aus über 300 Bänden, gegliedert in → Kanjur und → Tenjur
Bumpa (bum-pa) Vase, Ritualgerät

Cakra ›Rad‹, ›Kreis‹; Nervenknoten oder Energiezentren, der Wirbelsäule entlang vorzustellen, in denen Seelisches und Körperliches sich durchdringen; in der Malerei werden sie meist als Lotosblüten mit unterschiedlich vielen Blütenblättern dargestellt. – Auf dem System der sieben Hauptcakras basieren der hinduistische wie der buddhistische → Yoga
Chan Chinesische Kurzform für → Dhyāna, eine der großen Schulen des → Mahāyāna-Buddhismus in China; entstanden im 6./7. Jh.; (japanisch: Zen)
Cham (ʼcam) Alljährlich in den Klöstern stattfindende Mysterienspiele in Form ritueller Tänze; begleitet von einem Mönchsorchester
Chöpi Lhamo (mchod-pa'i-lha-mo) Opferdarbringende Göttinnen
Chörten → Stūpa

Ḍākinī (khandoma/mkha'-'gro-ma) ›Die in den Himmel Wandelnde‹; Partnerin auf dem Heilsweg; in vielerlei Gestalt und oft nur mit Knochenschmuck bekleidet dargestellt; auch Gefährtin eines → Siddha

Dalai Lama ›Lehrer, dessen Weisheit dem Ozean gleicht‹; ein 1578 von dem Mongolenfürsten Altan Khan dem dritten Oberhaupt des → Gelugpa-Ordens verliehener Ehrentitel. Der jeweilige Dalai Lama gilt als eine Verkörperung des → Bodhisattva → Avalokiteśvara und als Wiedergeburt seines Vorgängers (→ Tulku)

Deva (mask.); *Devī* (fem.) Göttliche Wesen

Devachen → Sukhāvatī

Dhāraṇī Formel, Zauberspruch; jeweils von bestimmten Gottheiten abgeleitet

Dharma (chö/chos) ›Tragen‹; ›Halten‹: 1 die ›Große Ordnung‹, das Weltgesetz; 2 die Lehre Buddhas, der letzteres erkannt hat

Dharmacakra (chökyi khorlo/chos-kyi-'khor-lo) Achtspeichiges ›Rad der Lehre‹; Symbol der Lehre Buddhas und des achtfachen Pfades

Dharmacakra-mudrā ›Geste der Lehrdarlegung‹; das Drehen des Rades der Lehre nachahmend

Dharmadhātu ›Bereich der Lehre‹; Welt der Leerheit, Götterschoß

Dharmakāya ›Körper des Gesetzes‹, auch ›Wahrheitskörper‹ genannt; → Trikāya

Dharmapāla ›Beschützer der Lehre‹; buddhistische Schutzgottheit; oft aus Lokalgottheiten hervorgegangen

Dharmaratna ›Juwel der Lehre‹

Dhyāna (samten/bsam-gtan) ›Meditation‹, ›Versenkung‹

Dhyāna-mudrā Geste der Meditation: beide Hände ruhen, Handflächen nach oben gewandt, auf dem Schoß

Dhyāni-Buddha ›Meditationsbuddha‹; → Jina

Dikpāla (gyalchen de shi/rgyal-chen-sde-bshi) Richtungsbeschützer der vier Haupthimmelsrichtungen

Dingwa (gdiṅ-ba) Sitzunterlage der Mönche

Dīpaṅkara ›Der Lichtbringer‹, der erste der legendären irdischen Vorgänger → Buddha → Śākyamunis

Dorje → Vajra

Dorje Thowa (rdo-rje-tho-ba) ›Vajra-Hammer‹; Kultgerät

Dubtag (grub-rtags) ›Verwirklichungszeichen‹; Zeichen der Siddhaschaft; übernatürliche Fähigkeit; → Siddhi

Dugpa Kadje (sgrub-pa-bka'-brgyad) Maṇḍala-Ritual der acht → Herukas

Dürsin (dur-srin) Vampire der Leichenstätten

Dulbum (grul-bum) Vampirartige Geister

Durtrö (dur-khrod; *śmaśana)* ›Friedhof‹, ›Leichenstätte‹ bevorzugter Meditationsort der → Yogis

Durt(r)öma (dur-khrod-ma) Geisterhafte Friedhofsbewohnerin

Dzogchen (rdzogs-chen) ›Große Vollendung‹; tantrische Überlieferung; Hauptlehre der → Nyingma-Schule; im 8. Jh. von Padmasambhava nach Tibet gebracht

Dzogpa Anu-Yoga (rdzogs-pa-a-nu-yoga) höchstes → Yoga- → Tantra

Gandharva Himmlischer Sänger und Musikant; den Halbgöttern zugehörig

Gaṇḍi Stabförmiger Gong; Attribut des Pañjara- → Mahākāla und magisches Behältnis für sein Gefolge

Garuḍa Mythisches Vogelwesen; halb Vogel, halb Mensch; König der Vögel und Feind der Schlangen

Gelugpa (dge-lugs-pa) ›Die Tugendhaften‹; jüngste der vier lamaistischen Hauptschulen; gegründet von Tsongkhapa (tsoṅ-kha-pa; 1357–1419)

Ghaṇṭā (dilbu/dril-bu) ›Glocke‹; Kultgerät; auch Symbol des Weiblichen und der Weisheit

Ging (giṅ) Himmlischer Tänzer

Goma Shi (sgo-ma-bshi) Die vier Torhüterinnen des → Bardo

Grundübel (dugsum/dug-gsum) Die drei Grundübel oder Gifte: Unwissenheit, Begierde und Haß; im → Bhavacakra symbolisiert durch Schwein, Hahn und Schlange

Gyä (gyad) Riese

Hamkhung (hoṃ-khuṅ) ›Kerkerdreieck‹; Ritualgerät zur Vernichtung der drei → Grundübel

Hayagrīva (Tamdin/rta-mgrin) ›Der mit dem Pferdenacken‹; ursprünglich zornvolle Emanation des → Akṣobhya; später dem → Amitābha zugeordnet; → Yidam

Heruka (thragthung/khrag-'thuṅ) ›Bluttrinker‹; zornvolle geflügelte Gottheiten; das Blut des Zweifels trinkend, das den ganzen Menschen durchdringt. Sie gehören zur Kategorie der → Yidam

Hīnayāna Das ›Kleine Fahrzeug‹; von seinen Anhängern ›Theravada‹, ›Lehre der Ältesten‹, genannt; aufgrund seiner Verbreitung in den südlichen Ländern Asiens auch als ›Südlicher Buddhismus‹ bezeichnet

Jātaka ›Geburtsgeschichte‹; legendäre Vorgeburtsgeschichten Buddhas

Jina ›Sieger‹; Bezeichnung für die transzendenten Buddhas, den fünf kosmischen Bereichen zugeordnet; → Tathāgata

Kadje (bka'-brgyad) ›Acht Kategorien der tantrischen Lehre der → Nyingmapa

Kagyüpa (bka'-brgyud-pa) ›Mündliche, dem Kanon entsprechende Übertragungslinie‹; eine der vier lamaistischen Hauptschulen; gegründet von Marpa (1012–97)

Kālacakra (Dükyi Khorlo/dus-kyi-'khor-lo) ›Rad der Zeiten‹; → Yidam und Verkörperung des Kālacakra-Tantra, des letzten großen → Tantra; wahrscheinlich im 10. Jh. in Nordwestindien entstanden; durch Atīśa (982–1055) nach Tibet gelangt

Kalaśa (tsebum/tze-bum) Vase für Lebenswasser (→ Amṛta); Ritualgerät

Kalpa ›Weltperiode‹, Weltzeitaltern

Kāmadeva 1 Verkörperung von Leidenschaften; 2 Name des indischen Liebesgottes

Kangjog (rkaṅ-mgyogs) 1 übernatürliche Fähigkeit des Schnellaufens; 2 königlicher Schnelläufer

Kanjur (bka'-'gyur) Kanjur und → Tenjur bilden zusammen den über 300 Bände umfassenden Kanon des tibetischen Buddhismus. Der Kanjur, die Übersetzung der Verkündigung Buddhas, gliedert sich in sechs Abteilungen 1 → Tantra; 2 → Prajñāpāramitā; 3 Ratnakūta; 4 Avatamsaka; 5 Sūtra; 6 Vinaya

Kapāla (thöpa/thod-pa) ›Schädelschale‹; tantrisches Kultgerät

Keurima Gottheiten des → Bardo

Khatag (kha-btags) Zeremonieller Glücksschal; bei Begrüßung und Verabschiedung überreicht

Khaṭvāṅga Dreizackbekrönter Stab; tantrisches Würdezeichen und geheimes Symbol der Yum (weibliche tantrische Partnerin)

Kīla → Phurbu

Köpa Lhündub (bkod-pa-lhun-grub) Paradies des → Samantabhadra

Lama (bla-ma) ›Höherstehender‹; religiöser Meister *(guru)*, dem Verehrung zuteil wird, da er im Unterschied zum einfachen Mönch als Verkörperung der Lehre höchste Autorität besitzt

»*Le'udünma*« (le'u-bdun-ma) »Siebenkapitel-Gebet«;auch »Lama-Trikāya-Gebet« genannt

Lhakhang (lha-khaṅ) Tempel

Lhamo (lha-mo; *Śrīmatī Devī*) ›Die Göttin‹; ursprünglich hinduistische Göttin und Gemahlin Śivas; in verschiedenen Erscheinungsformen in das lamaistische Pantheon eingemeindet; in Tibet insbesondere als Hüterinnen des Kosmos verehrt. (Die zornvolle, über den → Muleting-See reitende Lhamo gilt als Schutzgöttin von Lhasa.) → Dharmapāla

Līlāsana ›Spielsitz‹; lockere Sitzhaltung mit angezogenem rechten Bein

Lingam Phallisches Symbol; ursprünglich Zeichen Śivas; Sinnbild für → Grundübel

Mādhyamika (uma/dbu-ma) Philosophisches Lehrsystem des ›Mittleren Weges‹; im 2. Jh. von Nāgārjuna und Āryadeva begründete Schule des → Mahāyāna; die Relativität der Gegensätze lehrend

Mahābodhisattva ›Großer Bodhisattva‹; die transzendenten Bodhisattvas werden traditionell zu verschiedenen Gruppen zusammengefaßt. Wichtigste ist die Dreiheit von → Mañjuśrī, → Avalokiteśvara und → Vajrapāṇi, die als Verkörperungen der drei Haupttugenden des → Mahāyāna – Weisheit, Mitleid und Tatkraft – gelten; daneben gibt es eine Fünfer- und eine Achtergruppe

Mahākāla ›Der große Schwarze‹, d.h. großer, zornvoller Beschützer; alle Mahākāla-Gestalten gelten als Emanationen des → Jina → Akṣobhya

Mahāmāya (gyutul/sgyu-'phrul) ›Große Illusion‹; Traditionslinie, welche die Wesenlosigkeit der Wirklichkeit verkündet

Mahāsiddha ›Großer Beherrscher übernatürlicher Fähigkeiten‹; Eingeweihter der tantrischen Tradition; am bekanntesten ist die Gruppe der 84 indischen Mahāsiddhas, die – aus verschiedenen sozialen Schichten stammend – auf individuellem Weg Erleuchtung erlangt haben

Mahāsukha ›Großes Glück‹; All-Einheitserlebnis

Mahāyāna ›Großes Fahrzeug‹; historisch bedeutsam Schulrichtung des Buddhismus, die sich vor allem als Laienfrömmigkeit versteht und sich am → Bodhisattva-Ideal orientiert

Maitreya (Champa/byams-pa); ›Der Liebende‹; Buddha des kommenden Zeitalters

Makara Wasserdrache

Mamo (ma-mo) Friedloser weiblicher Dämon; auch lokale Schutzgottheit

Maṇḍala (kyilkhor/dkyil-'khor) ›Kreis‹; rituelles Diagramm; symbolische Darstellung des Makro- und Mikrokosmos; wichtigstes tantrisches Hilfsmittel zur Meditation

Mañjuśrī (Jampal Yang/'jam-dpal-dbyaṅs) ›Der sanfte Herr‹; Bodhisattva der Weisheit; hält in seiner erhobenen Rechten das Schwert der Erkenntnis und in seiner Linken das Buch der ›Vollkommenen Weisheit‹; → Prajñāpāramitā

Mantra Kraftgeladene magische Silbe; verwendet bei Rezitation, Visualisierung und Meditation; beim Sprechen freigesetzte Schwingungen benutzend, um spirituelle Erfahrungen herbeizuführen; jeweils bestimmten kosmischen Kräften, → Buddhas und → Cakras zugeordnet; gilt als ›Alles bewirkender Spruch‹

Māra ›Übeltäter‹; Teufel

Māya Welt der illusionären Erscheinungen

Māyā Name der Mutter des → Buddha → Śākyamuni

Meru ›Weltenberg‹; Zentrum des Universums; Verbindung der oberen und unteren Bereiche; mit dem → Kailāsa-Gipfel im westlichen Himalaya identifiziert

Menrak (sman-rak) Rituelles Opferschalenpaar aus Schädelknochen oder in Schädelschalenform

Mokṣa (tharpa/thar-pa) Befreiung vom Kreislauf der Wiedergeburten

Mudrā ›Siegel‹; rituelle und symbolische Geste der Hände; Charakteristikum der verschiedenen Gottheiten und Hilfsmittel zu ihrer Visualisierung

Muleting-See Dunkler, mythischer See; irdische gegen überirdische Welt abgrenzend und sich – wenn die zornvolle Göttin → Lhamo über ihn reitet – von Zeit zu Zeit in ein Blutmeer verwandelnd; Sinnbild für Blutvergießen und Krieg

Muṇḍamālā Schädelkette aus den Köpfen oder Schädeln von → Dharma-Feinden; Abzeichen der → Mahākālas

Mungo (nakula) Attribut der Reichtumsgottheiten; juwelenspeiendes Tier

Nāga (mask.); *Nāginī* (fem.) (lu/klu) Schlangenwesen, dem unterirdischen Bereich zugehörig

Namshe (rnam-śes) ›Seele‹

Nirmāṇakāya ›Verwandlungskörper‹; → Trikāya

Nirvāṇa ›Verlöschen‹; Befreiung vom Kreislauf der Wiedergeburten; Einssein mit dem Absoluten; höchste Glückseligkeit; Zustand der Erleuchtung; Verwirklichung der Buddha-Natur

Nödjin (gnod-sbyin) Reichtumsgottheiten

Nödjin Tadag (gnod-bsyin-rta-bdag) Niedere Reichtumsgottheiten

Norbu (nor-bu) Perle, wunscherfüllender Edelstein

Nyingmapa (rñiṅ-ma-pa) Schule der ›Alten‹; auf Padmasambhava (8. Jh.) zurückgehende, und älteste der vier lamaistischen Hauptschulen

Padma (pema/pad-ma) ›Lotos‹; Symbol der geistigen Wiedergeburt und Schale der Reinheit

Päsha (pad-shwa) Lotoshut der → Nyingma-Lamas

Paldenzä (dpal-ldan-mdzes) Südliches Paradies des → Ratnasambhava

Pañcatathāgata (gyalwa rignga/rgyal-ba-rigs-lṅa) Die fünf → Tathāgatas: → Amitābha, → Amoghasiddhi, → Akṣobhya, → Ratnasambhava, → Vairocana

Panshwa (paṇ-shwa) Spitzer Gelehrtenhut der indischen → Paṇḍitas

Pāśa Schlingen zum Einfangen von Dämonen

»*Pemakathang*« (padma-bka'-thaṅ) Hagiographie Padmasambhavas; verfaßt von seiner Schülerin Yeshe Tsogyal; im 14. Jh. wiederentdecktes → Terma

Phurbu (phur-bu/a; *kīla)* Magischer Dolch; Ritualgerät des Tantrikers

Potala Residenz der Dalai Lamas in Lhasa; erbaut vom V. Dalai Lama (1617–82) anstelle des alten Königspalastes des → Songtsen Gampo (1617–49)

Prajñā Weisheitspartnerin der erleuchteten Gottheiten

Prajñāpāramitā (Śerab Kyi Paröltu Chinma/śe-rab-kyi-pha-rol-tu-phyin-ma) Göttin; Verkörperung der ›das andere Ufer erreichenden, transzendenten Weisheit‹

Pratyālīḍha Ausfallschritt nach rechts

Pratyeka-Buddha (rangyal/raṅ-rgyal) ›Einsam Erwachter‹; jemand, der ohne Lehrer, aus eigener Einsicht, Erleuchtung erlangt hat; auch ohne Kenntnis des → Dharma

Preta Hungergeist; Bewohner des Pretaloka (Bereich des → Bhavacakra)

Rākṣasa (sinpo/srin-po) Riesenhafte dunkelhäutige Menschen, auch als Menschenfresser geltend, am Rande der bewohnten Welt lebend

Ratnasambhava (Rinchen Djungden/rin-chen-'byuṅldan) ›Der als Juwel Geborene‹; → Tathāgata

Repa (ras-pa) ›Weißgewandeter‹; Yogi aus der → Kagyü-Schule

Retima Gefolge → Vajrakīlas

Rigzin (rig-'dzin; *vidyādhara)* 1 Wissenshaltende Gottheiten des Bardo; 2 Repräsentanten vorbuddhistischer Weisheit; 3 tantrische Meister der → Nyingma-Schule

Rolang (ro-laṅs) Von einem Geist besessener Körper eines Toten

Ṛṣi ›Seher‹; Heiliger; insbesondere die inspirierten Verfasser der vedischen Hymnen

Rūpadeva Verkörperung von Formkräften und Leidenschaften

Sadag Gefolge → Vajrakīlas

Sādhana (dubthab/sgrub-thabs) ›Mittel zur Vollendung‹; Texte zur Ausführung bestimmter Rituale und Meditationsübungen und zur Visualisierung bestimmter Gottheiten

Śākyamuni/Śākya Thubpa (śākya-thub-pa) ›Der Fähige aus dem Śākya-Geschlecht‹; Ehrentitel für den Prinzen Siddhārta aus der Fürstenfamilie Gautama (um 450–370). Seine jahrhundertelang nur mündlich überlieferte, in den kanonischen Schriften fixierte Lebensbeschreibung ist Bestandteil der Verkündigung der sich ausbreitenden Mönchsgemeinde (→ Saṅgha), die ihn als Vorbild und Lehrer des → Dharma bezeugt; regte vor allem die frühe Bildkunst von Gandhara an

Sakyapa (sa-skya-pa) Nach dem Kloster Sakya (sa-skya), ›Graue Erde‹, benannter Orden; eine der vier lamaistischen Hauptschulen; gegründet von Könchog Gyalpo (1034–1102)

Samantabhadra (Kuntu Zangpo/kun-tu-bzaṅ-po) ›Der Allgute‹; 1 → Ādibuddha, geistiger Vater aller → Buddhas, Personifizierung des → Dharmakāya, vor allem in der → Nyingma-Schule verehrt; 2 einer der acht → Mahābodhisattvas

Śambhala ›Quelle der Freude‹, mythisches Königreich im nördlichen Tibet, das, wie im → Kālacakra-Tantra beschrieben, am Ende dieses Zeitalters eine wichtige Rolle als Frieden stiftendes Reich spielen wird

Sambhogakāya ›Körper des Entzückens‹; → Trikāya

Saṃsāra ›Wanderung‹; 1 Kreislauf der Wiedergeburten, verbildlicht im → Bhavacakra; 2 die Welt des unerleuchteten Menschen

Saṅgha Gemeinschaft der Gläubigen; Gemeinde → Buddhas

Saptaratna ›Die sieben Kostbarkeiten eines Weltherrschers‹: 1 Rad *(cakra;* 'khor-lo), 2 Juwel *(maṇi;* nor-bu), 3 Königin *(strī;* btsun-mo), 4 Minister *(mantri;* blon-po), 5 weißer Elefant *(hasti;* glaṅ-po), 6 das beste Pferd *(aśva;* rta-mchog), 7 Heerführer *(senāpati;* dmag-dpon)

Semo Gefolge → Vajrakīlas

Shelye Khang (gshal-yas-khaṅ) ›Palast der reinen Lichtsphäre‹; der strahlende Palast Padmasambhavas in seinem Südwestlichen Paradies

Siddhi (ngödub/dṅos-grub) ›Verwirklichungen‹, die im Gefolge tantrischer Übungen entstehen können, aber nicht Selbstzweck sind

Sinpo (srin-po) Friedhofsgeister; auch wilde Menschen (→ Rākṣasa)

Skandha (phungpo/phuṅ-po) ›Anhäufung‹, ›Gruppe‹; Bezeichnung für die fünf Daseinsfaktoren, die für den Menschen bestimmend sind; auch als Gruppe des Anhaftens *(upādāna-skandha)* bezeichnet: Bewußtsein *(vijñāna)*, Wahrnehmung *(saṃjñā)*, Empfindung *(vedanā)*, Körper, Gestaltung *(rūpa)*, Geist, Wollen, Bildekraft *(saṃskāra)*

Songtsen Gampo (sroṅ-btsan-sgam-po) Erster buddhistischer König Tibets (617–649); Einiger des tibetischen Reiches

Śrāmaṇa Wandermönch, Asket

Stūpa (chörten/mchod-rten) Wichtigstes buddhistisches Bauwerk Asiens; auch Reliquienschrein und Sinnbild für → Buddhas Eingang ins → Nirvāṇa

Śūdra Kaste der Schlachter in Indien

Sukhāvatī (Devachen/bde-ba-čan) Westliches Paradies des → Amitābha

Śūnyatā (tongpa nyi/stoṅ-pa-ñid) Leerheit aller Erscheinungen; zentraler Begriff im → Mahāyāna-Buddhismus

Svabhāvakāya ›Aus sich selbst existierender Körper‹; auch Sahajakāya, › Körper der reinen Natur‹, genannt; verstanden als die Einheit der drei Seinsweisen des → Trikāya

Svastika Hakenkreuz; altes Heilssymbol im → Bön-Glauben; im Buddhismus dem Rad der Lehre gleichgesetzt; in China Symbol des Unendlichen und Siegel der Buddhaschaft

Tantra ›Kontinuum‹, ›Gewebe‹, philosophisch-meditative Grundwerke des → Vajrayāna-Buddhismus. Man unterscheidet in der Praxis vier Tantra-Klassen: 1 Kriyā-Tantra (Handlungstantra); 2 Charyā-Tantra (Ausübungstantra); 3 Yoga-Tantra; 4 höchstes Yoga-Tantra. Die → Nyingma-Schule unterteilt Nr. 4 in drei weitere Klassen: Mahā-, Anu- und Ati-Yoga (→ Dzogchen)

Tarjanī-mudrā ›Geste des Drohens‹: ausgestreckte Hand, Zeige- und kleiner Finger abgespreizt

Tathāgata (deshinshegpa/de-bshin-gśegs-pa) ›Der so Gegangene‹, ›Der darüber hinaus Gelangte‹, ›Der Vollendete‹; Selbstbezeichnung → Buddhas; im späteren Buddhismus (3./4. Jh.) vor allem Bezeichnung für die Gruppe der fünf transzendenten, dem → Sambhogakāya zugeordneten Buddha-Gestalten

Tathāgatagarbha ›Keim des Tathāgata‹; die allen Lebewesen innewohnende verborgene Buddha-Natur

Tārā (Dölma/sgrol-ma) ›Retterin‹; Göttin des Erbarmens; eine weibliche → Bodhisattva-Gestalt, der Legende nach aus den Tränen → Avalokiteśvaras entstanden. Am bekanntesten sind die Weiße Tārā *(Sitatārā;* Dölma Karmo/sgrol-ma-dkar-mo) und die Grüne Tārā, *(Śyāmatārā;* Dölma Djangu/sgrol-ma-ljaṅ-gu)

Tenjur Tenjur und → Kanjur bilden den über 300 Bände umfassenden Kanon des tibetischen Buddhismus; der Tenjur ist die Übersetzung der Kommentarliteratur

Terma (gter-ma) ›Schätze‹; wiederentdeckte Heiligtümer wie Schriften, Statuen und Ritualgeräte

Tertön (gter-ston) ›Schatzentdecker‹; besonders in der → Nyima-Tradition verbreitet

Thamenma (phra-men-ma) → Mamo

Therang (the-raṅ) Geister

Torma (gtor-ma) Rituelles Speiseopfer; Opferkuchen aus Gerstenmehl und Butter

Trikāya Die im 3. Jh. entstandene Lehre von den drei Körpern eines → Buddha: 1 Nirmāṇakāya – ›Verwandlungskörper‹ –, die sichtbare irdische Gestalt; 2 Sambhogakāya – ›Körper des Entzückens‹ –, der strahlende überirdische Erscheinungsleib; 3 Dharmakāya – ›Körper des Gesetzes‹ –, die allen Buddhas gemeinsame transzendente Wirklichkeit

Trikāya-Lama Name für Padmasambhava; die Einheit der drei Kāyas (→ Trikāya) repräsentierend

Triśūla Dreizackstab; Symbol Śivas

Tsampa (rtsam-spa) Geröstetes Gerstenmehl; mit Buttertee vermischt; Hauptnahrungsmittel der Tibeter

Tsän (btsan) Zornige Naturgötter

Tsechu (tzes-bĉu) ›Der zehnte Tag‹ jeden Monats; Feier von Padmasambhavas Leben und Wirken

Tulku (sprul-sku) Wiedergeborener hoher → Lama; u. a. die Oberhäupter der vier lamaistischen Hauptschulen

Tummo (gtum-mo) Durch tantrische Praktik erzeugte innere und äußere Hitze; Atemregulierung

Tuṣita (Ganden Lhanä/dga'-ldan-lha-gnas) ›Glücklicher Götterort‹; das Paradies des → Maitreya

Upādāna-skandha ›Gruppen des Anhaftens‹; → Skandha

Upāya und *Prajñā* (thab und sherab/thabs und śes-rab) Methode und Weisheit; → Yab-Yum, auch symbolisiert durch → Vajra und → Ghaṇṭā

Uṣṇīsa Erleuchtungserhöhung auf dem Haupt, einen Buddha auszeichnend

Vairocana (Nampar Nangdzä/rnam-par-snaṅ-mdzad) ›Der ringsum Leuchtende‹; → Tathāgata

Vajra (dorje/rdo-rje) Diamantzepter, Hauptkultgerät der → Lamas; Symbol des → Dharma und des spirituellen Weges

Vajrakīla (Dorje Phurpa/rdo-rje-phur-pa) → Yidam-Gestalt, den magischen Dolch (→ Phurbu) verkörpernd; Padmasambhava brachte im 8. Jh. die tantrischen Lehren des Vajrakīla nach Tibet

Vajrāsana ›Vajra-Sitz‹; Sitz mit verschränkten Beinen und nach oben gerichteten Fußsohlen; auch Padmāsana, ›Lotossitz‹, genannt

Vajrayāna ›Diamantfahrzeug‹; aus dem → Mahāyāna hervorgegangener esoterischer Buddhismus, in dem geheime, meditative und rituelle Praktiken eine wichtige Rolle spielen; auch als Mantrayāna oder Tantrayāna bezeichnet

Varada-mudrā (chogchin/mchog-sbyin) ›Geste der Gunstgewährung und des vollkommenen Gebens‹: geöffnete, abwärts weisende Hand

Varuṇa (Chulha/chu-lha) ›Der Allumfassende‹; eine der ältesten vedischen Gottheiten; ursprünglich Personifizierung des Himmels, später der Meere und Flüsse

Vidyādhara → Rigzin

Vāyus (Lhunglha/rluṅ-lha) ›Luft‹, ›Wind‹; Gott der Winde; alte vedische Gottheit

Wangpo Ngä Metog (dbaṅ-po-lṅa'i-me-tog) ›Blumen der fünf Sinne‹; tantrische Zeremonie; symbolisches Selbstopfer

Yab-Yum (yab-yum) ›Vater-Mutter‹; mystische Vereinigung von männlichen und weiblichen Gottheiten; Symbol für die Vereinigung der Gegensätze, insbesondere für die Vereinigung von Methode und Weisheit (→ Upāya und Prajñā)

Yama Altindischer Totengott; in der buddhistischen Mythologie Herrscher der Hölle

Yidam (iṣṭadevata) Persönliche Initiationsgottheit und symbolische Verbildlichung eines tantrischen Lehrsystems

Yoga ›Joch‹; im Hinduismus zeigen verschiedene Yoga-Wege in Verbindung mit körperlichen Übungen einen Weg zur höchsten Erkenntnis. Im tibetischen Buddhismus geht es dabei um die Verwirklichung bestimmter tantrischer Praktiken, die entsprechend dem geistigen Vermögen des Übenden *(yogi, yogini)* in verschiedene Klassen aufgeteilt sind

Zangdog Palri (zaṅs-mdog-dpal-ri) ›Kostbarer, kupferfarbener Berg‹; Südwestliches Paradies des Padmasambhava

Zangpä Jigten → Brahmāloka

Transkription des tibetischen Alphabets

ka	kha	ga	ṅa	ča	cha	ja	ña
ཀ་	ཁ་	ག་	ང་	ཅ་	ཆ་	ཇ་	ཉ་
ta	tha	da	na	pa	pha	ba	ma
ཏ་	ཐ་	ད་	ན་	པ་	ཕ་	བ་	མ་
tsa	tza	dza	wa	sha	za	’a	ya
ཙ་	ཚ་	ཛ་	ཝ་	ཞ་	ཟ་	འ་	ཡ་
ra	la	śa	sa	ha	a		
ར་	ལ་	ཤ་	ས་	ཧ་	ཨ་		
i	u	e	o				
ཨི	ཨུ་	ཨེ་	ཨོ				

Beispiel für Ligaturen

kya	kra	kla	kwa	rka	lka	ska
ཀྱ་	ཀྲ་	ཀླ་	ཀྭ	རྐ་	ལྐ་	སྐ་

Konsonanten und Vokale für tibetische Umschrift aus dem Sanskrit

ṭa	ṭha	ḍa	ḍha	ṇa	ṣa	aḥ	oṃ
ཊ་	ཋ་	ཌ་	ཌྷ་	ཎ་	ཥ་	ཨཿ	ཨོཾ
ट	ठ	ड	ढ	ण	ष	आः	ओं
ā	ī	ū	ai	au			
ཨཱ་	ཨཱི་	ཨཱུ་	ཨཻ	ཨཽ			
आ	ई	ऊ	ऐ	औ			

Literaturverzeichnis

Literatur in europäischen Sprachen

Bharati, Agehananda, Die Tantra-Tradition, Freiburg 1977

Bischoff, F. A., Padmasambhava est-il un personnage historique, In: Proceedings of the Csoma de Körös, Budapest 1978

Blofeld, John, Der Weg zur Macht. Praktischer Führer zur tantrischen Mystik Tibets, Weilheim 1970

Bonn, Gisela, Bhutan. Kunst und Kultur im Reich der Drachen, Köln 1988

Brück, Michael von, Weisheit der Leere, Sūtra-Texte des indischen Mahāyāna-Buddhismus, Zürich 1989

Dalai Lama, XIV., Einführung in den Buddhismus, Luzern 1965

David-Neel, Alexandra, Der Weg zur Erleuchtung, Stuttgart 1960

Erhard, F.-K., Tibetischer Buddhismus, In: Lexikon der östlichen Weisheitslehren, München 1986

Eliade, Mircea, Ewige Bilder und Sinnbilder, Frankfurt 1986

Essen, Gerd-Wolfgang/T. T. Thingo, Die Götter des Himalaya, München 1989

Evanz-Wentz, W. Y., Das tibetische Buch der großen Befreiung, München 1955

Gega Lama, Principles of Tibetan Art, Darjeeling 1983

Govinda, Lama Anagarika, Grundlagen tibetischer Mystik, Zürich/Stuttgart 1966

Govinda, Lama Anagarika, Buddhistische Reflexionen, Frankfurt 1968

Grönbold, Günter, Die Mythologie des indischen Buddhismus, In: Wörterbuch der Mythologie, I. Abteilung, Stuttgart 1984

Grünwedel, Albert, Mythologie des Buddhismus in Tibet und der Mongolei, Osnabrück 1900/1970

Guenther, Herbert V., Tantra als Lebensanschauung, Weilheim 1974

Guenther, Herbert V./Tschögyam Trungpa, Tantra im Licht der Wirklichkeit, Freiburg 1976

Herrmann-Pfandt, Adelheid, Untersuchungen zur Religionsgeschichte und Mythologie der Ḍākinīs im indotibetischen Raum, Bonn 1988

Hoffmann, Helmut, Die Religionen Tibets, Freiburg/München 1956

Hoffmann, Helmut, Symbolik der tibetischen Religionen und des Schamanismus, Stuttgart 1967

Hopkins, Jeffrey (Hrsg.), Tantra in Tibet, Köln 1980

Hopkins, Jeffrey, Der tibetische Buddhismus. Sutra und Tantra, Jägerndorf 1988

Huntington, John C., The Phur-pa, Tibetan Ritual Daggers, Ascona 1975

Jung, C. G., Mandala, Olten/Freiburg 1977

Khetsün Sangpo/Hopkins, Jeffrey, Die Praxis des Tantra, München 1988

Kirfel, Willibald, Symbolik des Buddhismus, Stuttgart 1959

Klaus, Christa, Der aus dem Lotos Entstandene; Asiatische Forschungen Bd. 85, Wiesbaden 1982

Klimkeit, Hans-Joachim, Die Seidenstraße, Köln 1989

Klimkeit, Hans-Joachim, Der Buddha. Leben und Lehre, Köln 1990

Lauf, Detlef Ingo, Das Erbe Tibets, Bern 1972

Lauf, Detlef Ingo, Das Bild als Symbol im Tantrismus, München 1973

Lauf, Detlef Ingo, Geheimlehren tibetischer Totenbücher, Freiburg 1975

Lauf, Detlef Ingo, Verborgene Botschaft tibetischer Thangkas, Freiburg 1976

Lavizzari-Raeuber, Alexandra, Thangkas. Rollbilder aus dem Himalaya, Köln 1984

Lexikon der östlichen Weisheitslehren, hrsg. von Michael Diener/K. Franz/Ingrid Fischer-Schreiber/Kurt Friedrichs, München 1986

Müller, Claudius C./Raunig, Walter, Der Weg zum Dach der Welt, Innsbruck/Frankfurt 1982/83

Neu, Rainer, Die Analogie von buddhistischem und christlichem Mönchtum, In: Zeitschrift für Religions- und Geistesgeschichte, Heft 2, Leiden 1990

Olschak, Blanche C./Markus-Gansser, Ursula, Bhutan. Königreich im Himalaya, Freiburg 1983

Olschak, Blanche C./Geshe Thupten Wangyal, Mystik und Kunst Alttibets, Bern/Stuttgart, 1972

Pal, Pratapaditya, Tibetan Paintings, Basel 1984

Pal, Pratapaditya, Nepal. Where the Gods are Young, New York 1975

Richardson, H. E., Tibet. Geschichte und Schicksal, Frankfurt/Berlin 1964

Sagaster, Klaus (Hrsg.), Ikonographie und Symbolik des tibetischen Buddhismus, Teil A II, Wiesbaden 1983

Schlagintweit, Emil (Hrsg.), Die Lebensbeschreibung von Padmasambhava, Ulm 1990

Schroeder, Ulrich von, Indo-Tibetan Bronzes, Hongkong 1981

Schumann, Hans Wolfgang, Buddhistische Bilderwelt, Köln 1986

Schumann, Hans Wolfgang, Der historische Buddha, Köln 1982

Schumann, Hans Wolfgang, Mahāyāna-Buddhismus, München 1990

Schwery, Walter, Im Strom des Erwachens, Interlaken 1988

Snellgrove, David L., Indo-Tibetan Buddhism, London 1987

Söpa, Geshe Lhündup/Hopkins, Jeffrey, Der tibetische Buddhismus, Köln 1977

Tucci, Giuseppe, Tibetan Painted Scrolls. Band I, II, III, Rom 1949
Tucci, Giuseppe, Indo-Tibetica Vol. IV, Rom 1941
Uhlig, Helmut, Tantrische Kunst des Buddhismus, Berlin 1981
Wörterbuch der Mythologie, I. Abteilung: Indischer Buddhismus, hrsg. von H. W. Haussig, Stuttgart 1984

Tibetische Literatur

»Leu'dünma« (»Siebenkapitel-Gebet«) → Tulku Zangpo Dragpa
»Pemakathang« → Jomo Yeshe Tzogyal
»Darnag Berchen« → Tertön Guru Chöwang
»Düdjom Chödjung« → Ogyen Düdjom Lingpa Djigdel Yeshe Dorje

Tulku Zangpo Dragpa (sprul-sku-bzaṅ-po-grags-pa), Terma:
Lopön Sangye Nyipä Söldeb Le'udünma (slob-dpon-saṅs-rgyas-gñis-pa'i-gsol-'debs-le'u-bdun-ma)

Terchen Chogyur Lingpa (gter-chen-mchog-gyur-gliṅ-pa), Terma:
Söldeb Barchä Lamsel (gsol-'debs-bar-chad-lam-sel)

Djangdag Wangpö De (byaṅ-bdag-dbaṅ-po'i-sde):
Khawä Djongder Wangdüsu Togpa Nyepä Ngagchang Dubthob namla Söldeb Tzigsu Chäppa Djinlab Wangi Chugyün (kha-ba'i-ljoṅs-der-dbaṅ-dus-su-rtogs-pa-brñes-pa'i-sṅags-'chaṅ-grub-thob-rnams-la-gsol-'debs-tzigs-su-bc̓ad-pa-byin-rlabs-dbaṅ-gi-chu-rgyun)

Jonang Djetsün (jo-naṅ-rje-btsun):
Lopön Padmä Namthar Gyagar Lug (slob-dpon-pad-ma'i-rnam-thar-rgya-gar-lugs)

Jomo Yeshe Tzogyal (jo-mo-ye-śes-mtzo-rgyal):
Padma Kayi Thangyig Yar Lungshel Dagma (pad-ma-bka'-yi-thaṅ-yig-yar-kluṅs-śel-brag-ma)

Tertön Guru Chöwang (gter-ston-gu-ru-chos-dbaṅ), Terma:
Guru Darnag Berchen Shung (gu-ru-dar-nag-ber-chen-gshuṅ)

Dzongsar Khyentse Wangpo Padma Wösel Do-ngag Lingpa (rdzoṅ-sar-mkhyen-brtse'i-dbaṅ-po-pad-ma-'od-gsal-mdo-sṅags-gliṅ-pa):
Ogyen Rinpoche Söldeb Chiten Kye (o-rgyan-rin-po-che'i-gsol-'debs-spyi'i-rten-bskyed)

Tenyi Gyungdung Lingpa (bstan-gñis-gyuṅ-druṅ-gliṅ-pa), Terma:
Singyal Yagamchen Guru Karma Dagpö Lädjang (srin-rgyal-ya-gam-c̓an-gu-ru-kar-ma-drag-po'i-las-byaṅ)

Dorje Thogme Tsäl (rdo-rje-thog-med-rtsal):
Dolö Chogdig Namchag Barba (dro-lod-chog-bsgrigs-gnam-lc̓ags-'bar-ba)

Dzongsar Khyentse Chökyi Lodrö (rdzoṅ-sar-mkhyen-brtse-chos-kyi-blo-gros):
Zangdog Palri Mönlam (zaṅs-ṃdog-dpal-ri'i-smon-lam)

Ogyen Düdjom Lingpa Djigdel Yeshe Dorje (o-rgyan-bdud-'joms-gliṅ-pa-'jigs-bral-ye-śes-rdo-rje):
Sangchen Nyingmä Chödjung Lhawang Gyülä Gyalwä Ngawo Cheda Djang (gsaṅ-chen-rñiṅ-ma'i-chos-'byuṅ-lha-dbaṅ-gyul-las-rgyal-ba'i-rṅa-bo-che'i-sgra-dbyaṅs)

Mahā Paṇḍita Thukwan Lobzang Chökyi Nyima (ma-hā-paṇ-ḍi-ta-thu'u-bkwan-blo-bzaṅ-chos-kyi-ñi-ma):
Bödu Tenpa Nga Chidang Sang-ngag Nyingmä Dubtha Djungtsül (bod-du-bstan-pa-sṅa-phyi-daṅ-gsaṅ-sṅags-rñiṅ-ma'i-grub-mtha'-byuṅ-tzul)

Verzeichnis der Abbildungen

Frontispiz: Padmasambhava mit seinen acht Erscheinungsformen
Guru Tsengye
(gu-ru-mtzan-brgyad)
Ladakh, 16. Jh.
Bronze, Hohlguß; Kaltgoldbemalung; Höhe: 24 cm
Inv. 7924
Publiziert: G.-W. Essen/T. T. Thingo, Die Götter des Himalaya, Bd. II, 187
D. I. Lauf, Ikonographie des tibetischen Buddhismus, 13

Abb. 1 Padmasambhava als Guru Rinpoche
(gu-ru-rin-po-che)
Tibet, 17. Jh.
Bronze; einteiliger Hohlguß, ziseliert und feuervergoldet (Stab separat gegossen); Höhe: 32 cm
Inv. 7523

Abb. 2–9 Achtteilige Thangka-Serie
Gouache auf Leinen mit Brokateinfassung; je 90 x 63 cm
Tibet, 18. Jh.

- 2 I Tzokye Dorje
  (mtzo-skyes-rdo-rje)
  Inv. 8122
- 3 II Zangdog Palri
  (zaṅs-mdog-dpal-ri)
  Inv. 8116
- 4 III Loden Chogse
  (blo-ldan-mchog-sred)
  Inv. 8117
- 5 IV Pemasambha
  (padma-sam-bha)
  Inv. 8118
- 6 V Padma Gyalpo
  (padma-rgyal-po)
  Inv. 8121
- 7 VI Nyima Öser
  (ñi-ma-'od-zer)
  Inv. 8120
- 8 VII Senge Dadog
  (seṅ-ge-sgra-sgrogs)
  Inv. 8119
- 9 VIII Dorje Dolö
  (rdo-rje-gro-lod)
  Inv. 8123

Abb. 10 Padmasambhava mit seinen acht Erscheinungsformen
Guru Tsengye (gu-ru-mtzan-brgyad)
Tibet, 18. Jh.
Thangka; Gouache auf Leinen mit Brokateinfassung; 80 x 57 cm
Inv. 7407

Abb. 11 Padmasambhava mit seinen Schülern und Schülerinnen
Tibet, frühes 19. Jh.
Thangka; Gouache auf Leinen mit Brokateinfassung; 76,5 x 52 cm
Inv. 8627
Publiziert: G.-W. Essen/T. T. Thingo, Die Götter des Himalaya, Bd. II, 202

Abb. 12 Guru Dudul Dragpo Tsal
(gu-ru-bdud-'dul-drag-po-rtsal)
Tibet, 18. Jh.
Thangka; Gouache auf Leinen mit Brokateinfassung; 51 x 36,5 cm
Inv. 8832
Publiziert: G.-W. Essen/T. T. Thingo, Die Götter des Himalaya, Bd. I, 67, Bd. II, 193

Abb. 13 Zangdog Palri – Das Südwestliche Paradies des Padmasambhava
(zaṅs-mdog-dpal-ri-pad-ma-'od-kyi-shiṅ-khams)
Südtibet, frühes 17. Jh.
Thangka; Gouache auf Leinen mit Brokateinfassung; 84 x 64 cm
Rückseitig: Weihe-Inschrift mit buddhistischem Bekenntnis und verschiedene Mantras
Inv. 7721
Publiziert: G. W. Essen/T. T. Thingo, Die Götter des Himalaya, Bd. I, 122, Bd. II, 365

Abb. 14 Zangdog Palri – Das Südwestliche Paradies des Padmasambhava
(zaṅs-mdog-dpal-ri-pad-ma-'od-kyi-shiṅ-khams)
Tibet, 18. Jh.
Thangka; Gouache auf Leinen mit Brokateinfassung; 76,5 x 46,5 cm
Inv. 8411
Publiziert: G.-W. Essen/T. T. Thingo, Die Götter des Himalaya, Bd. II, 366
G. Tucci, Tibetan Painted Scrolls, Pl 221–223

Abb. 15 Zangdog Palri – Das Südwestliche Paradies des Padmasambhava
(zaṅs-mdog-dpal-ri-pad-ma-'od-kyi-shiṅ-khams)
Tibet, 19. Jh.
Thangka; Gouache auf Leinen mit Brokateinfassung; 58 x 39 cm
Inv. 7245
Publiziert: G.-W. Essen/T. T. Thingo, Die Götter des Himalaya, Bd. I, 123, Bd. II, 367
Abb.: Tatz, Kent: Karma

Abb. 16 Guru Dorje Dolö
(rdo-rje-gro-lod)
Tibet, 17. Jh.
Bronze, einteiliger Hohlguß; kultisch bemalt; Höhe: 17,5 cm
Inv. 8302

Abb. 17 Das Felsenkloster Tagtzang
(stag-tzaṅ)
Photo G.-W. Essen, 1982

Abb. 18 Das Tsechu-Fest in Paro, Bhutan
(tzes-bču), Bhutan
Photo G.-W. Essen, 1982

Abb. 19 Die Cham-Spiele in Trakthog, Ladakh
(brag-thog)
Photo G.-W. Essen, 1983

Die photographischen Aufnahmen der Thangkas und Bronzen besorgte Hans Meyer-Veden, Hamburg.

Die Kalligraphie des tibetischen Gebetstextes auf der Umschlagrückseite schrieb Tsering Tashi Thingo.

Wir danken dem Prestel-Verlag, München, für sein Einverständnis, parallel zur Publikation – Gerd-Wolfgang Essen/T. T. Thingo, Die Götter des Himalaya, 2 Bd. – die Abb. 10, 12, 13, 15 farbig zu reproduzieren. Ferner für die Freistellung der Texte zu den Abb. 12, 13, 15 sowie zur Transkription des Tibetischen, die wir in (leicht überarbeiteter) Fassung drucken können.

Register der wichtigsten Ortsbezeichnungen

Abhinanda (Ngonga; Paradies) 17
Andhra Pradesh 45
Aṣura Trakphug 36

Baidha 37, **45 f.**
Bal s. Nepal
Benares s. Salden
Bengalen (Bha[m]gala) 20, 22, 38, 46
Bhutan 12, 14, 106, 110, 118, **136 ff.,** 140
Bodhagayā 21, 29, 39, **48 f.**
Bodhnāth 84
Brahmāloka (Zangpä Jigten) 25

Ceylon (Laṅka; Siṅgala) 20, 22, 33, 39, 46, 90
China 23, 41, 88, 118

Dechen Sanglam Nölwa s. Leichenstätten
Deśanyaga-Gebirge 45
Devachen s. Sukhāvatī
Dhanakośa 31
Dhanakośa-See 10, **31 f.,** 47, 113
Djambumale 31
Dräden 46 f.
Dunhuang-Höhlen 8

Friedhöfe s. Leichenstätten

Gawa Tsal s. Leichenstätten
Geg 31
Gridhakuti-Hügel 43
Gungthang-Paß 90, 95

Hechen Dal s. Leichenstätten

Indien 12, 14, 29, 32, 34, **35 ff.,** 45 f., 49, 88, 118, 119, 120, 140, 141

Kailāsa 86, 122
Kamala 31
Kaschmir (Khache) 8, 9, 14, 34, 37 f., 48, 88
Kaśi (Kaçi) s. Salden
Khache s. Kaschmir
Kham 85
Khotan (Li) 22, 40, 88, 119
Koka (Rotfeldinsel) **20,** 21
Köpa Lhündup (Paradies) 39
Kula Dzog s. Leichenstätten
Kurukullā-Höhle 47

Laṅka s. Ceylon
Laṅka Tseg s. Leichenstätten
Laṅkapurna 19
Ladakh 4, **139**
Lärab (Paradies) 17
Leichenstätten 18, 22, 25, **37 f., 39 ff.,** 45 f., 50
Dechen Sanglam Nölwa **40 f.**
Gawa Tsal **45**
Hechen Dal **37 f.**
Kula Dzog **37**
Laṅka Tseg **39**
Lhündup Tseg **39**
Loka Tseg **40**
Naldji **20**
Padma Tseg **40**
Phunglung Nagpo **41**
Sangchen Rölpa **41**
Silwa Tsal **35**
Lhasa 84, **86,** 118
Lhodag 116
Lhündup Tseg s. Leichenstätten
Li s. Khotan
Loka Tseg s. Leichenstätten
Lumbini-Hain 21
Lunglha 31

Magadha (Magata) 21, 35
Māratika-Höhle 45
Meru-Berg 87 f., 98, 122, 130
Muleting-See 122, 133

Nāga-Land 50
Nālandā 8, 46
Naldji s. Leichenstätten
Nepal (Bal) 8, 12, 14, 22, 39, 84, 88, 140
Ngayab (Bergland) 31
Ngayab (Insel) 128
Ngonga s. Abhinanda

Odantapuri 87
Oḍyana s. Uḍyāna
Orgyan s. Uḍyāna

Padma Tseg s. Leichenstätten
Pakistan 14
Paldenzä (Paradies) 17
Parbata 31
Paro 106, **138**
Patna s. Pemachen
Pemachen (Patna, Puṣpapura) 35

Phunglung Nagpo s. Leichenstätten
Prajñana 31
Puṣpapura s. Pemachen

Ragala 35
Rājagṛiha (Rājgir) 43
Reich der Nāgas 21
Reich der Rākṣasas **25,** 90
Rotfeldinsel s. Koka
Roter Felshain 36

Sala 41
Salden (Benares, Kaśi) 35
Śampo-Tal 85
Samye 8, 36, **87 f.,** 89, 118, 119, 120, 138, 140
Samye Chimpu 116
Sangchen Rölpa s. Leichenstätten
Schieferberg 45, 135
Shelye Kang (Palast P. s) 97, 128, 130
Silwa Tsal s. Leichenstätten
Siṅgala 31; s. auch Ceylon
Śingkun s. Svayambhūnāth
Sukhāvatī (Devachen; Paradies) 4, 17, 81, 100
Svayambhūnāth (Śingkun) 50

Tadug 90
Tagtzang 106, 110, **136**
Thogar s. Tukhara
Tibet 4, 12, 13, 32, **84 ff.,** 100, 118
Trakthog 139
Tsangpo-Tal 8
Tukhara (Thogar) 22
Tuṣita-Himmel 20

Uḍyāna (Oḍyana, Orgyan) 4, 8, 10, 12, 22, 29, **31,** 40, 47, 98, 140, 141
Uyugji Tzang 85

Xinjiang 40

Yangleśö-Höhle 50
Yarlung-Tal 8
Yongdu 18

Zahor 10, 12, 22, 39, **43 ff.,** 122, 140
Zangdog Palri (Paradies) 12, 13, **25 ff.,** 97, 98, 119, **125 ff., 128 ff., 133 ff.**
Zangpä Jigten s. Brahmāloka

Register der Personen, Dämonen und Gottheiten

Nur der Haupttext – ohne Inschriftenlisten – wurde für das Register berücksichtigt. Bezeichnungen von Götter- oder Geisterkategorien sind im folgenden zur besseren Unterscheidung von ›Eigennamen‹ klein geschrieben; P steht für Padmasambhava

adibuddha 9, 13, 15, 17, 37, 39, 57, 59, 60, 83, 101, 108, 113, 125
Agni (Melha; Feuergott) 31, 37
Akṣobhya (Mikyöpa; jina) 18, 95
Amitābha (Öpagme; jina) 18, 25, 32, 59, 81, 100, 113
Amitāyus (Tsepagme; buddha) 40, 45, 59, 60, 83, 98, 125
Amoghasiddhi (Dönyö Duppa; jina) 18, 95
Ānanda (Schüler Śākyamunis) 36
apsarā 49
Arjuna (Situb; Einsiedler) 35
Āryadeva (Abt) 46
Aśoka (König) 45
asura 20, 21, 40, 108 f.
Ati (König) 35
Avaloskiteśvara (Chenrezig; bodhisattva) 15, 21, 23, 31, 40, 41, 45, 60, 101, 125
Avalokiteśvara Ṣaḍakṣarī (Chenrezig Yiyedugma; bodhisattva) 59

Bairocana (Schüler P.s) 89, 116, **118,** 119
Balang (Friedhofsbeschützer) 40
Begtse (Kriegsgott) 109
Bernagchen (mahākāla) 124
Bhaiṣajyaguru (Menla; Medizin-Buddha) 98
Bimalamitra s. Vimalamitra
Bimamitra s. Śākyaśri Bhadra
Bimbisāra (König) 35 f.
Binasa (Bierverkäuferin) 47
bodhisattva 95, 125; s. auch mahābodhisattva
bodhisattva-ḍākinī 108
bönpo **38**
Brahmā (kāmadeva) 36, 41, 83, 108
Bramzug Mahākāla 62
Bringiritī (kāmadeva) 108
buddhaḍākinī 47
Buddhaguhyā (Sangye Sangva; siddha) 60, 120
Buddhas der drei Zeiten 31, 60 f., 83
Bule Norzang (Berggott) 86

Caṇḍālī (keurima) 108
Candragomaśi (König) 33
Caurima (keurima) 108
Chechog Heruka (Kunzang Chechogpa; yidam) 60, 88, 119
Chime Pema Djungne s. Pema Djungne
chöpi lhamo 130

ḍākinī 27, 35, 36, 37, 38, 39, 40, 45, 81, 83, 89, 95, 98, 100, 101, 106, 108, 122, 128
Dalai Lama, V. 86, 103
Damchen Dorje Legpa (dharmapāla) 85
Dampa Togkarpo (Prinz) 21
Daṇḍa Mahākāla s. Pañjara Mahākāla
Dechog Dükyi Nyingpo (Dünying) 49
Dechog Dünying s. Dechog Dükyi Nyingpo
Degpa Kundül (yidam) 106, 108, 110
Denma Tsemang (Schüler P. s) **119**
Denphag s. Pramadeva
Desrid Sangye Gyatso (lama) 103
deva, devī 27, 31, 32, 108, 128, 138
Dhanasaṃskṛita (Lehrer P. s) 60
Dharmabeti (Prinzessin) 48
dharmapāla 61, 99, 109, 124
Dharmaśri (Prinz) 35
Dharmāśva (König) 48
Dhṛatarāṣṭra (Yülkhor Sung; dikpāla) 105, 130, 139
dikpāla (Richtungsbeschützer) 31, 110, 125, 128, 130, 139 f.
Dīpaṅkara (Marme Zä; Buddha der Vorzeit) 20, 60, 83
Dombipa (P.) **46 f.**
Dorje Dolö (P.) 4, 12, 14, 27, 60, 99, **106 ff.,** 113, 130, 139, 140
Dorje Dragpo (P.) 43, 47
Dorje Dragpo Tsal (P.) 115
Dorje Dragtsal (P.) 60
Dorje Dudjom (Schüler P. s) 12, **119**
Dorje Düdülma (ḍākinī) 39
Dorje Shönnu s. Vajrakumāra
Dorje Shugden (dharmapāla) 109
Dorje Thöten Tsal (P.) 41, 140
Dorje Tragthung (yidam) 60
Dorje Yubumma (Dzamün; Berggottheit) **84 f.**
Drenpa Namkha (Schüler P. s) **120**
Drogben Chewuchung Lotsā (Schüler P. s) **120**
Duchangma (ḍākinī) 41
Dudul Dragpo Tsal (P.) **122 ff.**
dulbum 40
Düldongma (goma) 108
Dünying s. Dechog Dükyi Nyingpo
dürsin 34
durtöma 62
Düsol Lhamo (dharmapāla) 38
Dütsen Kośa (Geist) 39
Dza (König) 23
Dzamün s. Dorje Yubumma
Dzedenma (Nāga-Prinzessin) 32

Ekajaṭī (Rächigma; dharmapāla) 61

Gadjeśvara s. Rameśvara
Gaṇapati (Reichstumsgottheit) 99
gandharva 40
Gaṇeśa (kāmadeva) 108
Garab Dorje (Lehrer P. s) 22, **39 f.,** 41, 48, 60
garuḍa 35, 61, 122
Gedenma 39
Gemalcham 49
Ghasmari (keurima) 108
ging 27, 33, 99, 130
goma 106, 108
Gömakha (Yakṣa-Göttin) 39
Gṛdhamukhī (thamenma) 108
Gyalwa Changchub (Schüler P. s) **120**
Gyalwa Chogyang (Schüler P. s) 88 f., 116, **118**
Gyalwä Lodrö (Schüler P. s) **119 f.**

Hayagrīva (yidam) **21,** 40, 48, 88 f., 98, 99, 118
heruka 21, 27, 47, 60, 88 f., 130
Huṃkara (siddha) **48**

Indra (Lhawang Gyadjin; kāmadeva) 23, 31, 108
Indrabhūti (König) 8, **31 ff.,** 43, 47, 59

Jā (König) 59; s. auch Indrabhūti
Jampal Shenyen s. Mañjuśrīmitra
Jigme Lingpa (lama) 103
Jigten Chötö Degdul (yidam) 89
jina (thöteng; tathāgata) 17, 18, 25, 29, 32, 47, 59, 60, 81, 83, 100, 101, 125
Jñana-Ḍākinī 40

Kachi Dagmo (Geist) 41
Kākamukhī (thamenma) 108
Kālajambhala (Reichtumsgottheit) 99
Kālasiddhi **47 f.**
Kāmadeva (kāmadeva) 108
kāmadeva 108
Kaṅkamukhī (thamenma) 108
Karma Pakṣi (II. Karmapa) 124
Karmo Dragpo s. Yalgam Chen Karmo Dragpo
Karmo Nyida (dharmapāla) 109
Kartika (kāmadeva) 108
Kaśyapa (Schüler Śākyamunis) 36
Kawa Paltseg (Schüler P.s) 119
Khading Tsal (P.) 140
Khublai Khan (Mongolenfürst) 124
Konchog Djungne (Schüler P.s) **120,** 130
Kubera (Reichtumsgott) 31
Kukkuripa (siddha) 60
Kumārajīvaka (Tzodje Shönnu; Arzt) **35 f.**
Kunga Tashi (lama) **103 f., 112**
Kunji Shenyen s. Sakalamitra
Kunti (Tharpa Nagpo) **18 f.**
Kuntu Changchen 39
Kuntudju (Freudenmädchen) 19 f.
Kunyen Thanglha s. Thanglha
Kunzang Chechogpa s. Chechog Heruka
Kurukullā (Rigdjema; yidam) 99

Läkyi Wangchen (ḍākinī) 40
Langdarma (König) 120
Laṅka, König von 20, 21
Lhachig Kunsa (König) 50
Lhamo (dharmapāla) 118, 133
Lhase Muti Tsänpo (Prinz/König, Schüler P.s) 11 f., 90, **95**
Loden Chogse (P.) 4, 12, 13, **29 ff.,** 113, 140
Logmatin (Dämonin) 39
Lugyal Djogpo s. Takśaka
Lükhyabdjug s. Nāgaviṣṇu

mahābodhisattva 15, 17, 22, 31, 59 f., 81, 100
mahākāla 21
mahāphāla 62, 100
Maitreya (Champa; Buddha der Zukunft) 60, 83
mamo 4, 35, 89, 109, 118, 128
Mandāravā (Maṇḍasangmo; yoginī P.s) 4, 15, **43 ff.,** 46, **47,** 50, 90, 113, 116, 130, 140
Maṇḍasangmo 43; s. auch Mandāravā
Mañjuśrī (Jampal Yang; bodhisattva) 15, 17, 22, 29, 31, 41, 45, 60
Mañjuśrī-Yamāntaka (Jampal Shinjeshe; yidam) 60, 88, 118
Mañjuśrīmitra (Jampal Shenyen) 39
Māra (Teufel) 35, 43
māra 85
Marchamma (Geist) 40
Matrarutṛa s. Rutṛa
Māyā (Mutter Śākyamunis) 21
Migringma (ḍākinī, Geist) 38
Mitog (Kuhhirt) **38**
Modpa Dagngag (yidam) 89
Mön (Bergvolk) 52
Mönpa Kengta (durtöma) 62
Muti Tsänpo s. Lhase Muti Tsänpo

nāga, nāginī 23, 27, 32, 47, 50, 108, 110, 128
nāgarāja (Nāga-Könige) 86, 108
Nāgārjuna (Siddhiphala; Prinz, Mönch) 46
Nāgaviṣṇu (Lükhyabdjug; König) **49**
Namkhai Nyingpo (Schüler P.s) 11, 12, 88, **116, 118**
Ngadag Gyalpo 119; s. auch Trisong Detsen
nödjin 86
nödjin tadag 99
Norbu Woddan (König) 46
Norgyünma (Reichtumsgöttin) 99
Nüden Dorje (yogī) 83
Nyima Öser (P.) 4, 12, 13, 37, 47, **95 ff.,** 102, 113, 140

Odchangma (Prinzessin) 33
Orgyan Lingpa (tertön) 8

Padma Gyalpo (P.) 4, 12, 13, **81 ff.,** 113
Padma Heruka (yidam) 60
Padmapāṇi (Chagna Padmo; bodhisattva) 81, 100, 113
Palden Lhamo s. Śrī Devī
Palgyi Dorje (Schüler P.s) **120**
Palgyi Senge (Schüler P.s) 89, 116, **118**
Palgyi Wangchug (Schüler P.s) **119**
Palgyi Yeshe (Schüler P.s) 89, 116, **118**
Pañjara Mahākāla (Daṇḍa Mahākāla) 62, 100
Pema Djungne (P.) 140
Pema Dorje Tsal (P.) 140
Pema Säl (Prinzessin) **89**
Pemasambha (P.) 4, 12, 13, 39, **57 ff.,** 113, 140
Peme Dame (Prinz) 83
Phagdongma (goma) 106
Prabāha(s)ti (Gelehrter) 36
Pramadeva (Denphag) 18
Pramohā (keurima) 108
preta 18 f., 37
Pukkasī (keurima) 108

Rāhu (Dämon) 43
Rāhula (dharmapāla) 45, 61, 89, 108, 118
Rāja (Dämon) 43
Rākṣasa, schwarzer tierköpfiger (Herr über die Friedhofsgeister) 31
rākṣasa 25, 31, 128
Raktayamārī (yidam; Reichtumsgottheit) 99
Rameśvara (Gadjeśvara; kāmadeva) 35
Ratnasambhava (Rinchen Djungden; jina) 18, 95
retima 50
Richtungsbeschützer s. dikpāla
Rigden Deva Zangkyong 40
rigzin s. Wissenshalter
Rinchen Chog (Schüler P.s) **120**
Rinpoche (P.) 4, **10,** 25, 113, 125, 140
Rolang Deva s. Garab Dorje
ṛṣi 33, 48
rūpadeva 108
Rutṛa (Matrarutṛa) 15, **20 ff.,** 22, **23,** 27, 99, 112

sadag 50
Sakalamitra (Kunji Shenyen; ācārya) 36
Śākya Deva 50
Śākya Senge (P.) 4, 12, 36, 60, 113, 140
Śākya Shenyen (Mönch) 36
Śākyamaitri (Mönch) 36
Śākyamuni (Siddhārta Gautama; Buddha der Gegenwart) 8, 11, 13, 15, 18, 21, 29, 33, 34, 35, 45, 49, 60, 61, 81, 83, 122, 141
Śākyaśri Bhadra (Bimamitra) 48
Śamä Dorje Yudon Chenchigma (Berggöttin) 85
Samantabhadra (Kundu Zangpo; ādibuddha) 9, 15, 17, 37, 39, 57, 59, 60, 83, 101, 108, 113, 122
Śampo (Berg) 85
Sangye Sangva s. Buddhaguhyā
Sangye Yeshe (Schüler P.s) 88, 116, **118**
Śanpa Marnag (dharmapāla) 61
Śāntaraksita (Shivatzo; Lehrer P.s) 8, 43, **60 f.,** 87, 88, 116, 118, 120, 140
Śāntaraksita (P.) 35
Śantigarbha (Lehrer P.s) 103
semo 50
Sengdongma (Siṃhamukha; goma) 106
Senge Dadog (P.) 4, 12, 13, 39, 40, 99, **103 ff.,** 112, 113, 140
Shidag Nyenpo (P.) 99
Shingkyong Sengi Dongchen (dharmapāla) 124
Shivatzo (ḍākinī) 40
Shivatzo s. Śāntaraksita

Shongnu Pal (Gelehrter) 8
Shudbu Palseng (Schüler P.s) **119**
Siddhiphala s. Nāgārjuna
Simhamukha 115; s. auch Sengdongma
Siṃhamukhī (thamenma; yidam) 108, 115
Situb s. Arjuna
Śmaśanī (keurima) 108
Sogdag Düngithor (dharmapāla) 109
Sogdag Yangleber (Yakṣa-Dämon) 109
Sogpo Lhapal (Schüler P.s) **119**
Songtsen Gampo (König) 45, 86
Śorwa Shönnu (P.) 35
Sṛgālamukhī (thamenma) 108
Śrī Devī (Palden Lhamo; dharmapāla)
Śrī Sengha (Prinz) 41, 59
Śvamukhī (thamenma) 108

Tadongma (goma) 106
Takśaka (Lugyal Dyogpo; Nāga-König) 23
Tārā (bodhisattva) 21
tathāgata s. jina
Tazang (Nāga-König) 46
Terdag Lingpa (lama) 103
thamenma 108
Thanglha (Kunyen Thanglha; durtöma) 62, 85
Tharpa Nagpo s. Kunti
therang 85 f
Thirang (Dämon) 43
thöteng s. jina
Thubka Shönnu (Irrlehrer) 18
Trignansin (Minister) 32, 33
Trikāya-Lama (P.) 12, 13, **25,** 95, 113, 122
Trisong Detsen (König) 8, 11, 12, 32, 36, 60, 84, **86,** 88, 89, 116, **118 f.,** 119, 140
Tsän-Dämonen 85, 109
Tsengye (P.) 4, **11 ff., 113 ff.**
Tsugna Rinchen (Nāga-König) 86
Tzodje Shönnu s. Kumārajīvaka
Tzokye Dorje (P.) 4, 12, 13, **14 ff., 31 f.,** 113, 140
Tzokye Salema (Prinzessin) **39**

Ūkamukhī (thamenma) 108
Upaindra (kāmadeva) 108
Urbuddha s. ādibuddha

Vairocana (Nampar Nangdzä; ādibuddha, jina) 95
Vaiśravaṇa (Namthöse; dikpāla, Reichtumsgott) 99 105, **110,** 140
Vaitālī (keurima) 108
Vajra Heruka (yidam) 60
Vajradhara (Dorje Chang; ādibuddha) 57, 59, 83
Vajrakīla (yidam) 50, 87, 89
Vajarakumāra (Dorje Shönnu; yidam) 60
Vajrakumāra-Kīla (yidam) 21
Vajrapāṇi (Chagna Dorje; bodhisattva) 15, 21, 23 31, 36, 45, 60, 62, 81, 100
Vajrasattva (Dorsem; ādibuddha, yidam) 15, 17 f., 33, 39, 48, 98, 101
Vajravārāhī (Dorje Phagmo; yidam) 17, 21, 47, 60
vajrayoginī 124
Varuṇa (Chulha; Wassergott) 40
Vāyus (Lhunglha; Windgott) 31, 40
Vijāya (bodhisattva) 41
Vimalamitra (Bimalamitra) 120
Virūḍhaka (Phagkyepo; dikpāla) 105, 139
Virūpākṣa (Chenmizang; dikpāla)
Viśvakarma (Lehrer P.s) 36
Vyāghramukhī (thamenma) 108
Wangchen (ḍākinī) 41
Wangchuk Mahāphāla (Dämon) 37
Wangden (Herrscher über die Yakṣas) 31
Wissenshalter (rigzin; vidyādhara) 25, 40, 59, 101, 128
Woden Palgyi Wangchuk (Schüler P.s) **120**

yakṣa 31
Yalgam Chen s. Yalgam Chen Karmo Dragpo
Yalgam Chen Karmo Dragpo (P.) 130
Yama (Shinrje; Höllenfürst) 31, 62, 109, 133
yama (Berggöttinnen) 85
Yamāntaka s. Mañjuśrī-Yamāntaka
Yamī (Zwillingsschwester Yamas) 109
Yangdag Heruka (yidam) 88
Yeshe De (Schüler P.s) **119**
Yeshe Shönnu (Schüler P.s) **119**
Yeshe Tsogyal (yoginī P.s) 4, 8, 11, 12, 89, 90, 113, 116, **118**
Yeshe Yang (Schüler P.s) **119**
yidam 17, 21, 60, 95, 106, 113, 118, 122
Yudra Nyingpo (Schüler P.s) **119**
Yungdung Lingpa (tertön) 124

Zahor, König von 44; s. auch Indrabhūti
Zangpo Chog (König) 81, 83

Von Teiji Itoh. 226 Seiten mit 76 Farbtafeln, 168 einfarbigen Abbildungen, Karten und Gartenplänen, einer Auswahl von 50 Gärten mit genauen Beschreibungen, Bibliographie, Register, Leinen im Schmuckschuber

»Hinter diesem Titel verbirgt sich eines der faszinierendsten Bücher, die es über die japanische Gartenkunst gibt. Bilder von stiller Eindringlichkeit, jedes für sich ein kleines Kunstwerk, lassen beim Betrachter den Wunsch wach werden, diese Gärten einmal in natura anzuschauen.« *HÄUSER*

»Beim Blättern im Buch macht der Betrachter einen bequemen Spaziergang durch die Geschichte der Naturverehrung und der Gartengestaltung in Japan von den Anfängen im 9. Jahrhundert bis in die jüngste Zeit. Die verschiedenen Gartentypen und die Materialien, mit denen die Natur kunstvoll nachgestaltet wird, werden beispielhaft vorgestellt, bis dann vorzügliche Detailphotos die berühmtesten Gärten des Landes in der jeweils aufregendsten Jahreszeit Revue passieren lassen.
Itohs Prachtband ist zweifellos eines der schönsten Bildbücher der letzten Jahre.«

Süddeutsche Zeitung

Von Daisetz T. Suzuki. 212 Seiten mit 136 einfarbigen Abbildungen und vielen Gedichten, Leinen mit Schutzumschlag

»Daisetz T. Suzuki, ein Mann, der unendlich viel für das Verständnis japanischer Kultur im Westen getan hat, vollendete sein heiterstes, gelöstestes Buch mit 95 Jahren, kurz vor seinem Tod. Es ist einem Zen-Meister gewidmet.
Gibbon Sengai lebte von 1750 bis 1837. Seine Tuschbilder und Gedichte zeugen von dem weisen Humor eines Mannes, der die menschlichen Schwächen einzuschätzen weiß, zugleich aber die Möglichkeit eines Sehens kennt, das man als eine unmittelbare, staunende und selbstvergessene Betrachtung alles Seienden beschreiben könnte. Es ist eben dieses Sehen, das sich in Bild und Text verwirklicht.
Suzuki hat 128 Tuschbilder kommentiert, Sengais Texte entziffert und übersetzt. Was dabei an glockenklarer Menschlichkeit zutage tritt und was die gedankliche Nähe zu einem unaufgeregten Geist im aufmerksamen Leser bewirkt, das alles ist eigentlich unschätzbar.« *Kieler Nachrichten*

Von Kazuaki Tanahashi. 150 Seiten mit 81 einfarbigen Abbildungen und einer Karte, Leinen mit Schutzumschlag

»Daß sich Philosophie und Ironie, als Aussage und deren Relativierung beziehungsweise deren Widerrufung zu verbinden uns ebenso tiefe wie amüsante Werke zu geben vermag, dies bezeugt die europäische Geistesgeschichte mit vielen Beispielen. Hier jedoch, in dem Gedichtband des japanischen Zen-Buddhisten Hakuin Ekaku (1685–1768), geht die Philosophie sogar mit der Komik ein Bündnis ein, das seinesgleichen wohl auf der ganzen Welt sucht. Denn die Groteskzeichnungen des Meisters geben mit dem Text eine Art Comic-Strip der Metaphysik, so etwa, wenn ein Affe an einem Ast hängend nach dem Mond im Wasser tastet. Nur diese ergebnislose Suche hütet ihn davor, im Wasser zu ersaufen. Bild, Schrift und Kommentar geben auf jeder Seite eine ausgewogene Einheit.« *Die Furche*